_____ 님께

이 책을 통해 당신이 돈에서 좀 더 '자유'로워지며,
재무적으로 현명한 의사결정을 하는 '선수'가 되어
다가올 '부의 기회'를 잡기 바랍니다.

머니스타디움

소설로 읽는 돈의 역사, 부의 기회

머니스타디움

초판 1쇄 인쇄 2019년 8월 19일
초판 1쇄 발행 2019년 8월 29일

지은이 이재득

펴낸이 김찬희
펴낸곳 끌리는책

출판등록 신고번호 제25100-2011-000073호
주소 서울시 구로구 디지털로 31길 20 에이스테크노타워5차 1005호
전화 영업부 (02)335-6936 편집부 (02)2060-5821
팩스 (02)335-0550

이메일 happybookpub@gmail.com
페이스북 happybookpub
블로그 blog.naver.com/happybookpub
포스트 post.naver.com/happybookpub
스토어 smartstore.naver.com/happybookpub

ISBN 979-11-87059-50-9 03320
값 14,800원

소설로 읽는 돈의 역사, 부의 기회

머니스타디움

이재득 지음

끌리는책

contents

한 권의 낡은 노트

"제드! 여기야, 여기!"

어느 화창한 토요일 아침, 제드는 다음 날 있을 사회인축구단과의 친선경기를 위한 연습 겸, 직장동호회 동료들과 축구를 즐기고 있었다. 소프트웨어를 만들어 수출하는 회사에 입사한 지 3년 차가 되어가는 제드에게는 업무 스트레스에서 벗어날 수 있는 유일한 순간이었다.

'오랜만에 땀을 흠뻑 빼니까 정말 상쾌해!'

제드는 잠시 휴식을 취하기 위해 벤치로 돌아왔다. 그리고 등까지 흥건히 젖은 땀을 식히며 시원하게 물을 들이켰다. 잡다한 생각에서 벗어나 운동장을 누빌 수 있어서 기분이 좋았지만, 한편으로는 계속된 야근 때문인지 쉽게 지치는 체력에 실망도 했다. 하지만 누구를 탓할 처지는 아니었다. 야근은 제드가 자처했기 때문이었다. 결혼한 지 3년이 되고, 두 살배기 아들도 있는 제드는, 야근을 시작하기 전까지만 해도 남부러울 것 없는 행복한 나날을 보내고 있었다. 하지만 영원한 것은 존재하지 않는다고 누군가 말했던가? 어느 날, 제드가 무심코 저지른 실수 하나가 이내 모든 것을 뒤바꿔버리고 말았다.

거실과 방 하나인 작은 월세 방에서 신혼생활을 시작한 제드는 결혼 초부터 아내와 함께 적금을 붓고 있었다. 10년 안에 자신들의 명의로 된 작은 아파트를 장만하자는 계획을 세웠기 때문이다. 그리고 드디어 목돈이 만들어졌다. 꿈이 곧 현실이 될 수 있다는 생각에 둘의 기대가 한껏 부풀었지만, 제드가 주저 없이 기대를 날카로운 바늘로 터뜨리고 말았다. 아내 몰래 적금을 깨 주식에 손을 댄 것이다.

'내가 미쳤지! 아내와 상의도 없이 그렇게 소중한 돈을 주식에 몽땅 투자하다니, 하지만 오르기만 했던 주가가 그렇게 폭락할 줄 누가 알았냐고!'

제드는 애초에 돈, 경제, 투자 따위는 잘 알지도 못했고, 그저 소프트웨어만 만들 줄 아는 엔지니어에 불과했다. 하지만 주식으로 목돈을 벌기 시작한 친구를 지켜보면서 호기심이 발동했고, 아내 몰래 주식투자에 관한 책 몇 권을 읽기도 했다. 투자이익으로 한껏 들뜬 친구는 흙수저가 신분을 탈출하려면 주식투자가 답이라고 매일같이 떠들어댔다. 때로는 주식과 아파트처럼 계속 오르는 대상을 놔두고, 적금만 바라보면서 평생 가난하게 살 거냐고 으름장을 놓기도 했다. 제드는 친구의 행동이 아니꼽긴 했지만, 사실 그 말이 모두 거짓이 아니라는 것 정도는 알고 있었다. 예를 들어 직장인이 대도시에서 작은 아파트 한 채라도 장만하려면 월급을 한 푼도 쓰지 않고 수십 년을 모아야 하는 세상에 살고 있다는 사실도 뼈저리게 느끼고 있었다.

제드는 과감한 도약의 순간이 필요함을 직감했고, 그 순간이

왔다고 생각했다. 그래서 아내 몰래 해약한 적금을 친구가 권한 주식에 모두 투자했다. 불안감이 없지는 않았지만 주가는 친구의 예상대로 거침없이 올랐다. 오르는 주가를 볼 때마다 흥분에 도취된 제드는 신용대출까지 받아가며 주식을 더 사들였다. 어차피 대출이자는 가파르게 상승하는 주가에 비하면 '새 발의 피'에 불과하다고 느꼈기 때문이다. 아내와 미리 의논하지 못한 것이 제드의 유일한 걱정이었지만, 큰돈을 벌면 아내도 이해해주리라 믿었다.

제드가 투자했던 회사의 주식은 매일 가파르게 올랐다. 올라가는 주가를 볼 때마다 제드의 심장은 기쁨으로 한없이 뛰었고, 입가에서는 저절로 미소가 새나왔다. 하지만 제드의 이런 장밋빛 기대가 덧없는 신기루로 바뀌는 데는 그리 오랜 시간이 걸리지 않았다. 한 달이 채 안 되어 주가가 멈칫하더니 며칠 연속 하락했고, 어느 순간 절벽 아래로 떨어지듯 가파르게 폭락했다. 제드의 심장이 더욱 크게 뛰기 시작했다. 이번에는 다른 이유였다. 제드는 매일 밤을 뜬눈으로 지새웠다. 주가가 하늘로 향해 갈 때는 매일 전화했던 친구도 이내 연락이 뜸해졌다. 제드는 혹시나 하는 마음에 이를 악물고 버티고 있었지만, 주가는 끝없이 추락해 바닥으로 가라앉았다. 두려움은 공포로 변하고 제드는 더 이상 이겨낼 힘이 남아 있지 않았다. 결국 남은 돈이라도 지켜야겠다는 생각에 미치자, 눈물을 삼키며 주식을 모두 팔았다. 제드의 손에는 원금의 20%도 채 안 되는 돈만 남았다. 빚으로 투자한 돈 역시 모두 공중으로 증발한 후였다. 제드는 아내에게 고백할 날을 차일피일 미루며 마음을 졸이고 있었다. 아내가 알게 된 날, 아내는 펑펑 울다가 숨죽여 눈물을 훔치기를 반복했다. 그 뒤로 아내는 제드에게 눈길조차 주지 않았다. 제드가 퇴근하면 아무 말 없이 저녁을 차려준 후, 방에서 나와 아이를 품고 거실에서 잠을 청했다. 얼마나 자주 우는지 아내의 눈가는 매일 부어 있었고, 눈은 충혈되어 있었다. 아내 얼굴을 마주하는 것조차 힘들어진 제드는 야근을 자처해서 늦게 귀가했고, 거실에서 혼자 잠을 청했지만 제드 역시 밤새 뒤척이는 날이 많았다. 아침에는 아내와 아이가 일어나기 전에 서둘러 집을 나서는 생활을 반복하고 있었다.

'다 내 탓이야. 예전으로 돌아갈 수 있을까? 앞으로 몇 년을 모아야 내가 잃어버린 돈을 복구할 수 있을까?'

긴 한숨만 나왔다. 이렇게까지 자신이 싫었던 적이 없었다. 친구를 원망할 수도 없었다. 친구 역시 큰 손해를 입었고, 더구나 그 친구는 가족, 친척의 돈까지 모두 끌어다 투자했으니 그 고통은 이루 말할 수 없을 것 같았다.

'잃었던 돈을 만회하려면 어떻게 해야 하지? 야근수당을 모으고 다시 적금을 부어야 하나? 주식보다 덜 위험하다는 펀드에 가입할까? 아니면 부동산 경매?'

온갖 생각이 제드의 머릿속을 헤집어 놓았다.

옆 벤치에서 들려오는 웃음소리에 제드는 잠시 고개를 돌렸다. 그곳에는 제드 일행보다 먼저 와서 축구를 했던 시니어 팀이 있었다. 대부분 머리숱은 적고 흰머리가 가득했으며, 종아리는 가늘었지만 온 몸에는 오랜 운동으로 다져진 잔 근육이 촘촘히 박혀 있었다. 무심코 그들을 바라보던 제드는 한 노인과 눈이 마주쳤다. 머쓱해진 제드는 얼른 시선을 돌렸고, 노인들은 하나둘씩 자리를 뜨기 시작했다.

'저 나이에도 축구를 즐기며 여유로운 인생을 보내고 있는데, 나는 대체 뭔가! 30대 중반에 모든 걸 잃고 처량하게 앉아 있는 신세라니……'

자신의 처지를 생각하며 몸을 일으키려던 순간, 옆 벤치 위에 놓인 노트 한 권이 제드의 눈에 들어왔다.

'어르신들 중 누군가가 두고 갔나?'

꽤 낡은 노트는 제드의 시선을 사로잡았다. 요즘은 쉽게 보기 힘든, 고풍스러우면서도 세련된 디자인으로 만들어진 노트였다. 누군가 읽다가 그대로 내려놓은 듯 노트는 펼쳐진 채 뒤집어져 있었다. 호기심이 발동한 제드는 주변을 한 번 둘러본 후, 노트를 들어 펼친 면을 보았다.

'부의 기회'

제드의 눈에 꽂히듯이 들어온 문장, 그 주위에는 흘려 쓴 작은 글들이 가지를 치듯 불규칙하게 쓰여 있었다.

'거대한 위기, 위기를 기회로? 추세에 편승?'

제드는 호기심 가득한 표정으로 계속해서 읽어나갔다.

'대규모 세일기간, 때가 오면 투자하라? 아니, 이게 대체 무슨 말이야?'

제드의 현재 상황 때문이었는지, 유독 '부의 기회'라는 네 글자가 제드의 머릿속에서 쉽게 떠나지 않았다.

'대체 어떤 부의 기회를 말하는 걸까? 거대한 위기? 분명 '투자'라는 글자가 있으니까, 투자와 관련이 있는 건가? 아니면 그저 재미삼아 적은 글자들인가?'

제드는 노트를 바라보며 고개를 갸웃거렸다. 어쨌든 이 노트의 주인이 있을 터, 제드는 노트 주인을 찾아 돌려줘야겠다고 생각했다. 혹시 내일도 노인들이 이곳에 올지 모르니 다시 와보기로 하고, 일단 오늘은 노트를 보관하기로 했다.

머니스타디움에 입장하기 전에

"돈의 세계가 복잡해 보이는 이유는,
자네가 '오늘'만을 봤기 때문일세."

한 노인을 만나다

다음 날인 일요일 아침, 제드는 아내와 아이가 깨지 않도록 조용히 집을 나섰다. 하루 종일 집에 있으면 마치 죄수가 되어 교도소에 있는 것 같은 기분이 들었다. 하지만 자업자득이니 불평할 수도 없었다. 그나마 회사 동료들과의 단합을 핑계로 집에서 잠시 벗어날 수 있어서 숨통이 트였다. 예정된 경기시간보다 일찍 도착한 제드는 어제 앉았던 벤치로 가서 앉았다. 한 손에는 잠시 보관하기로 한 낡은 노트가 있었다. 제드는 옆 벤치를 살폈다. 아직 텅 비어 있었다.

제드는 운동장으로 시선을 돌렸다. 제드보다 더 일찍 온 선수 몇몇이 따뜻한 햇살을 맞으며 여유롭게 몸을 풀고 있었다. 제드도 잠시 고개를 젖혀 얼굴로 햇살을 만끽했다. 뜨겁지 않은 따사로움이 편하고 좋았다. 제드는 한껏 기지개를 폈다. 어젯밤, 오랜만에 마주친 아내는 "요즘 대체 무슨 생각으로 살아? 앞으로 대책은 있어?" 하면서 제드를 몰아세웠다. 아무 대답도 할 수 없었던 제드는 밤새 잠을 설쳤다. '앞으로 무엇을 어떻게 하면 좋을까?' 마음도 몸도 무거워진 제드는 오늘 경기는 구경만 하면서 조용히 생각을 정리해보기로 했다.

제드는 고개를 들어 경기장 주변을 둘러보기 시작했다. 그러고 보니 일반 축구장과는 다른 느낌이 들었다. 별도의 관중석은 보이지 않았다. 축구장을 뺑 둘러가며 푸른 잔디를 깔아놓았다. 누구나 편하게 앉아 쉴 수 있도록 한 모양이었다. 돗자리를 펴고 삼삼오오 모여 있는 사람들이 보였다. 음식을 먹는 사람들도 있고, 하늘을 보고 누워 음악을 듣는 듯한 젊은 커플도 보였다. 배를 깔고 책을 읽고 있는 아이와 엄마아빠의 모습도 보였다.

"이보게 젊은이, 혹시 어제 저곳에서 노트 한 권 못 보았나?"

제드는 갑작스런 말소리에 놀라 고개를 돌렸다. 말을 건넨 사람은 어제 제드와 잠시 눈이 마주쳤던 노인이었다.

"노트 주인이신가요? 제가 보관하고 있었습니다. 주인이 이곳에 오면 돌려주려고요."

"오, 고맙네! 자네 덕분에 노트를 찾았군. 잃어버리면 어쩌나 걱정하고 있었거든."

제드는 옆에 둔 낡은 노트를 노인에게 건네며 말했다.

"돌려드릴 수 있어서 다행이에요."

"음, 그러고 보니 자네, 어제도 이곳에 앉아 있지 않았나?"

"네. 바로 이 자리에 있었어요."

"역시! 이곳에는 자주 오나?"

"아니요, 오늘이 두 번째입니다."

"어쩐지 그렇게 낯익은 얼굴이 아니었네. 그런데 오늘 축구시합이 있나 보군?"

"네, 사회인 축구팀끼리 시합이 있어요. 이제 막 시작하려고 합니다."

"그럼, 자네가 속한 팀도 저기 있겠군! 옆에 앉아서 구경해도 괜찮겠나? 내가 축구를 좋아해서 말일세."

"그럼요. 여기 앉으세요."

노인은 메고 온 가방을 내려놓고, 제드 옆에 나란히 앉았다.

제드의 머릿속에는 어제 노트에서 봤던 메모에 대한 궁금증이 아직 맴돌고 있었다. 때마침 노트 주인이 옆에 있으니 이때다 싶어 고심 끝에 천천히 입을 열었다.

"저, 저기. 어제 노트가 펼쳐져 있어서 우연히 보게 되었는데요. 부의 기회라는 단어가 크게 쓰여 있더라고요. 함부로 노트를 들춰보고 이렇게 묻기까지 하는 것이 큰 실례인지 알지만, 혹시, 투자와 관련된 일을 하시나요?"

"응? 아! 그것 말이군. 하하, 맞네! 이 나이에 딱히 직업이 있는 것은 아니지만 나름대로 투자와 관련된 일을 하고 있지."

"그렇군요. 혹시 그 부의 기회라는 말이 무슨 뜻인지 제가 여쭈어 봐도, 아니, 초면에 제가 실례를 하는군요."

"하하, 아닐세. 잃어버릴 뻔한 소중한 노트를 자네가 찾아주었는데 그 정도 질문이 뭐가 실례인가? 어려운 질문도 아니야. 듣고 싶다면 얼마든지 들려주겠네. 그 부의 기회란 5년, 아니 10년에 한 번씩 찾아오는 거대한 부의 기회를 말한다네."

"5년, 10년에 한 번 찾아오는? 그럼, 투자의 기회를 말씀하시는 건가요?"

"그렇다고 볼 수 있지. 나는 그 기회를 기다리고 있네. 때가 왔을 때 어찌하면 좋을지, 생각나는 것들을 노트에 적어본 것일세."

거대한 투자의 기회? 제드는 노인의 말에 구미가 확 당겼다.

"혹시, 구체적으로 어떤 기회인가요?"

"음, 자네, 투자에 관심이 많은가?"

"아, 네. 요즘 들어 관심이 많아졌어요. 초면에 이런 말씀 드리긴 그렇지만, 사실 저는 주식으로 큰돈을 잃었습니다. 그것도 최근에요."

"아! 그랬군. 상심이 크겠어. 어쩐지 어제 자네의 얼굴에 근심이 가득 묻어 있더군! 아, 훔쳐보려던 것은 아니었네만……, 그건 그렇고, 이것도 인연인데 서로 이름이라도 알아야 하지 않겠나? 나는 이상순일세."

"인사가 늦었군요. 저는 제드입니다."

"음, 자네 말을 들으니 옛 기억이 떠오르는군."

"옛 기억이요?"

"자네한테 내 옛 모습이 보인다는 말일세. 하하, 아주 오래전 일이지. 나 역시 주식투자로 전 재산을 잃은 적이 있었네."

"어르신도요?"

"당시 내 모습은 지금 자네보다 훨씬 더 못 봐줄 정도였네. 절망과 시련에 빠져 허우적거렸지. 10년 동안 모은 돈을 증권사 직원 말만 믿고 투자했다가 모두 잃었어. 뭐, 기계만 만지던 기계쟁이였는데 무엇을 알았겠나? 그저 한 마리 불나방에 불과했지. 하하, 그 서글픈 추억이 갑자기 떠오르는군."

"그런데 지금도 투자를 하고 계신다고요?"

"물론! 그 사건을 계기로 다른 삶을 살고 있네. 인생의 전환점이었던 셈이지. 그랬던 나도 지금은 이렇게 잘 살고 있으니, 자네도 너무 낙심하지 말게나."

제드는 답답한 마음에 신부님 앞에서 고해성사하듯, 그간의 과정을 상세히 털어놓았다.

"이런, 아내 볼 면목이 없겠군."

"어르신, 혹시 기다리고 계시다는 부의 기회라는 것이 어떤 것인지, 구체적으로 말씀해주실 수 있나요?"

"자네의 심정을 내가 누구보다 잘 알지. 소중한 노트도 찾아주었으니 얼마든지 자네를 도와주고 싶네. 하지만 내가 아무리 부의 기회를 알려준다고 해도, 지금 자네의 눈에는 결코 안 보일 걸세."

돈의 세계는 매우 단순하다

"왜 제 눈에는 안 보인다는 거죠?"

"돈의 세계를 단순하게 보아야 하기 때문이지. 하지만 지금 자네 눈에는 돈의 세계가 매우 복잡해 보일 거야. 만약 자네가 돈의 속성을 단순하고 뚜렷하게 보았다면, 결코 그런 투자방식으로 돈을 잃지 않았을 걸세. 물론 나도 저질렀던 실수지만."

"그런 투자방식? 으음, 그러니까 돈, 경제, 투자지식을 많이 알아야 한다는 말씀 같은데요. 저는 관련 학과를 나오지 않았고, 금융을 따로 공부하지도 않았어요."

"하하하, 전공할 필요까지는 없네. 돈, 경제는 중고등학생도 쉽게 알 수 있을 정도로 단순해. 우리 삶의 일부일 뿐, 특별한 것이 아니네."

"단순하다고요? 잠깐만요, 어르신. 왜 저에겐 허풍처럼 들릴까요?"

"이해하네. 나도 자네와 똑같은 생각을 했던 시절이 있었으니까. 앞서 말했다시피 나는 기계만 만질 줄 알았지, 돈, 경제는 전혀 모르는 금융문맹자였거든."

"금융문맹?"

"나는 주식으로 모든 돈을 잃고 난 이후 무식해서 돈을 잃지는 말자고 다짐했네. 그래서 스스로 공부하기 시작했네. 하지만 조금씩 알아갈수록 돈과 경제는 너무 어려웠어. 난해하고 복잡한 용어와 개념이 끝없이 나를 괴롭혔네."

"제 말이 바로 그 말입니다! 저도 재무지식, 금융지식이 중요하다는 사실은 알아요. 그래서 매일 인터넷에서 경제뉴스를 보려고 노력했죠. 그런데 도무지 이해하지 못하겠더라고요. 어르신 말씀대로 복잡하고 난해한 용어와 개념 때문에!"

"맞네. 하지만 그 생각이 틀렸음을 나는 멘토 덕분에 깨달을 수 있었네. 그 후로 돈의 세계를 단순하고 뚜렷하게 볼 수 있게 되었지. 손을 놓았던 공부가 막힘없이 뚫리기 시작한 거야."

"그럼 왜 저를 비롯한 많은 사람들이 돈과 경제를 복잡하고 어렵게 여기는 거죠?"

오늘을 보지 말고 역사를 보라

"돈의 세계가 복잡해 보이는 이유는, 사네가 오늘만 봤기 때문일세."

"오늘?"

"바로 지금, 현재 만들어진 돈의 질서와 시스템만 보고 배우려 했기 때문이야. 그러면 돈의 이면을 볼 수 없네. 내 멘토는 오늘만 보아서는 장막 속에 숨어 있는 돈의 실체를 결코 볼 수 없다고 했어. 먼저 역사를 보라고 했지!"

'역사라고? 왜 갑자기 역사가 튀어나오지?'

제드는 미간을 찌푸리며 상순의 말을 받았다.

"도무지 이해가 안 되는군요. 그렇다면 애초에 역사를 공부하면 될 텐데, 왜 사람들이 경제를 공부하고 있나요?"

"자네와 나도 그랬지만, 사람들은 현재의 돈과 경제 시스템만 배우려고 하네. 그래서는 제대로 이해할 수 없고 어렵게 느낄 뿐이네. 예를 들어, 우리에게 매미는 여름 한철 울어대고 금방 죽어버리는 곤충에 불과하네. 성충만 봐서는 매미가 어떤 곤충인지 알 수 없네. 땅속에서 수년을 살면서 유충에서 번데기를 거치고, 성충이 되기까지 변태 과정을 알아야 하지. 돈도 마찬가지네. 돈을 제대로 이해하기 위해서는 과거의 모습에서 현재의 모습으로 변화하기까지의 과정, 즉 돈의 역사를 알아야 하는 거야."

"으음, 돈에 어떤 역사가 있는 거죠?"

"가령 교환수단의 진화과정을 알면 매우 좋지. 매미처럼 교환수단에도 소위 변태 과정이 있다네."

"교환수단이요?"

"하하, 돈 말일세! 우리는 무언가를 살 때 돈을 지불하고 산다는 표현을 쓰지? 하지만 사실 돈과 구입하려는 무언가를 서로 교환한다고 하는 것이 맞는 표현이네. 그래서 돈은 곧 교환수단인 거야."

"아, 교환이라! 듣고 보니 그렇긴 하군요. 그럼, 돈, 아니 교환
수단이 진화했다는 말인가요? 그것이 돈의 역사라고요?"

"맞네. 말이 나온 김에 잠깐 훑어볼까? 인류는 처음부터 교환
수단을 쓰지 않았네. 서로가 원하는 물건을 가지고 있는 사람끼
리 교환을 했지. 이것이 물물교환이네. 하지만 물물교환은 불편
한 점이 많았어. 무거운 것은 운반하기 힘들었고, 서로 원하는
물건을 가지고 있는 사람을 찾기도 쉽지 않았지. 그래서 인류
는 교환수단이라는 것을 만들어냈네. 이것이 교환수단의 시작
일세."

"아! 생각나요. 조개껍데기, 이런 거 말씀인가요?"

"맞아! 처음에 사람들은 소금이나 조개껍데기, 쌀이나 농기
구, 직물같이 쉽게 구할 수 있고 실생활에서 사용하는 물건들을
교환수단으로 사용했네. 이것을 상품 또는 물품화폐라고 부르
지. 하지만 이것 역시 문제가 있었어."

"문제요?"

"보관 문제가 생긴 걸세. 소금이나 조개껍데기, 쌀 등은 오래
보관할 수가 없었네. 부피도 커서 휴대하기 불편했고. 그래서
반영구적으로 보관이 가능하면서도 휴대가 간편한 교환수단을
찾아냈다네."

"그게 뭐죠?"

"바로 금과 은일세."

"금과 은? 금과 은을 돈으로 사용했다고요?"

"그렇다네. 그것도 아주 최근까지."

"최근까지?"

"이를 금속화폐라고 부르네. 금과 은은 녹인 후 얼마든지 재사용이 가능한 반영구적인 금속일세. 또한 사람들은 금과 은의 아름다운 빛깔을 좋아하지. 그래서 오랫동안 금과 은을 교환수단으로 사용해왔어. 여기까지는 대부분의 사람들이 알고 있거나, 몰라도 이해하기에 무리가 없는 교환수단의 역사일세. 그런데 여기서 문제는……."

"또 문제가 있나요?"

"어째서 우리가 금과 은을 버리고, 현재 지폐와 동전, 은행통장에 찍힌 컴퓨터 숫자를 교환수단으로 사용하고 있는지, 그 이유를 아는 사람이 거의 없네. 그러다 보니 오늘날 돈이 돌고 도는 시스템을 제대로 보지 못하고 점점 금융문맹자가 되어가는 거야."

"그럼 금과 은을 교환수단으로 사용하는 데 불편함이나 문제가 있었나요? 그것도 최근에? 분명, 최근까지 금과 은이 돈이었다고 말씀하셨죠?"

"맞아. 물론, 지폐와 동전이 금과 은보다 더 가볍고 보관하기 좋네. 하지만 진화과정은 단순하지 않았어. 그보다 더 큰 이유가 있었지. 그 이유를 사람들이 잘 모르고 있는 거야."

제드는 아직 이해하지 못하겠다는 듯 고개를 갸웃거렸다.

"정말로 그것만 알면 돈의 세계가 단순하게 보이나요? 제가 금융문맹에서 탈출할 수 있고, 부의 기회도 얻을 수 있게 되는 건가요?"

"물론이네! 돈의 역사를 알면 돈의 세계를 단순하게 볼 수 있네. 단순하게 볼 수 있게 되면 부의 기회까지 볼 수 있지!"

"정말 돈의 역사만 알면?"

제드는 말만 그럴 듯한 노인과 대화를 나누고 있는 것은 아닌지, 조금씩 의심이 들기 시작했다.

"역사는 현재의 거울이네. 현재를 제대로 보기 위해서는 역사를 알아야 하지. 현재를 알기 위해 현재만 바라보는 바보짓은 이제 그만두어야 하네. 과거와 현재를 잇는 연결고리를 알아야 비로소 현재가 보이지. 모든 연결고리는 역사라는 틀 안에 있네. 심지어 역사를 통해 희미하게나마 미래까지도 볼 수 있어! 그래서 부의 기회를 볼 수 있다고 말하는 것일세."

역사를 통해 미래를 볼 수 있다

제드는 여전히 어리둥절한 표정으로 듣고 있었다.

"그러니까 여기서 중요한 점은, 역사는 되풀이된다는 사실일세."

"역사가 되풀이된다고요?"

"자네가 이 사실을 제대로 이해하면, 주식으로 돈을 잃을 수밖에 없었던 이유도 알 수 있을 걸세. 당연히 같은 실수를 되풀이하지도 않겠지? 뿐만 아니라 자네와 비슷한 실수를 하는 사람들을 이용해 부의 기회까지 얻을 수 있다네."

"남의 실수를 이용해서요? 정말인가요?"

"하하하, 그렇다니까! 부의 기회를 잡는 것은 또 다른 문제이지만, 우선 보아야 잡을 것이 아닌가? 분명 볼 수 있네!"

"으음, 아직 어르신의 말씀을 이해하지도, 믿지도 못하겠어요. 돈의 세계가 단순하다는 것도 그렇고, 제가 부의 기회를 잡을 수 있다는 것도 그렇고."

"음, 그렇다면 내 말이 맞는지 틀린지, 계속 얘기를 나눠보는 것은 어떤가? 보아하니 오늘 경기에 뛸 생각이 없어 보이는데. 자네만 좋다면 이제부터 내가 돈의 역사를 차근차근 들려주지."

"네? 저는 좋지만, 정말 괜찮으신가요? 제가 시간을 뺏는 것은 아닌가요?"

"하하, 어차피 나도 구경할 생각이었네. 그리고 노트를 찾아준 답례도 하고 싶고. 과거에 내 멘토가 나에게 도움을 주었듯 나도 자네에게 도움을 줄 수 있을 것 같네. 만약 자네가 내 말을 모두 이해한다면, 돈에 관한 숨은 진실도 알게 될 거야. 말하자면, 돈의 세계에서 선수로 거듭나는 거지."

"선수요?"

상순은 조용히 손으로 축구장을 가리켰다.

"저기 경기를 막 시작한 양 팀의 선수들을 보게. 선수는 그럴만한 자격을 이미 갖춘 사람이지. 경기 규칙 이해는 기본이고, 체력과 전술, 유니폼을 갖추어야 하네. 이것이 바로 선수와 아마추어를 구별하는 기준이지. 내가 보기에 자네와 과거의 나는 규칙조차 모르는 아마추어였다네. 그래서 아마추어만 저지르는 실수를 했던 것이고."

"선수라, 재밌네요! 그럼 돈의 역사를 알고 나면 선수로서 돈의 세계를 뚜렷하게 보고, 부의 기회까지 볼 수 있다는 것이 네요?"

"그렇지! 지금부터 내 말을 들어보면서 스스로 판단해보게."

"앗! 좋습니다. 부의 기회! 그 글자를 본 순간부터 쉽게 잊을 수가 없었어요. 만약 돈의 세계가 정말 단순하다면, 제가 아무리 난해한 질문을 해도 단순명료한 답으로 들려주신다는 거죠?"

"하하, 물론이네! 질문은 대화를 더 깊이 있게 만드는 법이지. 나는 이런 대화를 좋아하니 걱정하지 말고 언제든 질문하게."

제드는 약간 상기된 목소리로 말했다.

"감사합니다. 저에게 이렇게 시간을 내주시니 몸 둘 바를 모르겠습니다. 자, 그럼 근처에 있는 커피숍으로 자리를 옮기시죠. 커피는 제가 사겠습니다."

"아닐세. 이곳이 바로 자네와 대화를 나누기에 최적의 장소일세."

"네? 이곳이요? 왜죠?"

상순은 제드를 향해 싱긋 웃으며 답했다.

"곧 알게 될 걸세."

규칙

"돈의 세계에서 '규칙'은 단순하네.
규칙은 단 두 개뿐이지."

제드는 사실 기대 반 의심 반이었다. 이 노인의 말이 과연 사실일까? 정말 부의 기회를 얻을 수 있을까? 아니, 있기나 한 것일까? 돈의 세계가 정말 단순한가?

제드는 온갖 의문을 품은 채 상순을 바라보았다. 상순은 새로운 대화 상대가 생겨서인지 기분이 꽤나 좋아 보였다. 휘파람을 불며 가방을 열고는 과자 한 봉지를 꺼내 자신과 제드 사이에 놓았다. 제드에게 함께 먹자고 권하면서 이야기를 시작했다.

두 가지 규칙이 '가격'을 만든다

"본격적으로 돈의 역사를 알면 돈의 세계가 단순하게 보인다는 내 주장을 입증하기에 앞서, 짚고 넘어가면 좋을 것이 있네. 아니, 말을 잘못했군. 반드시 짚고 넘어가야만 하지."

"반드시? 그게 뭐죠?"

"선수가 되려면 가장 먼저! 돈의 세계에 존재하는 규칙을 이해해야만 하네."

"규칙이요?"

"뭐든 배우려면 먼저 규칙을 알아야 하지. 돈의 세계에도 규칙이 있다네."

"음, 돈과 경제에 관한 규칙이니, 복잡하고 어렵겠죠?"

"하하, 전혀 아닐세. 다른 스포츠와 마찬가지로 축구에도 규칙이 많아서 다 이해하려면 복잡하고 어렵지. 하지만 돈의 세계에서 규칙은 단순하네, 규칙은 겨우 두 개뿐이지."

"두 개뿐이라고요? 의외로 적군요?"

"돈의 세계에서 우리가 항상 생각하고 따져야만 하는 것이 뭘까? 바로 가격이네."

"가격이 중요하긴 하죠."

"돈의 세계에 존재하는 두 규칙은 바로 가격을 만드는 규칙이네. 두 가지 규칙 중 하나는 물건의 가치, 나머지 하나는 돈의 가치일세. 그리고 이 두 개의 가치가 더해지면, 비로소 가격이 완성되지."

"네? 물건의 가치? 돈의 가치? 그, 그러니까 그 두 개의 가치가 가격을 완성한다고요? 잠깐만요! 제가 알고 있는 것과는 좀 다른데요? 제가 아무리 학창시절에 경제공부에 소홀했어도, 가격이라는 단어를 들으면 교과서에서 봤던 그래프 하나가 떠오릅니다. 아마도 수요와 공급의 그래프인 것 같은데, 잘은 모르지만 공급과 수요를 나타내는 두 곡선이 교차하고 있는 그래프 말이에요! 그런데 물건의 가치와 돈의 가치가 가격을 만든다? 제가 배운 것과는 전혀 다른데요?"

"오, 기억하고 있군! 하지만 자네는 반은 맞고 반은 틀린 답을 알고 있네. 자네가 기억하는 그래프는 사실 가격이 아니라 가치, 그러니까 물건과 돈의 가치를 매기는 그래프였던 걸세! 즉, 수요와 공급은 가격이 아니라 가치를 매기는 방법이야."

"가격이 아니라 가치라고요?"

"가격은 물건과 돈의 가치를 모두 고려해야만 하는 걸세."

"무슨 말씀이신지 이해가 안 되네요."

"먼저 가치부터 알아볼까? 가치를 매기는 수요와 공급은 자네 생각처럼 어렵지 않네. 그저 인간의 두 본성에 불과하거든."

"인간의 본성이요? 제 기억 속에 있는 복잡한 그래프가 인간의 본성과 어떤 관련이 있다는 거죠?"

"자네가 알고 있는 그래프는 잊게. 사실 생각할 필요조차 없지. 대신, 이제부터는 인간의 두 본성에 대해서만 생각하게."

인간의 '두 본성'이 수요와 공급이다

"학교에서 배운 것은 다 잊으라고요?"

"그 이유를 알려주겠네. 먼저 인간의 본성 중 하나를 알아보자고. 인간은 무언가가 눈에 밟힐 정도로 많거나 흔하면 하찮게 여기게 된다네. 아무리 좋은 것이라 해도 말이지. 반대로 쉽게 찾을 수 없을 만큼 수가 적고 희귀하면 귀하게 여기고. 이게 자연스러운 인간의 본성일세. 많을수록 하찮게 여기고, 적을수록 귀하게 여긴다. 이것이 바로 공급이야."

"공급이요?"

"요즘 우리는 아무 거부감 없이 물을 사먹고 있지? 하지만 불과 30년 전만 해도 물을 사먹는다는 건 상상조차 못한 일이었네. 그런데 지금은 왜 달라졌을까? 이전에는 흔했던 식수가 점점 귀해졌기 때문이지. 식수 공급이 줄어들어 귀해진 거고."

"아, 적을수록 귀해진다!"

"예는 얼마든지 들 수 있네. 지금은 아무리 흔해도 상황이 달라지면 얼마든지 귀해질 수 있어. 얼마 전까지만 해도 맑은 공기는 우리에게 당연한 것이었네. 하지만 요즘은 황사나 미세먼지 때문에 맑은 공기를 마시기가 쉽지 않지. 공기청정기가 필수 가전이 되었고, 휴대용 공기청정기도 인기지. 외국 어느 도시처럼 맑은 공기를 담은 깡통이 팔리는 날이 올 수도 있지. 요즘 생수를 사 마시는 것처럼. 또는 남성만 가득한 조직에 여성이 한 명만 있거나, 여성만 가득한 조직에 남성이 한 명만 있다면, 그 여성과 남성은 객관적인 매력과는 상관없이 특별한 대우를 받기도 하지. 그 조직에서는 귀하니까! 공급이 적으니 귀해지는 거야."

"하하, 꽤 재미있는 비유네요."

"자주 볼 수 있고 쉽게 구할 수 있으면 그 가치는 낮아지고, 반대로 쉽게 구할 수 없다면 가치는 높아지는 것, 이것이 바로 공급인 걸세."

"그렇다면 수요는 인간의 어떤 본성이죠?"

"수요는 자기가 구입한 물건을 다른 사람에게 자랑하는 심리와 관련이 있네."

"자랑하는 심리? 이것도 인간이 가진 본성이라고요?"

"내 손녀 이야기를 들으면 금방 이해할 수 있을 걸세. 이제 네 살이 된 손녀는 욕심이 좀 많은 편이지. 한 번은 내 딸이 손녀를 데리고 우리 집에 놀러왔는데, 내가 결혼 40주년을 기념하며 아내에게 선물한 반지를 손녀가 발견한 거야. 아무래도 귀하다 보니 내가 손녀에게서 반지를 뺏으려 했지. 아이가 잃어버리기라도 하면 곤란하니까. 그런데 손녀는 뺏기지 않으려고 울며 떼를 쓰기 시작하더군. 자기 것을 억지로 뺏는 할아버지가 미웠던 모양이야. 내가 살살 달래며 반지를 달라고 했지만 통 말을 듣지 않았네. 나는 전략을 바꿨지. 나는 물론이고 내 아내와 딸에게도 반지를 빼앗지 말고, 눈길도 주지 말라고 했네."

"그러다가 아이가 잃어버리면 어쩌려고요?"

"결론부터 들어 보게. 그랬더니 손녀는 반지에 흥미를 잃어버리고 아무데나 던져 놓았어. 그리고 다른 물건에 관심을 보이기 시작했네."

"그럼 반지는요?"

"내가 얼른 챙겼지. 손녀는 왜 갑자기 반지에 흥미를 잃었을까? 사실 네 살짜리 아이가 반지에 대해서 뭘 알겠나? 다만 아이는 우리가 반지를 원하는 걸 알아채고 본능적으로 반지의 가치가 높다고 여긴 거야. 그런데 우리가 반지에 무관심해지니까 관심을 거둔 것뿐이네. 아무도 관심을 갖지 않는 반지는 더 이상 가치가 없다고 여긴 거지. 이것이 바로 아이들도 가지고 있는 또다른 인간의 본성이라네."

"아, 이제야 알 것 같아요. 이것이 수요와 관계가 있다?"

"반지를 원하는 사람들, 즉 나와 아내, 내 딸이 모두 반지의 수요였던 걸세. 수요가 늘어날 때 손녀가 반지의 가치를 높게 평가했지만, 수요가 줄자 반지의 가치를 낮게 평가했지. 손녀뿐 아니라 반지를 원하는 모든 사람이 그렇게 여긴다네. 사람들이 물건을 구매한 후, 주변 사람에게 직접 또는 SNS 등을 통해 자랑하는 심리도 마찬가지지. 자신이 구입한 물건을 다른 사람들도 원하고 그로 인해 물건의 가치가 높아지는 것을 느끼고 싶은 거지. 이것이 바로 자랑심리일세."

"자랑심리라…, 정말로 수요든 공급이든 인간이 가지고 있는 본성에 불과하군요?"

"맞네. 이 두 가지 인간의 본성이 바로 가치를 매기는 방법일세."

물건의 가치 + 돈의 가치 = 가격

"그러니까 인간의 두 본성이 물건의 가치와 돈의 가치를 매기는 방법이다?"

"맞아. 첫 번째 규칙인 물건의 가치에 대해서는 조금 전에 설명했네. 식수나 맑은 공기, 이성, 반지가 바로 물건의 공급에 해당하지. 그것을 원하는 사람이 수요고. 물건의 공급이 적을수록, 수요가 많을수록 가치는 오르네. 반대로 공급이 많고 수요가 적을수록 가치는 하락하고."

"인간의 두 본성이라! 꽤 신선한 접근인데요? 그동안 제가 인간의 본성을 수학적으로만 접근했던 모양입니다. 그래프로 말이에요. 그럼, 돈의 가치는 뭐죠? 돈에 무슨 가치를 매긴다는 거죠?"

"내가 먼저 묻겠네. 자네는 교환수단의 가치를 무엇이라고 생각하나?"

"그, 글쎄요."

"교환수단이라는 용어에 이미 답이 있네. 교환수단의 가치는 교환능력일세."

"교환능력?"

상순은 고개를 끄덕이며 말했다.

"교환수단은 말 그대로 무언가와 교환할 수 있는 수단! 가치가 높다는 것은 무언가와 교환할 수 있는 능력이 탁월하다는 뜻이고, 가치가 낮다는 것은 교환할 수 있는 능력이 미흡하다는 뜻이지. 교환능력을 사람들은 구매력이라고 부르기도 하네. 구매할 수 있는 능력일세."

"구매력? 교환능력? 재밌네요. 그런데 교환능력이 왜 가격을 만든다는 거죠? 분명 물건의 가치와 돈의 가치가 함께 가격을 만든다고 하지 않으셨나요?"

"예를 드는 편이 이해하기 빠르겠군. 자, 이제부터 세상에는 사과와 과자밖에 먹을 게 없다고 가정해보세."

"네?"

"예를 들자는 말이야. 그리고 내 손에는 사과 한 개가 들려 있고, 자네 손에는 과자 한 봉지가 들려 있다고 하세. 여기서 사과 1개와 과자 1봉지의 가치는 정확히 같아. 그러니까 이 세상에는 사과와 과자의 양도 서로 같고, 사과와 과자를 원하는 사람의 수도 서로 같은 상황, 수요와 공급이 일치하는 걸세. 그러면 사람들은 사과와 과자를 정확히 1:1로 맞교환할 거야. 그런데 세월이 흘러 사과를 원하는 사람이 줄어들면서 사과의 가치가 하락했다고 하자고."

"음, 그러니까 과자의 가치는 변함없는데, 사과의 가치만 떨어졌다는 말이죠?"

"그렇지, 이제 자네에게 묻겠네. 자네는 가치가 떨어진 내 사과와 자네의 과자를 여전히 1:1로 교환하고 싶겠나?"

"아, 아니죠! 분명 어르신의 사과는 가치가 떨어졌지만 제 과자는 가치가 변하지 않았잖아요? 그런데 제가 왜 1:1로 교환해야 하죠? 어르신의 사과 2개나 3개와 제 과자 1봉지를 교환한다면 모를까! 그렇지 않다면 합리적인 거래가 될 수 없죠."

"좋아! 이번에는 사과를 우리의 교환수단이라고 생각해보자고. 상품화폐처럼 말이야. 그럼 이전에는 교환수단 1개와 과자 1봉지가 교환이 되었지만, 이제는 교환수단의 가치가 하락해 사과 2개, 또는 3개 이상과 과자 1봉지를 교환할 수 있지. 그렇지 않나?"

"사과가 교환수단? 재미난 발상이군요! 어르신 말씀이 맞습니다. 단지 사과 대신에 교환수단이라는 말로 바꿨을 뿐이니까요."

"바로 그걸세!"

"그거라뇨?"

"자네가 이미 말하지 않았나? 이제는 교환수단이 사과에서 지폐로 바뀌었다고 하세. 이전에는 2,000원과 과자 1봉지가 맞교환이 되었는데, 지폐의 가치가 하락해버리면? 과자 1봉지를 이전보다 더 많은 사과와 교환해야 합리적인 것처럼, 이제는 더 많은 지폐와 교환해야 합리적인 거래가 되지 않겠나?"

"아! 그럼 결국, 과자의 가격이 오르게 되겠군요?"

"이제 알겠나? 반대의 경우도 마찬가지일세. 과자의 가치는 그대로인데 사과의 가치는 올랐다면? 이제 사과 1개가 아니라 사과 4분의 3개 또는 절반과 과자 1봉지를 교환해야 합리적인 거래라고 할 수 있네. 마찬가지로 지폐의 가치가 오르면, 이전보다 적은 양의 지폐와 과자 1봉지를 교환해야 합리적인 거야. 결국 과자의 가격은 2,000원 이하로 내려가게 되는 걸세."

"아! 그러니까 지폐도 결국 사과처럼 교환하는 수단이기 때문에, 그 가치에 따라서 덜 주거나 더 주어야 한다! 이 뜻이군요?"

"그렇지! 돈과 과자, 이 두 개의 가치가 각각 어떻게 변하느냐에 따라 과자의 가격이 바뀔 수 있다는 말이지! 굳이 말하자면 둘은 반대로 움직이네. 어느 한 물건의 가격이 오르려면 그 물건의 가치가 오르거나, 반대로 돈의 가치가 내려가야 하지. 반대의 상황도 마찬가지고."

"그래서 두 개의 가치가 함께 가격을 만든다!"

"물건의 가격은 물건의 가치가 변해서 달라질 수 있고, 돈의 가치가 변해도 달라질 수 있네. 결국 두 가지 가치를 모두 고려해야 비로소 가격이 완성된다네. 알겠나? 이것이 바로 돈의 세계에서 유일하게 존재하는 두 개의 규칙일세."

"규칙이라, 이제 알 것 같습니다. 가격이 어떻게 만들어지는지를 말이죠. 물건의 가치가 어떻게 변하는지는 알겠어요. 그런데 돈의 가치는 어떻게 변한다는 거죠?"

인플레이션, 돈의 가치 하락
"가치는 항상 수요와 공급이 정하지. 바로 돈의 수요와 공급!"

"돈의 수요라면 돈을 원하는 사람이겠죠? 아니! 잠깐만요. 누가 돈을 원하지 않는다는 거죠? 누구나 돈을 원하는데 돈의 수요가 변한다?"

"하하, 맞아. 그러면 우선 돈의 수요는 변하지 않는다고 생각하고, 돈의 공급을 알아볼까?"

"돈의 양을 말하는 건가요?"

"맞네. 약 20년 전, 자네의 어린 시절과 지금의 과자 가격이 얼마나 차이가 나는지 생각해보게. 예나 지금이나 가격이 그대로인가?"

"아뇨! 올랐죠. 너무 많이 올랐어요. 어린 시절에는 지금이라면 상상도 못할 정도의 싼 가격으로 과자를 사먹을 수 있었는데, 지금은 같은 가격으로 어림도 없죠. 그뿐 아닙니다. 모든 가격이 올랐어요. 심지어 아파트값까지! 제가 주식투자를 시작하기 전 아내와 함께 봐둔 아파트를 어머니께 보여드리려고 모시고 간 적이 있어요. 가는 길에 차 안에서 흥미로운 대화를 나눴죠. 제가 봐둔 아파트는 부모님이 신혼생활을 하셨던 지역에 있었거든요. 어머니가 신혼이셨을 때, 이 정도 평수의 아파트가 얼마였는지 어머니께 물어봤죠. 세상에! 지금의 좋은 노트북 서너 대 가격밖에 안 되더라고요! 물론 30년 정도 전의 얘기지만, 정말 아파트 가격이 어마어마하게 오른 거죠."

"하하, 꽤 재미있는 이야기군! 근데 거기에 바로 핵심이 있네! 과자나 아파트 가격뿐만 아니라 모든 가격이 20년, 30년 전에 비해서 올랐지. 왜일까? 모든 물건의 가치가 계속 올라서일까? 아닐세. 바로 교환수단의 가치가 계속 내려갔기 때문이네. 물건이 아니라 돈의 가치가 변해서지."

"그러니까 돈의 공급이, 돈의 양이 많아져서 가치가 떨어졌다는 말씀인가요? 2, 30년 동안?"

"맞아. 이런 현상을 인플레이션이라고 부르지. 돈의 양이 많아져서 돈의 가치가 하락하고 그 결과로 모든 물건의 가격이 동반상승하는 현상이라네."

"인플레이션 때문에 가격이 오른다는 사실은 알고 있었죠. 다만, 왜 인플레이션이 생기는지는 몰랐던 것 같아요. 그러니까 왜 돈의 양이 계속 늘어났는지를 몰랐다는 말이 되겠군요. 하긴 알아야 할 필요도 느끼지 못하고 살아왔지만요."

"이제 그 이유를 반드시 알아야 하네. 돈에게 훨씬 가까이 다가갈 수 있는 지름길이기 때문이지! 어떤가, 그 이유를 자세히 알고 싶지 않나?"

"그럼요! 당연히 알고 싶어졌죠."

상순은 미소를 지으며 말했다.

"이제 본격적으로 돈의 역사에 대해 얘기를 시작할 시간이 왔군!"

"역사요? 좋습니다! 이제부터 시작이군요? 자, 저는 준비가 됐습니다."

"하하, 다만 그 전에, 앞에서 말한 규칙을 항상 기억해두게. 규칙을 모르는 사람을 선수라고 부를 수 없으니까."

"알겠습니다."

"그럼 타임머신을 타고 역사를 훑어볼까? 처음 우리의 도착지는, 바로 약 300~400년 전의 영국일세."

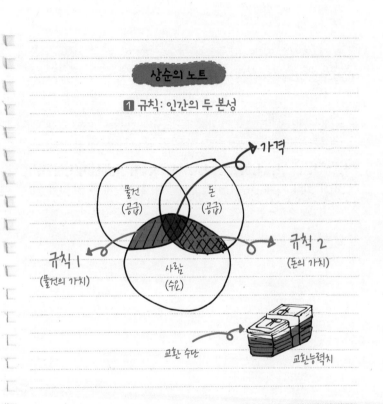

상순의 노트

1 규칙: 인간의 두 본성

❶ 돈과 경제는 단순하다.

❷ 돈을 제대로 알려면 현재를 보지 마라. 역사를 봐야 현재가 보이기 시작한다.

❸ 역사는 비슷하게 되풀이된다. 역사를 이해하면 그 의미를 알 수 있다.

❹ 돈의 세계에는 선수와 아마추어가 있다. 우리는 선수가 되기 위한 자격을 갖추어야 한다.

❺ 돈의 역사를 알고, 역사가 되풀이된다는 사실을 이해하면 비로소 부의 기회가 보일 것이다.

❻ 돈의 세계에는 두 가지 규칙만 존재한다. 물건의 가치와 돈의 가치가 바로 그것이다.

❼ 가치는 수요와 공급으로 정해진다. 수요와 공급은 인간의 본성을 따른다.

❽ 인간의 두 본성이 가치를 만들고, 두 가치(물건, 돈)가 함께 가격을 만든다.

❾ 돈의 가치는 항상 변한다. 모든 가격이 오랫동안 상승한 이유는 돈의 가치가 계속 하락해왔기 때문이다.

제드가 알게 된 돈에 관한 용어

물물교환, 상품화폐, 금속화폐, 교환수단, 교환능력(구매력), 수요와 공급, 물건의 가치, 돈의 가치, 가격, 인플레이션

부심

"은행이 있기 때문에,
우리는 인플레이션이라는 바다에서 헤엄치고 있는 걸세."

"**영국이라고요?** 왜 영국 역사를 알아야 하죠?"

"은행의 역사를 알기 위해서일세."

"은행의 역사요?"

"오늘날의 은행이 영국에서 탄생했기 때문이지. 그리고 은행이 있기 때문에 우리는 인플레이션이라는 바다에서 헤엄치고 있는 걸세."

"그러니까 은행 때문에 돈의 양이 계속 늘어나고 있다? 이런 말씀인가요?"

"그렇지! 아, 그건 그렇고 좀 전에 잠시 지켜보았네만, 자네 팀과 상대 팀 모두 실력이 좋더군! 내가 왜 자네 팀을 몰랐는지 모르겠네. 두 팀의 이름이 뭔가?"

"아, 제가 속한 동호회 팀 이름은 추진입니다. 이름 그대로 공격 위주의 경기방식을 추구하죠. 그리고 상대 축구단 이름은 인내고요. 저 팀은 우리와 달리 수비 위주의 경기방식을 추구합니다. 성향이 반대인 두 팀이 경기를 치르고 있는 셈이네요. 팀 이름이 촌스럽긴 하죠?"

"응? 하하하하!"

"그렇게 웃으실 만큼 촌스러운가요?"

"오해하지 말게. 이름이 촌스러워서 웃은 게 아니라 두 팀 이름이 마음에 쏙 들어서 웃었네."

"마음에 들어서?"

"두 팀 이름을 기억하고 있게. 반드시 말이야. 나중에 자네도 보게 될 부의 기회와 관련이 있어서일세."

"도통 무슨 말씀이신지 모르겠지만, 일단 기억하고 있겠습니다. 인내와 추진!"

"그나저나 자네, 경기장 양 끝에 있는 부심들이 보이나?"

제드는 상순의 손가락 끝을 따라 시선을 옮기며 대답했다.

"네, 보입니다. 깃발을 들고 뛰어다니는 두 명의 부심 말이죠?"

"맞네. 저 부심이 바로 은행과 같다네."

"뭐라고요? 어르신, 계속 장난처럼 말씀하시면 대화를 나누기 힘들어집니다. 진지하게 말씀해주세요."

"하하, 내가 말하지 않았나? 이곳은 돈의 역사, 부의 기회라는 주제를 놓고 대화를 나누기에 최적의 장소라고 말이야. 축구장은 돈의 세계를 그대로 비추는 거울이자 자본주의의 축소판과도 같지. 이곳에는 규칙, 선수, 부심, 주심 등이 있어. 돈의 세계에도 이와 유사한 것들이 모두 존재하네."

"유사한 것들이요?"

"자네는 이미 규칙, 선수에 대해서 듣지 않았나?"

"아, 그렇긴 하군요. 어르신은 지금 진지하다는 말씀이시죠?"

"물론! 축구장에 부심이 있듯, 돈의 세계에도 부심이 있네. 그것이 바로 은행이고."

"왜 은행을 부심에 비유하시는 거죠?"

"부심은 경기가 원활하게 치러지도록 주심을 돕지. 하지만 경기를 직접 통제하고 관리할 권한은 주심에게만 있네. 은행도 마찬가지야. 은행 역시 돈의 세계, 다시 말해 경제를 통제하고 관리할 수 있도록 주심을 옆에서 도와준다네. 경제의 직접적인 관리와 통제권은 오로지 주심에게 있고. 이런 관점에서 은행과 부심은 그 역할이 매우 비슷하다고 할 수 있네."

"음, 아직 무슨 말씀인지 이해가 안 됩니다. 그럼 주심도 비유겠죠? 돈의 세계에서 주심은 누구죠?"

"주심에 대해서는 나중에 이야기를 나누게 될 걸세. 지금은 주심을 언급할 때가 아니거든. 우선 은행의 역사부터 알아보자고."

훗날 은행이 된 금세공업자

상순은 경기장의 부심을 유심히 바라보며 말을 이어갔다.

"약 300~400년 전의 영국은 대영제국으로 불렸던 시기로, 전 세계에 수많은 식민지를 보유하고 있었지. 그리고 금과 은을 교환수단으로 사용하고 있었어."

"금과 은이 교환수단이었던 시절의 얘기군요?"

"당시에는 금세공업자가 있었네. 금을 휴대하고 보관하기 편하도록 금괴나 금화로 가공하는 직업을 가진 사람이었지. 하지만 사람들은 여전히 세공된 금화의 무게와 부피를 불편해했어. 그러자 세공업자는 보관업을 시작했네. 사람들의 금화를 보관해주고, 그 대가로 수수료를 받은 거지."

"보관업까지 했다면 세공만 할 때보다 수익이 더 늘었겠군요?"

"그렇지. 하지만 수익이 늘었어도 세공업자는 만족하지 못했네. 그래서 꼼수를 하나 생각해냈지."

"꼼수요?"

세공업자의 첫 번째 꼼수

"사람들이 맡겨놓은 금화로, 금화가 필요한 다른 사람들에게 빌려주었던 걸세. 물론 빌려주는 대가를 받고."

"남의 금화를 빌려주고 대가를 받는다? 맡긴 사람들에게 허락을 받고 빌려주는 건가요? 만약 금화를 맡긴 사람들이 금화를 찾으러 온다면 어쩌죠?"

"하하하, 당연히 궁금한 일이지. 이 꼼수는 바로, 금보관영수증이 있었기에 가능했다네."

"보관증 같은 건가요?"

"맞아. 세공업자에게 금화를 보관한 사람들은 그 증거를 만들어달라고 했지. 그것이 바로 금보관영수증이었네."

"그런데 왜 그게 꼼수가 가능하도록 만들었다는 거죠?"

"세공업자에게 금보관영수증만 가져가면 언제든 금화를 돌려받을 수 있었네. 그러면 굳이 금화로 거래할 필요가 있을까? 무거운 금화보다 더 가볍고 부피도 작은 종이영수증! 사람들이 이 종이영수증을 거래에 사용했던 거야. 종이는 금에 비해 휴대나 보관이 훨씬 편하지. 게다가 언제든지 금화와 교환할 수 있고. 그래서 사람들은 점점 금보관영수증을 거래에 사용하기 시작했네. 시간이 지날수록 더 많은 사람들이 금으로 거래하는 대신 종이영수증을 사용했지. 이 말은 곧, 사람들이 세공업자에게 금화를 맡기고도 생각보다 자주 찾으러 가지 않았다는 뜻이야."

"아, 그래서?"

"자네의 짐작대로일세. 사람들이 금화를 자주 찾으러 오지 않는다는 사실을 간파한 세공업자는, 남의 금화를 당장 필요한 또다른 사람에게 빌려주고 그 대가를 받는 꼼수를 쓰기 시작했지."

"꽤나 기발하군요? 앗! 그렇다면 결국 세공업자는 대부업을 했던 것이네요? 돈을 빌려주는 은행처럼?"

"잘 보았네. 세공업자가 남의 금화를 빌려주고 받은 대가가 바로 대출이자의 시초일세."

"아! 그럼 혹시, 세공업자가 훗날 은행을?"

"하하, 맞네! 계속 들어보게. 돈을 빌리는 대가가 바로 이자일세. 그러니까 이자는 바로 돈의 가격인 셈이지."

"그러니까 이자가 금화의 가격이군요?"

"맞아. 돈을 빌릴 때 우리가 지불해야 할 가격! 세상에 있는 모든 것에는 가격이 붙지. 당연히 돈에도 가격이 있겠지?"

"하긴 맞는 말이에요. 세상에는 공짜가 없으니까요."

"세공업자는 대출이자를 받으면서 남몰래 금화를 빌려주기 시작했네. 그런데 세공업자에게 금화를 빌리려는 사람들이 늘어나자, 세공업자에게 금화를 보관했던 사람들이 의심을 품기 시작했어. 아무리 생각해도 세공업자가 그 많은 금화를 가지고 있을 리가 없었거든. 그래서 금화를 보관한 사람들이 세공업자에게 달려가 금화가 안전한지 따져 묻고, 되찾으려고 했네."

"역시 꼼수는 쉽게 발각되는군요! 당연히 세공업자는 혼쭐이 났겠죠?"

"아닐세."

"네? 어째서죠?"

"세공업자는 작은 기지를 발휘했네. 금을 보관한 사람들에게 제안을 하나 했지. 금화를 남에게 빌려주는 일을 허락해주면, 맡긴 사람에게 보관료를 받는 대신, 대출이자를 나눠주겠다고 말일세."

"대출이자를 나눠준다? 허, 머리를 참 잘 썼네요. 제가 금화를 맡긴 사람이라면 그 제안에 바로 승낙했을 거예요! 금화를 보관하기만 해도 보관료를 내지 않고 오히려 돈을 벌 수 있으니 나쁠 게 전혀 없죠."

"자네 생각처럼 사람들은 세공업자의 제안을 받아들였네. 세공업자에게 금화를 맡기기만 해도 가만히 앉아서 돈을 벌 수 있게 되었거든. 금보관자가 대출이자의 일부를 받은 대가, 이것이 예금이자의 시초일세."

"예금이자? 아! 그렇군요? 금화를 맡기는 대가로 이자를 받는다. 이것이 예금이자군요?"

"틀렸네."

"뭐라고요? 방금 그렇게 말씀하셔놓고 뭐가 틀렸다는 거죠?"

"의미는 정확했네만, 표현이 틀렸네. 우리는 은행에 돈을 맡기는 것이 아니라 빌려주는 것이거든."

"예금이 은행에 돈을 빌려주는 것이다?"

"나는 분명, 이자는 돈을 빌릴 때 지불하는 돈의 가격이라고 말했네. 왜 세공업자가 대출이자의 일부를 떼어 금보관자에게 줄까? 그 역시 돈을 빌렸기 때문이지! 오늘날의 은행도 마찬가지일세. 은행도 예금자에게 돈을 빌리기 때문에 예금이자를 지불하지. 그리고 예금자의 돈을 또 다른 누군가에게 빌려주고 대출이자를 받네. 그래서 은행은 대출이자에서 예금이자를 뺀 나머지를 수익으로 얻는 거야. 그 수익을 예대마진이라고 하지."

"그렇다면 은행에 예금을 할 때는 내 돈을 다른 누군가에게 대출해줘도 괜찮다고 허락하는 셈이 되는군요?"

"정답일세!"

"하지만, 저는 은행에서 내 돈을 다른 사람한테 빌려준다는 설명을 들어본 적이 없는데요?"

"그렇지? 하지만 은행에서 이야기를 해주든 안 해주든, 예금자는 이러한 사실을 알고 있어야 하네. 예금이란, 자신의 돈을 다른 누군가에게 빌려줘도 좋다고 허락하면서 은행에게 돈을 빌려주는 행위. 다시 말하면, 돈을 빌려주고 나면 빌려준 돈을 받지 못할 수도 있다는 뜻이지! 은행도 부도가 나거나 어려움에 처하면 예금자들에게 빌린 돈을 돌려주지 못할 수 있는 걸세. 내가 자네에게 돈을 빌려주었는데, 자네가 파산해버리면 내가 돈을 돌려받지 못하는 것과 같은 이치야."

"예금을 돌려받지 못한다?"

"그런데 있잖나. 세공업자는 예대마진 수익도 성에 차지 않았어. 그래서……."

"그래서요?"

"꼼수를 또 저지르고 마네. 바로 두 번째 꼼수일세."

세공업자의 두 번째 꼼수

"두 번째 꼼수요? 이번엔 대체 어떤 꼼수죠?"

"이번에는 없는 금도 있는 척하면서 사람들에게 빌려주고, 그만큼의 대가를 받아버린 꼼수였지."

"네? 없는 금을 어떻게 빌려준다는 말이죠?"

"하하하, 이 말도 안 되는 꼼수가 가능하도록 만들어준 것도 역시 금보관영수증이었네."

"허, 이번에도 금보관영수증이?"

"좀 전에 말했다시피, 많은 사람들은 이미 금보관영수증을 거래에 사용하고 있었어. 그럼 생각해보게. 자네가 세공업자에게 금화를 빌린다면, 굳이 빌린 금화를 직접 들고 갈 필요가 있겠나? 금보관영수증을 가져가는 것이 훨씬 편하겠지. 그래서 사람들은 빌린 금화를 다시 세공업자에게 예금하고 금보관영수증을 들고 갔던 걸세. 예금이자까지 받을 수 있을 테니까. 금화를 빌리고 곧바로 다시 예금하면, 대출이자에서 예금이자를 뺀 가격만 세공업자에게 지불하면 되니 오히려 이득이지!"

"아! 그러면 실제 세공업자의 금고에는 금화가 줄어들지 않았겠군요? 어차피 금화를 빌린 사람들이 금화를 가져가지 않고 영수증만 들고 가기 때문에!"

상순은 제드가 대견한 듯 미소를 지으며 대답했다.

"바로 그걸세! 대출을 해줘도 금고에 금화가 줄지 않았던 거야. 이런 사실을 알게 된 세공업자는, 금고에 있는 금화만큼의 영수증을 발행해서 모두 대출해준 이후에도 계속해서 영수증을 만들어 대출해주었네. 공짜로 영수증을 만들고 대가를 받을 셈이지."

"참 교묘한 꼼수군요! 어차피 사람들은 대출금을 다시 예금하니까! 세공업자만 엄청난 돈을 벌었겠네요."

"세공업자는 순식간에 거대한 자산가가 되었네. 하지만 이를 지켜본 사람들이 다시 의심을 품기 시작했지. 아무리 생각해도 그토록 빨리 거부가 되기는 어려웠거든! 그래서……."

"또 들켰나요?"

"당연하네. 영원한 비밀은 없지 않나? 결국 의심을 품은 예금자들 모두 영수증을 들고 세공업자에게 달려가 아우성을 쳤네. 금화를 돌려달라고. 세공업자를 더 이상 믿지 못했던 거야."

"세공업자의 운명은 어떻게 되었죠?"

"하하, 어떻게 됐을까? 결국 세공업자는 모든 금보관영수증을 금화로 교환해주지 못해 파산하고 말았네. 자신이 빌려준 금화보다 훨씬 적은 금화만 금고에 있었으니까."

"파산이요? 자, 잠깐만요! 세공업자가 훗날 은행이 된다고 하지 않으셨나요?"

"하하, 맞아. 세공업자들은 정말 운이 좋았어."

"운이요?"

은행의 탄생! 첫 번째 꼼수의 합법화와 두 번째 꼼수의 방지책

"당시의 대영제국은 전 세계 영토의 약 4분의 1정도를 식민지로 두고 있었네. 대영제국을 24시간 해가 지지 않는 나라라고도 부른 이유지. 그런데 많은 영토를 유지하기 위해서는 엄청난 군대와 무기가 필요했네. 그리고 군대와 군사력을 유지하고, 새로운 영토 확장을 위해서는 엄청난 돈이 필요했지. 바로 그때, 영국 정부는 세공업자의 소식을 듣게 된 걸세."

"돈이 필요하던 찰나에 세공업자의 소식을 듣게 됐다?"

"정부는 파산해버린 세공업자를 찾아가 제안을 하나 했네. 세공업자가 했던 대부업을 계속할 수 있도록 법적으로 인정해주겠다고. 왜 그랬을까? 영국 정부 역시 돈이 필요했기 때문이지."

"세공업자는 정말 운이 좋았군요?"

"맞네. 하지만 세공업자가 대부업을 할 수 있었던 이유는 첫 번째 꼼수 덕분이었고, 파산은 두 번째 꼼수 때문이라는 사실을 영국 정부도 이미 알고 있었어. 그래서 세공업자의 첫 번째 꼼수를 법으로 인정해주되, 두 번째 꼼수는 저지르지 못하도록 또 다른 법을 만들었네."

"음, 없는 금화도 빌려줬던 행위를 막기 위해서요?"

"그렇네. 그래서 영국 정부는 부분지급준비제도라는 방지책을 만들어낸 걸세."

"부분지급준비제도가 뭐죠?"

"용어에 의미가 함축되어 있지. 예금의 일부를 지급할 준비를 해두어야 한다는 것이지. 누구에게 예금의 일부를 지급하라는 것일까?"

"예금자 아닌가요?"

"맞아. 예금자가 자신의 돈을 찾으러 왔을 때, 어떤 상황에서든 돈을 돌려주도록 하기 위한 제도인 거지. 가령 100개의 금화가 예금되면 그중 10%인 10개는 세공업자의 금고에 항상 두고, 예금자에게 언제든 지급할 준비를 해야만 한다는 제도야. 세공업자가 예금자의 금화 100개 중 90개까지만 다른 사람에게 빌려줄 수 있고 전부 또는 그 이상 대출해주면 안 된다는 뜻이지."

"잠깐만요. 굳이 왜 10%인 금화 10개만 예금자를 위해서 남겨둬야 한다는 거죠? 예금자가 100개의 금화를 돌려받고 싶어서 찾아왔는데, 금고에는 10개밖에 없다? 결국 100개를 모두 돌려받을 수 없다는 말 아닌가요? 이것이 예금자를 위한 제도라고요?"

"세공업자가 꼼수를 쓸 수 있었던 이유를 떠올려보게. 남의 돈으로 대부업을 할 수 있었던 이유는, 사람들이 금 대신 금보관영수증을 사용하고 있었기 때문이었지. 이 때문에 굳이 금화를 찾으러 오지 않았다는 말일세. 세공업자 입장에서는 예금자가 자네만이 아니겠지? 가령 자네를 포함한 1,000명이 똑같이 100개씩 금화를 예금했다고 치세. 그럼 예금된 금화는 모두 10만 개일세. 그중 10%는 반드시 금고에 두라고 법으로 정해졌다면, 세공업자는 10%인 1만 개는 금고에 두고 나머지 9만 개는 다른 누군가에게 대출해줄 수 있지. 이제 자네를 포함해서 10명 정도가 금화가 꼭 필요해서 되찾고자 해도 총 1,000개의 금화면 충분하겠지? 세공업자의 금고에 1만 개가 있으니 금화 1,000개 정도는 충분히 돌려줄 수 있는 걸세."

"아! 그러니까 대부분의 예금자들이 자신의 금화를 찾으러 오지 않기 때문에 가능한 제도다? 어차피 대부분의 예금자는 거래할 때 금보관영수증을 사용하고, 특별한 이유로 일부 예금자만 진짜 금화를 찾으러 오니까?"

"그렇지! 이제 알겠나? 그래서 정부는 예금된 금화의 10%만으로도 소수의 예금자에게 돌려줄 수 있다고 판단했던 거야. 이때 세공업자가 금고에 반드시 보관해야 하는 10%를 부분지급준비율, 보관해야만 하는 10개의 금화를 부분지급준비금이라고 한다네. 이것이 바로 두 번째 꼼수 방지책일세."

상순은 잠시 숨을 고르고 말을 이어갔다.

"이렇게 해서 오늘날의 은행이 탄생했지! 세공업자가 은행가로 탈바꿈한 순간이지. 이보다 훨씬 전에도 은행가는 있었네. 하지만 그들은 대개 자신의 돈을 누군가에게 빌려주고 이자를 받아 돈을 벌었을 뿐이야. 오늘날 은행은 남의 돈을 빌려 다른 누군가에게 빌려주고 돈을 번다네. 그래서 오늘날의 모든 은행은 부분지급준비제도를 유지하고 있는 걸세."

"오늘날에도요?"

"물론이지. 지금의 교환수단은 뭔가? 바로 지폐와 동전이네. 옛날의 금화와 같다고 할 수 있지. 그렇다면 옛날의 금보관영수증과 같은 것이 오늘날에는 무엇일까?"

"글쎄요."

"자네, 혹시 계좌이체를 사용하나?"

"아! 그렇군요. 계좌이체를 할 때 움직이는 숫자들? 혹시 은행통장에 찍힌 숫자들을 말씀하시는 건가요?"

"빙고! 통장에 찍힌 컴퓨터 숫자, 이를 디지털 화폐라고 부르자고. 디지털 화폐가 바로 지폐와 동전을 대체하는 또 다른 교환수단이네. 자네가 계좌이체를 하거나 무언가를 구매할 때 카드를 긁는다면, 자네의 통장에 찍힌 숫자들은 다른 통장으로 순식간에 넘어가네."

"그래서 요즘은 현금을 들고 다닐 일이 거의 없긴 하죠!"

"자네를 포함해 1,000명이 100원씩 은행에 예금했다고 치자고. 그럼, 은행이 가진 예금은 총 10만 원일세. 만약 부분지급준비율이 10%라면, 은행은 1만 원을 반드시 금고에 둬야만 하고 나머지 9만 원은 대출해줄 수 있지. 자네를 포함해 많은 사람들은 거래에 현금보다는 카드나 이체를 더 많이 쓰네. 은행에서 현금을 잘 찾지 않는다는 뜻이야. 어쩌다 현금이 필요한 소수의 예금자가 찾으러 와도, 은행은 금고의 1만 원으로 충분히 교환해줄 수 있다는 걸세. 그래서 오늘날의 은행도 부분지급준비제도를 통해 작동한다는 말이지."

"이제야 좀 알겠군요! 은행에는 사실 예금자의 돈이 전부 있는 게 아니다! 정말 믿어지지가 않습니다. 고작 10%밖에? 예금자들이 전부 자신의 현금을 돌려받으러 은행에 갔다고 가정해보면 어떨까요? 그런 일은 흔치 않겠지만요. 만약에 말입니다. 그러면 은행은 어떻게 모두에게 현금을 돌려주죠? 모든 예금의 10%밖에 현금이 없을 텐데요?"

"오! 좋은 지적이야. 우리는 그것을 뱅크런이라고 부르지."

"뱅크런이요?"

"우리말로는 예금인출사태라고 하네. 말 그대로 예금자들이 한꺼번에 은행으로 달려가 자신의 현금을 되찾으려는 현상이야. 이런 일은 은행이 예금자들에게 신뢰를 잃었을 때 일어나는 일이지. 세공업자의 꼼수를 의심한 예금자들이 모든 자신의 금화를 되찾으러 갔던 것처럼 말일세. 만약 자네 말대로 뱅크런이 발생하면, 은행은 무조건 파산이야."

"무조건 파산이라고요?"

"은행 금고에는 모든 예금이 있는 게 아니니까. 이것이 부분지급준비제도의 이면일세. 예금자들이 은행을 신뢰하지 않는다면, 부분지급준비제도는 유지될 수 없지. 결국 예금자의 신뢰를 잃은 은행은 파산할 수밖에 없어."

"은행이 파산하면 우리의 예금은?"

"내가 말했지? 예금은 은행에 돈을 빌려주는 것이라고. 즉, 빌려준 돈은 100% 안전하다는 보장이 없네. 그 리스크의 대가가 바로 예금이자인 걸세. 공짜로 예금이자를 주는 게 아닌 거지. 뱅크런이 발생하면 자네의 예금은 사라지고 말아. 물론 예금보험공사와 같은 정부기관에서 뱅크런을 대비해 어느 정도 예금자를 보호해주기도 하지. 하지만 그것도 결국 세금이다 보니 모든 예금자를 보호해줄 수는 없네."

"그렇군요. 파산이라. 은행은 꽤 위험한 상태로 대부업을 하는군요? 디지털 화폐가 없다면 은행이 존재할 수도 없겠는걸요?"

"그게 핵심일세! 나는 옛날의 금보관영수증이나 오늘날의 디지털 화폐를 모두 대체교환수단이라고 부르지. 교환수단을 대체하는 또 다른 교환수단! 즉, 대체교환수단이 존재하기 때문에 은행이 존재할 수 있는 걸세. 그리고 하나 더!"

"하나 더요?"

"대체교환수단이 존재하기 때문에, 돈의 양은 계속 늘어날 수밖에 없다는 거야."

대체교환수단이 만들어내는 '마법'

"네? 그러니까 금보관영수증이나 디지털 화폐가 존재하기 때문에 돈의 양이 계속 늘어난다고요?"

"맞네. 이것이 우리가 인플레이션이라는 바다에서 헤엄치며 사는 이유지."

"아직 이해가 잘 안 됩니다."

"가령 자네가 100원을 예금했어. 그러면 그 순간 자네의 통장에는 숫자 100원이 찍히네. 이 디지털 화폐는 자네의 현금 100원이 은행에 있다는 증거와도 같지. 금보관영수증처럼 말이야. 이제 자네는 디지털 화폐를 거래에 사용할 걸세. 계좌이체를 이용하든, 카드로 긁든, 인터넷에서 상품을 구입하든 말이네."

"그렇죠."

"은행의 부분지급준비율이 10%라고 가정하면 은행은 자네의 예금 100원 중 10%인 10원을 금고에 넣어야 하고, 나머지 90원만 대출해줄 수 있네. 그 90원을 내가 대출받는다면, 순간 마법 같은 일이 벌어지지! 자, 뭔가 이상하지 않나?"

"네? 이제껏 당연한 말씀만 하셔놓고, 뭐가 이상하다는 거죠?"

"다시 생각해보게. 자네는 분명 100원을 예금했어. 그리고 나는 그중 일부인 90원을 대출받았지. 그런데 지금 시장에서 거래에 사용할 수 있는 돈은 어떤가? 자네의 통장에 찍힌 100이라는 디지털 화폐, 그리고 내 손에 쥐어진 현금 90원, 총 190원을 거래에 사용할 수 있지 않나?"

"앗? 정말 그러네요! 어쩌다가 돈이 늘어난 거죠?"

"바로 디지털 화폐 때문일세. 은행에서 자네의 예금 100원 중 90원을 나에게 대출해준다고 해서, 자네의 예금통장에 찍힌 숫자 100이 10으로 줄어들까?"

"아, 아니요. 제 예금통장의 숫자는 제가 사용하지 않는 이상, 항상 그대로죠! 그, 그럼, 어르신이 제 돈을 대출받아도 제 통장에서 사라지지 않은 컴퓨터 숫자 90이 새로 생겨난 돈이란 뜻인가요?"

"바로 그걸세! 자네가 예금한 현금의 양은 그대로야. 은행의 금고에 10원, 그리고 내 손에 90원이 있지. 그럼 대체 뭐가 늘어난 것일까? 바로 통장에 찍힌 숫자, 내가 자네의 예금 90원을 대출받아도 지워지지 않은, 자네 통장의 숫자 90원이 늘어난 걸세! 어차피 현금이나 컴퓨터 숫자나 모두 똑같이 돈으로 사용할 수 있지. 즉, 누군가 받은 대출금의 양만큼 새로 탄생한 돈이 되는 거야. 대출과 함께 돈이 탄생하는 거지. 하지만 새로운 돈은 한 번 탄생하고 끝나지 않지! 새로운 돈은 또 다시 새로운 돈을 계속해서 만든다네."

끊임없이 '자가복제'하는 돈

제드는 적잖이 놀란 표정으로 상순을 바라보았다.

"좀 전에 든 예를 이어가보지. 자네가 예금한 100원 중 90원을 내가 대출받았네. 그런데 내가 대출받은 90원을 다시 예금한다면 어떨까?"

"대출받은 90원을 다시 예금한다고요?"

"현금보다 디지털 상에서 하는 거래가 더 편하고, 예금을 하면 예금이자도 받을 수 있으니까. 대출자가 세공업자에게 금화를 빌리자마자 빌린 금화를 다시 맡기고 보관영수증을 받은 경우를 떠올려보게. 그럼, 은행은 내 예금 90원 중 10%인 9원은 남겨놓고, 나머지 81원을 다시 누군가에게 대출해줄 수 있게 되네. 이제 81원을 내 아내가 대출받는다고 한다면? 그러면 돈은 총 얼마로 늘어날까?"

"네? 아아, 잠깐만요."

제드는 자신의 열 손가락을 모두 사용하며 어렵게 계산하기 시작했다.

"하하, 우리 셋이 각자 얼마를 가지고 있는지만 알면 그만이지. 자, 이제는 자네의 예금통장에 찍힌 100원, 내 예금통장에 찍힌 90원, 그리고 내 아내가 대출 받은 현금 81원, 총 271원일세! 결국 내가 대출받은 돈을 다시 예금하고, 그 예금의 일부를 내 아내가 대출받았기 때문에, 자네의 예금 100원이 271원으로 늘어났네. 새로운 돈 171원이 탄생한 거지."

"아!"

"새로운 돈의 탄생은 한 번으로 끝나지 않네. 이제 아내가 대출받은 81원을 다시 은행에 예금하고, 누군가 그 일부를 다시 대출받고, 이 과정이 끝까지 반복된다면 어떻게 될까?"

상순은 가방에서 노트와 만년필을 꺼내들었다. 그 노트는 제드가 찾아준 낡은 노트였다. 상순은 노트의 빈 곳을 펼친 후 숫자들을 적기 시작했다.

100원 + 90원 + 81원 + 72.9원 + ‥‥‥ = 1000원

"은행의 부분지급준비율이 10%라고 한다면, 예금 100원은 대출과 예금을 반복하면서 결국 1,000원까지 늘어날 수 있네. 즉, 예금 100원이 결국 900원이라는 새로운 돈을 만들어낼 수 있다는 말이지!"

"정말 어처구니가 없군요. 100원이, 1,000원으로. 돈이 10배로 늘다니!"

"이것이 바로 은행의 비밀이자 우리가 반드시 알고 있어야 하는 돈의 비밀이네. 이렇게 대출과 함께 돈이 계속해서 늘어나는 과정을 신용창조의 과정이라고 부르지."

"신용창조라‥‥‥."

"신용, 바로 대출로 돈이 창조되는 과정을 말하네. 예금창조라고도 하고. 이 때문에 은행이 존재하는 한, 돈은 계속 늘어날 수밖에 없는 걸세. 사람들이 끊임없이 은행에서 예금과 대출을 이용하기 때문이지. 지금도 누군가 대출을 받는다면 그 즉시 새

로운 돈이 생기는 거지. 사실 새롭게 늘어나는 돈은 모두 현금이 아니라 대체교환수단, 즉 디지털 화폐이고. 그래서 전 세계 모든 돈의 약 95%는 만질 수 있는 현금이 아니라 만질 수 없는 디지털 화폐라네."

"뭐라고요? 그러니까 대부분의 돈이 컴퓨터 숫자들이다?"

"빙고! 바로 신용창조 덕분이지. 오랜 세월 사람들이 끊임없이 예금과 대출을 사용하면서 디지털 화폐가 늘어났기 때문이네. 더 정확히 말하자면, 이 세상 대부분의 돈은 모두 은행 안에서 예금의 형태로 존재하고 있는 것이야. 그래서 현재의 경제 시스템을 은행 시스템이라 불러도 과언이 아니지."

"허, 정말 흥미로운 사실을 알게 되었습니다!"

예금자는 결코 은행보다 부자가 될 수 없다

"돈이 계속 늘어나는 비밀이 바로 이걸세. 흥미로운 사실을 하나 더 알려주지! 가령 예금금리가 2%, 대출금리가 4%라고 한다면, 은행의 수익인 예대마진은 2%네. 그러면 겉으로 보기에 사람들은 예금자와 은행이 각각 2%씩, 같은 돈을 번다고 생각할 걸세. 그렇지 않나?"

"그렇죠. 그런데 분위기는 마치 아니라고 말씀하실 것 같은데요?"

"하하, 눈치가 빠르군! 아무리 금리가 같아도, 예금자는 결코 은행보다 많은 돈을 벌 수 없네. 그 이유 역시 신용창조 때문이지."

"똑같이 2%씩 이자를 받아도요?"

"이번에도 예를 들어보는 편이 이해하기 쉬울 걸세. 역시나 은행의 지급준비율이 10%라고 가정을 하자고. 가령 자네가 100원을 예금한다면, 2%인 2원을 예금이자로 받네. 은행은 이제 90원을 대출해줄 수 있고 4%인 3.6원을 이자로 받지. 결국 3.6원에서 자네에게 줄 예금이자 2원을 빼고 나면, 은행은 1.6원을 버는 셈이네. 이렇게만 보면 은행이 오히려 예금자보다 수익이 없는 것처럼 보이지만, 사실은 그렇지 않아."

"신용창조 때문에?"

"맞아. 가령 한 은행에서 100원의 예금이 대출되고, 다시 예금으로 들어오기를 끝없이 반복한다고 하세. 그러면 자네도 알다시피, 900원이라는 새로운 돈이 생겨버리네. 그렇다면 은행은 자네에게 2%인 2원을 주고 난 후, 새로 생겨난 900원으로 예대마진 2%인 18원을 이자로 벌 수 있어. 여기서 은행이 900원의 대출이자가 아니라 예대마진을 버는 이유는, 대출된 모든 돈이 다시 예금으로 들어왔기 때문이네. 결국 은행의 총수익은, 18원에서 자네에게 줄 2원을 뺀 16원이라는 말이지! 자네는 100원으로 2원을 벌지만, 은행은 자네에게 빌린 100원으로 16원까지 벌 수 있다는 말일세. 신용창조의 혜택으로. 그래서 예금자는 결코 은행보다 부자가 될 수 없다는 거야. 이 수식을 노트에 간단히 적어 보지."

• 제드가 예금 100원으로 버는 돈: 100원 × 2% = 2원

- 은행이 제트의 100원으로 벌 수 있는 최대치(한 은행에서 대출과 예금이 끝까지 반복될 경우): (신용창조로 만들어지는 돈 900원 × 예대마진 2%) - (제트의 예금이자 2원) = 16원

"정말이군요? 으음, 하지만 어르신, 이 수식이 타당하려면 한 은행에서만 예금과 대출이 지속적으로 반복되어야 하잖아요? 그런데 현실에서도 그럴까요?"

"물론이네. 한번 생각해보게. 많은 사람들은 자신이 사용하는 단골 은행에서 주로 예금과 대출을 이용하지 않나? 나도 그렇다네. 대부분은 많은 은행을 이리저리 돌아다니며 이용하지 않지. 은행 역시 단골에게 더 비싼 예금이자나 더 싼 대출금리와 같은 혜택을 주기도 하네. 왜일까? 바로 자신이 신용창조의 혜택을 얻기 위해서야."

"단골에게 혜택을 줘서 대출해준 돈을 다시 예금으로 만든다?"

"맞아. 그래서 은행이 대출해줄 때, 현금으로 주지 않고 자사의 예금통장에 숫자로 넣어주지 않나? 만약 그 은행 예금통장이 없다면 하나 만들라고 제안하지. 즉, 대출된 돈이 다시 은행의 예금이 되는 것이지. 그러면 은행은 대출해주면서 동시에 그 일부를 다시 대출해줄 수 있는 기회까지 얻게 되지! 신용창조의 혜택을 얻을 수 있다는 말이네."

"과연! 그러면 저는 제 돈 100원을 이용하고도 2원밖에 벌지 못하지만, 은행은 제 돈 100원으로 16원까지 벌 수 있다는 말인가요? 허허, 이럴 수가! 예금자 입장에서는 꽤나 억울하군요!"

"그렇지? 만약 누군가 나에게 '은행은 예금과 대출 중에서 어떤 것을 더 좋아하나요?'라고 묻는다면, 나는 '은행은 자신이 대출해준 돈이, 다시 자사의 예금으로 돌아오는 것을 가장 좋아합니다'라고 답할 걸세."

"정말 재미있지만, 한편으로는 씁쓸한 사실을 알게 되었네요."

"이제 은행의 비밀을 알겠나? 많은 사람들이 은행에서 대출받을 때마다 은행을 두려워하지. 남의 돈을 빌리는 것이 쉬운 일은 아니니까. 하지만 예금자와 대출자는 오로지 은행과 비즈니스 관계를 맺는 것일 뿐, 군이 자신을 낮출 필요도 없고 은행을 무서워할 필요도 없네. 오히려 은행을 잘 파악하고, 자신의 재무 상황에 따라 유리하게 이용할 줄 알아야 하는 걸세."

"사실 저도 은행을 무서워하긴 했죠. 은행에서 대출 상담을 받을 때도 쭈뼛거렸어요. 이제 은행을 대하는 태도를 바꿀 필요가 있겠군요."

"좋은 생각이야."

대출의 양이 돈의 양을 결정한다

"요약하자면, 대출이 곧 새로운 돈이다! 대출의 양이 곧 새로 생겨나는 돈의 양을 결정한다는 거죠? 은행에 이런 비밀이 숨어 있을 줄은 정말 몰랐어요."

"자네 방금 뭐라고 했나?"

"네? 은행에 이런 비밀이 있는 줄 몰랐다고 했죠."

"아니, 그 전에 말일세."

"음, 대출의 양이 곧 늘어나는 돈의 양을 결정한다?"

"바로 그거! 그게 핵심이네. 그 말을 반드시 기억하고 있게."

"어째서죠?"

"돈의 세계를 단순하게 볼 수 있도록 해주는 열쇠니까. 어떤가? 역사를 보니 은행이 다시 보이지 않나?"

"물론 인정합니다! 하지만, 그렇다고 해서 돈이 단순하게 보이지는 않는걸요?"

"어련하겠나! 걱정 말게. 아직 들려줄 이야기가 많이 남아 있으니까. 하지만 그 전에, 다시 한 번 짚고 넘어가야 할 것이 하나 더 있지."

"이번엔 뭔가요?"

"기억을 떠올려보게. 은행을 부심에 비유하지 않았나?"

"맞아요! 잊을 뻔 했군요. 분명히 주심을 도와서 경제를 관리하고 통제한다고 말씀하셨죠. 은행이 경제에 어떤 영향을 미친다는 거죠?"

"그 궁금증을 풀기 위해서, 이번에는 운동장의 푸른 잔디를 살펴보도록 하세."

상순의 노트

❷ 부심: 은행이 존재하는 한, 돈은 계속 늘어난다

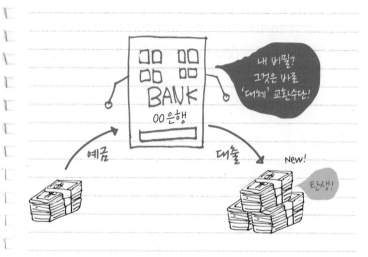

❶ 금세공업자는 은행의 조상이다.

❷ 이자는 돈의 가격이다.

❸ 예금은 은행에 돈을 맡기는 행위가 아니라 빌려주는 행위이다.

❹ 은행은 기본적으로 예대마진을 통해 돈을 번다.

❺ 세공업자의 첫 번째 꼼수를 합법화하고, 두 번째 꼼수를 방지하기 위해 '부분지급준비제도'가 만들어지면서 은행이 탄생했다.

❻ 은행의 핵심은 대체교환수단이다. 대체교환수단이 있기 때문에 은행이 탄생했고, 부분지급준비제도가 유지될 수 있으며, 신용창조과정이 일어나 인플레이션이 발생한다.

❼ 뱅크런이 발생하면 모든 은행은 예외 없이 파산하고 만다.

❽ 은행의 신용창조과정 때문에, 오늘날 전 세계 돈의 대부분(약 92~96% 정도)은 대체교환수단인 디지털 화폐이다.

❾ 은행이 고객에게 대출해준 돈을 다시 자사에 예금하도록 하는 이유는, 그 예금의 일부로 다시 대출해주고 더 많은 이자를 받기 위함이다(신용창조혜택).

❿ 은행은 예금이 있어야 대출해줄 수 있고, 돈도 벌 수 있다. 은행에서 대출받는 것을 두려워할 필요도 없고 자신을 낮출 필요도 없다. 그들은 우리에게 선행을 베푸는 것이 아니라 그들이 가질 이익을 위해 돈을 빌려주는 것뿐이다.

제드가 알게 된 돈에 관한 용어

예금, 대출, 예대마진, 이자와 금리(이자율), (부분)지급준비제도, (부분)지급준비율, (부분)지급준비금, 대체교환수단, 신용창조(예금창조), 뱅크런(예금인출사태)

잔디

"돈의 양이 보이지 않는다면,
느끼기라도 해야 하네."

확실히 은행의 역사를 알고 나니 그동안 몰랐던 은행의 많은 비밀이 보이기 시작했다. 인간의 탐욕과 꼼수 때문에, 그리고 대체교환수단 덕분에 은행은 탄생했다. 대체교환수단이라는 돈의 속성으로 새로운 돈은 계속 생겨난다. 은행이 존재하는 한, 그리고 누군가가 예금과 대출을 이용하는 한, 돈의 양은 끊임없이 늘어날 것이다. 이것이 바로 인플레이션의 비밀이었다. 하지만 고작 이러한 사실을 알았다고 해서 돈의 세계가 단순하게 보이지는 않는다. 은행이 경제와 어떤 관련이 있다는 말인가? 경제에 어떤 영향을 미친다는 말인가? 그리고 생뚱맞게 잔디라니? 상순의 말은 제드에게 혼돈 그 자체였다. 어느새 축구 경기의 전반전이 끝나고 선수들이 벤치로 몰려들었다. 하지만 제드는 전혀 아랑곳하지 않고 상순을 향해 따져 묻기 시작했다.

은행은 돈의 탄생과 죽음을 결정한다

"잔디라고요? 제가 잘못 들었나요? 분명 잔디라고 하셨어요?"

"맞네."

"설마 생뚱맞게 정원사, 원예학, 조경 이야기를 하시려는 건 아니겠죠?"

"하하, 너무 비꼬지 말게. 나는 좀 전에 자네가 핵심을 짚었다고 말했네. 반드시 기억하라고 했던 핵심."

"은행의 대출이 늘어나면 돈의 양도 늘어난다는 말인가요? 물론 대출이 줄어들면 그만큼 늘어나는 돈도 줄어들 거고, 그런데 이 말이 그렇게 중요한가요?"

"매우 중요하네. 결국 대출의 양에 따라서 돈의 양도 달라지지 않겠나? 은행이 간접적으로 경제에 영향을 미친다고 말했던 이유는, 돈의 양에 따라서 경제에 변화가 생기기 때문일세."

"돈의 양에 따라서 경제에 변화가?"

"가령 늘어나는 돈의 양이 많아지는가, 적어지는가, 아니면 반대로 돈이 줄어드는가. 이 세 가지 경우에 따라서 경제에 미치는 영향은 완전히 달라질 수 있지. 이는 은행에 의해서 경제의 흐름과 판도가 바뀔 수도 있다는 말이네. 은행의 대출이 곧 새롭게 탄생하는 돈이니까."

"방금 돈이 줄어든다고 하셨나요? 잠깐만요. 어르신 말대로 대출이 곧 새로운 돈이니까, 대출의 양에 따라서 탄생하는 돈의 양도 결정되겠죠. 이 말은 이해가 되요. 그런데 돈의 양이 줄어든다? 어떻게 그럴 수 있죠? 대출이 아무리 줄어든다고 해도, 어쨌든 누군가가 대출을 받는 한 돈의 양은 많아지는 것 아닌가요?"

"훌륭한 추리야! 그런데 생각해보게. 세상에서 은행들을 통해 지금도 늘어나고 있는 돈, 전 세계 95% 이상을 차지하고 있는 돈은 모두 대체교환수단, 즉 통장에 찍힌 숫자들이지 않나? 이 말은 세상에 존재하는 대부분의 돈은 은행 안에 들어 있다는 뜻이지! 이를 다른 말로 표현하면, 우리들이 이 세상 모든 돈의 약 95%를 은행에 빌려주고 있다는 걸세. 예금의 형태로 말이야. 그럼 은행을 통해 늘어나고 있는 돈이 반대로 사라지려면? 은행의 예금이 사라지면 된다네! 그러니까 은행이 파산해야 한다는 말이지."

"은행이 파산하면 돈이 사라진다고요?"

"맞아. 가령 자네가 A은행의 예금자라고 한다면, 자네의 예금통장에는 디지털 화폐가 찍혀 있겠지. 그런데 A은행이 파산해버리면 자네 통장에 찍힌 숫자들은 무용지물이 되네. 디지털화폐는 현금과 교환이 가능하다는 보장이 있기 때문에 돈의 역할을 하고 있지. 그런데 만약 은행이 파산해서 그 보장이 사라진다면? 예금통장에 찍힌 숫자는 더 이상 돈의 역할을 하지 못하지. 금화와 바꿀 수 없는 금보관영수증은 휴지 조각에 불과한것과 마찬가지네."

"뱅크런이 일어나서 은행이 파산하면 결국 돈이, 정확히 말해서 파산한 은행의 디지털 화폐가 모두 사라진다는 말씀인가요?"

"그렇지! 은행 역시 돈으로 장사하는 기업이지. 장사를 제대로 하지 못하면 위험에 처해질 수 있고, 때론 얼마든지 파산할수도 있네."

"그렇군요. 그런데 왜 잔디 얘기를 꺼내신 거죠?"

상순은 잠깐의 휴식을 취한 선수들이 후반전을 위해 걸어 나가는 축구장을 손으로 가리켰다.

"내가 축구장을 자본주의의 축소판이라고 말하지 않았나? 규칙이나 부심, 선수, ……. 그리고 저 잔디도 마찬가지일세. 축구장에 깔려 있는 잔디는, 돈의 세계로 치자면 돈의 양과 같다네."

"잔디가 돈이요?"

"하하, 비유하자면 그렇다는 얘기야. 축구장의 잔디가 지나치게 자랄 때와 적당히 자라날 때 또는 잔디가 죽어서 모자랄 때, 이렇게 세 가지 경우는 축구 경기에 각각 다른 영향을 미치네. 마찬가지로 돈의 양이 지나치게 늘어날 때와 적당히 늘어날 때, 또는 줄어들 때에도 경제에 각각 다른 영향을 미치지. 그리고 잔디가 축구에, 돈이 경제에 영향을 미치는 방식은 매우 비슷하네."

"대체 무슨 말씀을 하시는지 통 감을 못 잡겠습니다."

돈의 세계와 축구장의 잔디가 줄어들 경우

"동료들이 있는 저 축구장을 잠시 보게. 우리는 축구를 관람하면서 선수들이 태클이나 격한 몸 싸움으로 땅에 뒹구는 모습을 보곤 하지. 하지만 선수들끼리의 직접 몸 싸움이 아닌 이상 선수들은 큰 부상을 당하지 않네. 바로 푹신한 잔디 덕분이지. 그런데 저 잔디가 죽어서 듬성듬성 있거나, 모래만 가득한 맨바닥이라고 생각해보게. 그 위에 선수가 넘어지면 어떨 것 같나?"

"당연히 큰 부상을 입겠죠? 저도 어릴 때 흙바닥에서 축구를 해봐서 잘 알아요. 크게 넘어지지 않아도 심하게 상처를 입죠. 그래도 마냥 신나긴 했지만요."

"맞네. 잔디가 죽어버리면, 경기 운영도 쉽지 않고 선수에게도 좋지 않아. 울퉁불퉁한 지면과 모래 때문에 공도 예측할 수 없는 방향으로 튈 거고."

"맞는 말씀입니다. 하지만 그래서 어쨌다는 거죠?"

"돈도 마찬가지라는 말일세."

"마찬가지라고요?"

"돈의 양이 줄어들고 사라진다면, 경제는 물론이고 경제 활동을 하는 우리 모두에게 나쁜 영향을 미친다네. 쉽게 말해 경기가 악화되는 거지."

"돈이 줄어들면 왜 경기가 나빠지죠?"

"돈의 가치를 다시 생각해보자고. 돈의 양이 줄어들면 돈이 점점 귀해지네. 교환능력이 오르게 되지. 그 덕분에 전보다 더 적은 교환수단과 물건으로 교환할 수 있지 않겠나? 가령 자네 집 앞 옷가게에 평소에 사려고 봐두었던 옷이 있다고 하세. 그런데 옷값이 계속해서 내려가고 있는 거야. 자네는 어떤 기분이 들 것 같나?"

"가격이 내려가면 당연히 좋죠!"

"하하, 반짝 할인이라면 좋겠지. 하지만 돈의 양이 줄고, 물건의 가격이 내려가면 자네뿐 아니라 모두에게 좋지 않아."

"왜죠? 어르신은 싸지는 게 싫으세요?"

"나도 가격이 싸지면 좋지. 다만 내가 좋아하는 할인은 모든 옷값이 낮게 유지되는 경우일세. 경기장에서 혹독한 추위와 부족한 영양분 때문에 잔디가 죽어간다면, 잠깐으로 끝나지 않아. 계속해서 죽어간다네. 돈도 한 번 사라지기 시작하면 지속적으로 사라지고 돈의 가치는 계속 오르지. 옷값이 지속적으로 하락한다는 말일세. 그럼 생각해보게. 기다리면 가격은 계속 떨어질 텐데 누가 지금 옷을 사려고 할까? 더 떨어질 때까지 하염없이 기다릴 걸세. 결국 이 특별한 할인 기간에는, 사람들이 생필품 외에는 당장 소비를 안 하게 되는 거야."

"음, 그렇겠죠? 더 싸게 사고 싶은 마음은 같으니까요."

"바로 그걸세! 결국 많은 사람들이 소비하지 않으면 기업은 상품을 팔 수 없게 되네. 기업의 수익은 계속해서 줄어들 거고. 기업의 수익이 줄면 기업에서 일하는 사람들의 임금이 삭감되거나 동결되겠지. 심하면 경쟁력이 없는 기업부터 하나둘 문을 닫고, 근로자들은 일자리를 잃게 될 걸세. 임금이 줄거나 일자리를 잃은 사람들은 기업이 만든 상품을 구매할 여력이 더 없어지지. 결국 기업의 수익은 계속 줄고 사람들은 일자리를 더 잃고……."

"잠깐만요! 뭔가 악순환이 반복되는 느낌인데요?"

"그렇지? 경기는 계속 나빠질 수밖에 없어. 또한 은행에서 대출받은 기업이 상품을 팔지 못하고 파산하면, 은행은 기업이 빌려간 돈을 못 받게 되네. 일자리를 잃은 사람들도 은행 대출과 이자를 갚을 능력이 없어지지. 은행도 위험에 처하게 되는 거야. 그동안 경영을 방만하게 해온 은행부터 파산할 수밖에 없네. 내가 은행이 파산하면 돈의 양은 어떻게 된다고 했나?"

"줄어든다고 하셨죠!"

"맞아. 은행이 파산해서 돈이 줄어들면 돈의 가치는 더 오르고, 물건 가격은 더 하락하겠지. 그럼 기업은 상품을 더 팔 수 없게 되고. 자네 말대로 악순환이 반복되면서 경기가 계속 나빠지는 걸세."

"정말 놀랍습니다. 단순하게 돈이 줄어든 것뿐인데 말이죠!"

"그래서 돈의 양이 경제에 엄청난 영향을 미치지. 돈이 줄어들면서 물가는 내려가고 돈의 가치가 오르는 현상을 디플레이션이라고 부르네. 인플레이션의 반대 개념이야."

"음, 많이 들어본 말이에요."

"평소 우리는 은행이 존재하기 때문에 인플레이션이라는 바다에서 헤엄치고 있네. 하지만 경제가 위기를 맞고 은행이 사라지기 시작하면, 디플레이션이 되어버리지."

"그래서 잔디가 줄어들면 축구 경기를 하기 어려워지는 것처럼, 돈이 줄면 경제에 좋지 않다고 하신 거군요. 그럼 반대의 상황은 어떤가요?"

축구장의 잔디가 지나치게 많아질 경우

"이번에는 축구장의 잔디가 지나치게 자란 상황을 상상해보자고. 잔디의 키가 사람 무릎에 닿을 정도라면? 축구 경기가 가능할까?"

"선수들이 뛰기는커녕 움직이기도 힘들고, 패스도 불가능하고, 경기 자체가 불가능할 거예요. 그럼 혹시, 경제도 마찬가지라는 말씀인가요?"

"맞네. 만약 돈의 양이 지나치게 많아진다면? 걷잡을 수 없을 정도로 말이야. 그러면 돈의 가치는 하염없이 추락하겠지. 반대로 모든 물건의 가격은 하늘 높이 치솟을 거고. 그러면 경제 자체가 마비되고 말지."

"왜요?"

"자네가 10년 동안 절약해서 2억 원을 모았다고 하면, 그 2억 원으로 살 수 있는 것이 참 많겠지? 2,000원짜리 과자는 10만 개나 살 수 있네. 그런데 갑자기 돈의 양이 많아지고 모든 물건의 가격이 급격히 치솟으면? 당연히 과자 가격도 오를 거야. 한 달후 과자 가격이 20만 원, 두 달 후에는 200만 원, 6개월 후에는 2,000만 원, 그리고 1년 후에는 2억 원으로 오른다면? 자네가 2억 원으로 살 수 있는 과자는 과연 몇 개나 될까?"

"점점 줄겠죠?"

"처음에는 10만 개였지만, 한 달 후에는 1,000개, 두 달 후에는 100개, 6개월 후에는 10개, 1년 후에는 2억 원으로 고작 과자 1개밖에 사지 못하네. 자네가 10년 동안 모았던 돈이, 1년 만에 과자 10만 개에서 1개의 가치로 변해버린 거야! 돈의 가치인 교환능력(구매력)이 급격히 하락했기 때문이네."

상순은 잠시 숨을 고르고 말을 이어갔다.

"이뿐 아닐세. 물가가 빠르게 올라도 자네 임금은 물가만큼 오르지 못하지. 기업의 수익이 늘지 않기 때문이야. 과자 가격이 올랐다면 과자를 만드는 원재료 가격도 올랐을 테니까. 오른 가격으로 과자를 살 수 있는 사람도 줄어들고. 임금은 제자리인데 모든 물건의 가격은 쉼 없이 오른다면? 사람들은 점점 가난해지겠지."

"점점 가난해진다?"

"월급이 줄지 않았으니 문제없다고 생각할 수 있네. 하지만 하나는 알고 둘은 모르는 경우라고 할 수 있지. 물가는 오르는데 임금이 그대로라면 사실 임금이 줄고 있는 것과 같거든. 특히 의식주, 그중에서도 생필품인 음식 가격이 계속 오르면? 먹지 않고 살 수는 없고. 월급은 그대로인데 식비만 계속 늘어나니 빠른 속도로 가난해질 수밖에 없겠지?"

"정말 그렇겠네요."

상순은 주머니에서 작은 냅킨을 하나 꺼내어 흔들어 보였다.

"가치가 사라진 교환수단은 결국 이 냅킨, 즉 휴지조각과 다름없네. 훗날에는 아무것도 살 수 없는 무용지물이 되는 거야."

"하지만 어르신! 너무 과장이 아닌가요? 어떻게 물가가 그렇게 가파르게 치솟을 수 있죠? 현실에서는 있을 수 없는 이야기인 것 같은데요?"

"그렇게 들리는가? 잠시 기다려보게."

상순은 태블릿 PC를 열어 세 장을 사진을 찾아 보여주었다.

"지폐를 벽지로 사용하고, 쓰레기통에 버리고, 지폐로 공예품을 만들어 팔고. 이 사진들은 독일, 짐바브웨, 베네수엘라에서

실제로 흔하게 볼 수 있었던 광경이네."

"네? 얼마나 큰 부자이길래 이렇게 할 수 있었던 거죠?"

"아닐세. 부자들이 그런 게 아니라 일반 서민들이 그런 거라고. 지폐가 휴지조각과 다를 바 없이 가치가 떨어졌을 때니까. 독일의 예만 잠깐 들자면, 제1차 세계대전에서 패한 독일에는 돈의 양이 급격히 많아졌는데, 가장 심할 때는 2,000원 정도 하던 과자가 2년도 안 돼서 872억 원의 가치만큼 비싸졌다네. 이래도 내 말이 과장 같은가?"

"정말인가요? 실제로 있었던 일입니까?"

"물론일세. 당시의 임금은 치솟는 물가를 따라가지 못했네. 일자리를 잃는 사람들도 넘쳐났지. 결국 경제가 마비되고, 사람들은 서로 필요한 물건들을 교환하기 시작했어. 천문학적인 가격으로 오른 물건을 돈 주고 살 수는 없었으니까. 물물교환의 시대로 후퇴한 거지."

"믿기지가 않네요."

"이러한 일이 일어나면, 열심히 일하고 근검절약하면서 돈을 모은 사람들이 가장 큰 피해를 입게 되네. 열심히 모은 돈이 한순간에 휴지조각이 되니까. 오히려 흥청망청 돈을 썼던 사람들은 손해를 덜 보게 되지. 가격이 쌀 때 충분히 소비할 수 있었으니까."

"허, 흥청망청 쓰는 것이 이득이고 저축이 오히려 손해라니!"

"이처럼 돈의 양이 지나치게 늘어나서, 돈의 가치가 급속도로 하락하는 현상을 초 인플레이션이라고 부르네. 영어로는 하이퍼인플레이션. 말 그대로 지나친 인플레이션이지."

"대체 돈이 얼마나 늘어나야 초 인플레이션이라고 말할 수 있는 거죠?"

"경제학자들은 전반적으로 물가가 월 50%씩 오르는 경우를 초 인플레이션이라고 말하네. 그런데 이 말은 피부에 와닿지 않을 거야. 사람들이 돈을 휴지조각 취급하며 버리고, 서로 물건을 교환하기 시작한다면, 바로 그때가 초 인플레이션의 정점이라고 볼 수 있네."

"그렇군요. 그런데 왜 이런 일이 일어나는 거죠? 왜 돈의 양이 그렇게나 많아지나요? 은행 대출과 함께 돈이 늘어나니까, 사람들이 돈을 너무 많이 빌려서 이런 사태가 일어나는 건가요?"

"꽤 합리적인 유추야! 하지만 아무리 대출이 많아져도 이런 사태가 생기지는 않네. 정확한 이유는 나중에 들려줄 역사를 통해 알 수 있네."

"음, 돈이 너무 줄어도 걱정, 너무 많아져도 걱정이네요. 그럼 경기는 언제 좋아지나요?"

축구장의 잔디가 적당하게 자랄 경우

"사람들이 쉽게 알아채지 못할 정도로 돈이 적당하게 늘어날 때가 가장 좋지. 지금 축구장에 깔린 저 푸른 잔디처럼 말일세."

"아, 적당히……."

"저기 운동장에 깔려 있는 잔디는 지금도 살아 있네. 누군가 항상 잔디가 지나치게 자라지 않게 하고, 죽지 않도록 꾸준히 관리하기 때문이지. 우리가 알아채지 못할 만큼, 지금도 조금씩 성장하고 있고. 덕분에 선수들은 최고의 환경에서 축구를 할 수 있어. 경제도 마찬가지네."

"그러니까 어르신은 돈의 양도 적당히, 또는 알아채지 못할 만큼 늘어나는 것이 좋다는 말씀인가요?"

"맞네."

"왜죠?"

"그러면 돈의 가치는 급격히 하락하지 않지. 아주 조금씩 하락할 거야. 그 덕에 물가는 느리게 오르고. 우리는 대체로 이런 환경에서 살아간다고 할 수 있어. 그게 바로 은행 덕분이지. 그 이유는 자네도 알고 있지?"

"네. 신용창조!"

"하지만 물가가 아무리 천천히 오른다 해도, 사람들은 결국 물가가 오른다는 사실을 알아차리고 마네. 자네와 나도 수십 년 간 모든 물가가 올랐다는 사실을 알고 있듯이. 그래서 사람들은 되도록 오늘, 가능하면 빨리 상품을 구입하려고 할 걸세. 시간이 지날수록 가격이 조금씩 오른다는 사실을 아니까. 그러면 기업은 다른 때보다 많은 상품을 팔 수 있고 많은 수익을 얻을 수 있지. 기업의 수익이 늘어나면 사람들의 임금도 오르게 되네. 기업은 그 수익으로 사업 분야를 확장하거나 공장을 새로 짓고 더 많은 상품을 만들어낼 테고. 그럼 인력이 더 필요해지니까 고용을 늘리겠지. 일자리가 늘어나고, 임금이 높아지면 기업이 파는 상품을 살 여력도 높아지지. 그러면 기업은 더 많은 상품을 팔아 수익을 얻을 수 있겠지? 그러면……."

"그렇군요! 이번에는 뭔가 좋은 일이 반복되는군요!"

"선순환이 반복되는 걸세. 그리고 기업과 사람들의 수익이 늘면 대출이자를 낼 여력도 더 생기기 때문에, 은행에서 더 많은 돈을 빌릴 수 있어. 대출은 곧 뭐라고 했지? 새로 탄생한 돈! 대출이 늘면 돈도 늘기 때문에 물가가 계속해서 오를 수 있지."

"디플레이션과는 반대겠군요?"

"맞네. 정답은 없지만 흔히 연 2~3%씩 물가가 오를 때 경제가 무리 없이 좋아진다고 보고 있지. 그런데 물가상승에 대해서 좀 더 알아야 할 필요가 있어. 물가상승은 마치 눈덩이가 구르면서 커지듯이 진행되네."

물가는 '복리'로 상승한다

"눈덩이요?"

"작은 눈덩이는 아무리 굴려도 쉽게 커지지 않네. 하지만 시간이 지나면서 커지는 속도가 점점 빨라지지. 어느 정도 커진 눈덩이는 이제 몇 번만 굴려도 거대한 눈덩이로 변하고."

"그런데 물가상승과 그게 무슨 연관이 있나요?"

"물가상승도 마찬가지라네. 즉, 복리로 오르는 걸세."

"복리요?"

"예를 들어 숫자가 1, 2, 3, 4, 5, … 이렇게 1씩 증가하는 것이 아니라, 1, 2, 4, 8, 16, 32, … 이렇게 갈수록 배로 오르는 거야. 전자는 1씩 단리로 오르는 거고, 후자는 두 배씩 복리로 오르는 걸세. 그래서 매년 물가상승률이 3%씩 일정하더라도, 시간이 지날수록 물가는 더 가파르게 오를 수밖에 없어."

"복리라서 그런가요?"

"그렇지. 물가가 연 3%씩 단리와 복리로 오르는 경우를 각각 계산해볼까?"

상순은 스마트폰 계산기로 무언가를 재빨리 계산한 후, 노트 위에 옮겨 적었다.

- 과자 2,000원이 매년 단리로 3%씩 5년 / 15년 동안 오를 경우: 2,300원 / 2,900원
- 과자 2,000원이 매년 복리로 3%씩 5년 / 15년 동안 오를 경우: 2,319원 / 3,116원

"보게. 같은 물가상승률이라도 시간이 지날수록 단리와 복리 차이가 더 커지지 않나? 5년이 지나면 19원 차이가 나지만, 15년이 지나면 216원의 차이가 나네."

"정말 그렇네요. 그런데 물가가 복리로 오른다는 사실이 뭐가 그렇게 중요하죠? 제가 꼭 알아야 하나요?"

"물론일세!"

"왜죠?"

"그 이유는, 자네가 선수가 된다면 저절로 알게 될 거야."

"저절로 안다?"

"그러니 선수가 되겠다는 마음으로 대화를 계속 해보자고!

이제 돈의 양에 따라 경제가 어떻게 달라질 수 있는지 이해하겠나?"

눈에 보이지 않는 잔디는 반드시 느껴야 한다

"잠깐만요! 어르신의 말씀은 잘 알겠어요. 그런데 돈의 양이 늘어나는지, 아니면 줄어드는지 어떻게 알 수 있다는 거죠? 제 주머니에 든 돈이라면 모를까, 세상에 있는 돈의 양을 본다는 게 이해되지 않아요. 저에게는 보이지 않고요."

"사실 사람들은 인플레이션이 세금이라는 사실을 잘 모르고 있지. 자네 말대로 보이지 않기 때문이야."

"뜬금없이 세금이라뇨?"

"심지어 복리로 오르는 세금. 임금 상승이 물가 상승을 따라가지 못하면 가난해지고 있다고 했던 말 기억하나? 임금이 5년간 3%씩 단리로 올랐다 하더라도, 물가가 3%씩 올랐다면 손해가 되는 거네. 생필품 가격은 복리로 오르고 있으니까. 초 인플레이션은 사실, 국가가 국민에게 어마어마한 세금폭탄을 떠안긴 것과 같다고 할 수 있지. 그래서 모든 국민들이 가난해지는 것이고."

"음, 일리가 있는 비유인 것 같습니다. 그럼 경제 예측뿐 아니라, 보이지 않는 세금을 예측하기 위해서라도 돈의 양이 중요하다는 말이잖아요? 그런데 볼 수 없는걸요?"

"돈의 양이 보이지 않는다면, 느끼기라도 해야 하네."

"느끼라고요? 대체 어떻게? 물가가 올랐는지 내렸는지 일일이 확인하면서 느껴라?"

"물론 그럴 수도 있네만, 그것은 돈이 이미 늘거나 줄어들고 난 결과일 뿐이네. 하지만 투자자라면 돈의 양을 미리 예측하는 게 더 중요하겠지? 투자는 미래를 보고 돈을 투입하는 행위니까."

"맞아요! 그럼 어떻게 예측할 수 있죠?"

"그것 역시 자연스레 알게 될 걸세."

"아이고! 저를 자꾸 안달나게 하시는군요?"

"하하, 모든 일에는 다 순서가 있네. 지금은 느껴야만 한다는 사실만 기억하면 되네. 굳이 힌트를 준다면 주심에게 열쇠가 있지!"

"주심? 그렇다면 이제 주심에 대해서 이야기해주실 건가요?"

"아직은 아니야. 그보다는 다른 역사를 들여다볼 차례지."

"좋습니다! 좀 더 기다려보죠. 그럼 이번에 들려주실 역사는 뭐죠? 이번에는 제가 무엇을 배울 수 있죠?"

"현재 우리가 사용하는 돈의 역사일세! 우리가 금과 은에서, 지폐와 동전을 돈으로 사용하게 된 이유를 자세히 알 수 있지!"

"돈이 금과 은에서 지폐로 바뀐 이유를 알게 된다는 말이죠?"

"그렇지! 자, 다시 타임머신을 타고 날아가 볼까? 우리가 도착할 곳은 약 2,400년 전의 그리스, 아테네라네."

❸ 잔디: 돈의 양

흙바닥: 넘어지면 크게 상처

너무 무성한 잔디

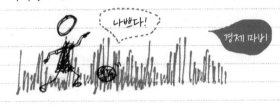

적당한 잔디

❶ 돈은 곧 축구장의 '잔디'와 같다.

❷ 잔디의 양이 경기와 선수에게 미치는 방식과 돈의 양이 경제와 사람들에게 미치는 방식은 매우 비슷하다.

❸ 축구장의 잔디가 사라지면 경기에 '악영향'을 미친다. 돈의 세계에서 돈이 사라져도 경제는 '악화'된다.

❹ 축구장의 잔디가 지나치게 자라면 경기는 '마비'된다. 돈의 세계에서 돈이 지나치게 늘어나도 경제는 '마비'되고 만다.

❺ 잔디와 돈이 경기와 경제에 좋은 환경을 제공할 때는, 사람들이 쉽게 알아채지 못할 만큼 '적당히' 자라는 경우다.

❻ 물가는 '복리'로 상승한다.

❼ 돈의 양은, 눈에 보이지 않더라도 반드시 '느껴야만' 한다.

인플레이션, 선순환의 반복, 디플레이션, 악순환의 반복, 초 인플레이션(하이퍼인플레이션), 인플레이션율(물가상승률), 복리

계절, 그리고 전쟁 이야기

"전쟁은 아이러니하게도
항상, '돈의 조작'을 불러왔다네."

제드는 잠시 경기장을 바라보았다. 생기 넘치는 푸른 잔디가 눈에 들어왔다. 돈의 양을 잔디로 비유한다고? 이 말을 처음 들었을 때는 어처구니없는 비유를 어떻게 받아들여야 할지 난감했다. 하지만 계속 듣다 보니 꽤나 설득력이 있었고 이해하기도 쉬웠다. 그 비유 덕분에 돈의 양에 따른 경제의 변화는 오래 기억할 것 같았다. 축구장이 정말 상순의 말대로 자본주의의 '축소판'처럼 보이기 시작했다. 규칙, 선수, 부심, 잔디…… . 저기서 열심히 뛰고 있는 동료들처럼, 나도 돈의 세계에서 '선수'가 될 수 있을까? 돈의 역사를 모두 알고 나면 나에게도 '변화'가 찾아올까? 믿고 싶지만 아직 확신할 순 없다. 지금까지는 그저 은행의 역사, 그리고 몇 개의 비유를 들은 것이 전부이지 않은가! 제드는 더 확인해보자는 마음으로 천천히 입을 열었다.

공이 항상 '선수'를 불러오듯, 전쟁은 항상 '돈의 조작'을 불러온다

"2,400년? 그렇게나 멀리 되돌아가야 합니까?"

"나는 이제부터 자네에게 몇 차례의 전쟁 이야기를 들려줄까 하네. 그러니까 이번에는 전쟁의 역사일세."

"돈이 아니라 전쟁의 역사라고요?"

"자네에게 하나만 묻겠네. 돈은 누가 다루는 것인가?"

"당연히 사람이 다루죠."

"그래서 돈의 역사를 알려면 돈을 다루는 인류의 역사도 같이 알아야 하네. 그중에서 특히 역사의 단면인 전쟁을!"

"그러니까 전쟁을 알면, 곧 돈의 역사도 알 수 있다는 말씀인

가요?"

"그렇지! 돈과 전쟁은 매우 깊은 관련이 있네. 자네의 상상보다 훨씬 더 깊은……."

"깊은?"

"저기 축구장에서 이리저리 굴러다니는 공을 한 번 보게."

"공이요?"

"나는 저 공이 마치, 아기 오리들을 몰고 다니는 어미 오리처럼 보인다네. 공이 어디로 가든 선수들은 경기 내내 공을 쫓아가지."

"그게 어쨌다는 거죠?"

"저 공이 바로 전쟁일세."

"뭐라고요? 또 이해할 수 없는 말씀을 하시네요!"

"끝까지 들어보게. 저 공이 전쟁과 같다면, 그 뒤를 쫓는 선수는 돈의 조작과도 같지. 전쟁은 아이러니하게도 항상, 돈의 조작을 불러왔다네."

"그러니까 전쟁이 일어나면, 누군가 항상 돈을 조작했다는 뜻인가요?"

"그렇지, 바로 이해를 했군."

"누가 돈을 조작했다는 말이죠?"

"전쟁을 치르는 국가들! 이것이 곧 돈의 역사, 즉 돈의 진화를 이끌어냈어. 그래서 전쟁과 돈의 역사는 매우 깊은 관련이 있다고 했던 거네."

"아직 감이 잡히지 않는군요."

"좀 더 들어보고 확인해보게. 몇 가지 전쟁의 이면을 소개해 줄 테니까. 전쟁의 역사를 알고 나면, 돈의 수치스러운 과거, 말 못할 비밀까지 볼 수 있을 거야."

"그럼 이야기를 시작하시죠."

"그러자고! 자, 이제 아테네 얘기부터 시작하지."

펠로폰네소스 전쟁과 돈의 조작

"약 2400년 전, 당시 아테네는 금은복본위제도를 택하고 있 었지."

"금은복본…? 그게 뭐죠?"

"금과 은이 함께 교환수단이었다는 말이야. 교환수단 다음에 본위제도라는 말을 붙이면, 당시의 교환수단이 무엇인지를 알 수 있지. 금본위제도란 금이 교환수단인 제도를 뜻하네. 은이 교환수단이라면 은본위제도가 되고. 금과 은이 모두 교환수단 이라면 금은복본위제도, 소금이 교환수단이라면 소금본위제도 일세. 오늘날에는 지폐가 교환수단이기 때문에, 우리는 지폐본 위제도를 택하고 있다고 보면 되지."

"간단하군요? 앞의 글자로 교환수단을 알 수 있으니까."

"이제부터 당시 아테네와 주변 도시들이 일으킨 펠로폰네소 스 전쟁 이야기를 들려주겠네."

때는 기원전 400년경, 약 2400년 전의 일이다. 지금의 그리스 에 해당하는 당시 아테네 문명은 그야말로 대단했다. 정부는 시민들에게 세금을 걷고, 시민들은 직접 정치에 참여하기도 하는 등 최초의 직접민주주의가 실현되고 있었다. 금화와 은화를 '교환수단'으로 사용하는 금은복본위제도의 시절이기도 했다. 시장 거래 또한 자유로웠다.

당시의 아테네는 문명이 발달해 부를 축적할 기회가 많았다. 하지만 지나친 번성과 인간의 욕심은 훗날 화를 불러왔다. 나라가 부강해지고 몸집이 거대해지면서 주변 도시들과 영토, 자원, 돈벌이를 놓고 마찰을 빚었다. 아테네는 영토 확장을 꾀하면서 주변 도시들을 넘보기 시작했다. 그중 스파르타는 아테네를 견제하면서 아테네의 번성과 부를 시기하고 있었다.

결국 아테네의 위협을 견디지 못한 주변 국가들이 스파르타를 부추겨 아테네와의 전쟁을 계획했다. 스파르타를 중심으로 한 연합국이 아테네에 전쟁을 선포했고, 이후 오랫동안 전쟁을 치르게 되었다. 이 전쟁이 바로 '펠로폰네소스 전쟁'이다.

전쟁을 치르려면 많은 돈이 든다. 군대의 식량, 군복, 무기, 장비 등, 전쟁을 일으킨 연합국은 물론, 아테네도 많은 돈이 필요했다. 특히 아테네는 스파르타와 싸우기 위해 원정을 나가야 했는데, 전쟁터로 물자 수송이 어려워지자, 아테네 안에 있던 대량의 금화와 은화가 도시 밖으로 빠져나갔다. 결국 아테네에 있는 돈의 양이 줄어들면서 디플레이션이 찾아왔고, 경제가 심각하게 어려워졌다. 그래도 전쟁을 끝낼 수는 없었다.

한 번 시작한 전쟁은 쉽게 끝내지 못한다. 전쟁으로 수많은 인적 피해와 경제적 손해를 본데다가 패배까지 인정한다면, 국가의 위상과 자존심까지 잃는 것을 의미하기 때문이다. 그래서 손해인 줄 알면서도, 누가 먼저 끝내느냐를 놓고 자존심을 내세우며 전쟁을 계속하게 된다. 아테네 역시 긴 전쟁으로 돈이 부족해지자, '돈의 조작'이라는 카드를 쓰고 말았다.

아테네는 군비에 사용되어 줄어든 금화와 은화를 조작하기 시작했다. 기존의 금화와 은화를 녹이고 거기에 동(銅)을 섞었다. 금화 1개를 녹여 동을 섞은 후 두 개의 금화를 만든 것이다. 하지만 이는 진짜 금화가 아니라 동이 섞여 있는 가짜 금화였다. 정부의 압박으로 이 가짜 금화는 시장에서 이전의 진짜 금화와 똑같이 취급되었다.

전쟁이 길어질수록 더욱 많은 돈이 필요해졌고, 금과 동을 반반씩 섞는 것만으로는 필요한 자금을 구하기 어려워지자 이제는 금화 한 개에 동을 더 많이 섞어 가짜 금화 4개, 5개를 만들어냈다. 나중에는 금화 1개에 수십 개의 동화를 섞는 지경에 이르렀고, 돈의 조작이 절정에 달했을 때는 금화 1개에 들어 있는 금의 양이 고작 0.02%뿐이었다. 즉, 금화 1개를 녹인 후, 금을 0.02%씩 동과 섞어서 5,000개의 새로운 동전을 만들어낸 것이다. 이런 꼼수로 아테네는 돈의 양을 점점 늘렸다.

사실은 이렇게 만들어진 가짜 금화가 현재 우리가 사용하는 동전의 시초이다. 그들은 이렇게 돈을 조작해 휴전기간에 도시 안에 호화로운 건물을 지었는데, 대표적인 건물로 '니케신전'이 있다.

돈의 조작이 심해지자 이제는 순도 100%인 금화와 은화는 쉽게 찾아볼 수 없게 되었다. 이러한 사실을 알아챈 아테네 시민들은 순도 100%의 금화와 은화를 집에 보관해두고, 널리 쓰이는 동전만 사용하기 시작했다. 결국 순도 100%의 금화와 은화가 더욱 귀해지자, 시민들은 순도 100%의 금화 1개를 동이 섞인 금화 10개나 20개와 바꾸기 시작했다. 결국 시장에 의해, 금화와 동전의 가치가 정부의 의도와는 다르게 제대로 매겨진 것이다.

이러한 현상을 '그레셤의 법칙'이라고 한다. 16세기 영국의 토머스 그레셤이라는 사람이 당시 엘리자베스 1세에게 이런 현상을 설명하면서 널리 알려졌다. 이 법칙은 사람들은 시간이 흐르면서 귀한 것은 보관하고 흔한 것부터 써버린다는 의미로 많이 쓰인다. 조금 고급스럽게 표현하면, '악화가 양화를 몰아낸다'라고 말하며, 여기서 양화란 귀해진 금화를, 악화는 흔해져버린 동전을 뜻한다.

계속되는 돈의 조작으로 돈의 양이 급격히 많아지자, 조작된 동전들의 교환능력은 급격히 추락했다. 이처럼 한 나라의 대외적 화폐 가치가 하락하는 것을 '평가절하'라고 하는데, 이때가 바로 평가절하의 시초라고 주장하는 사람들이 많다. 반대로 한 나라의 대외적 화폐 가치가 오르는 것을 '평가절상'이라고 부른다.

돈의 조작으로 돈의 양이 급격히 늘어난 아테네는, 결국 초 인플레이션을 맞이하고 말았다. 경제는 마비되었고, 전쟁에서도 고전을 면치 못하다가 기원전 404년, 아테네가 스파르타에게 항복하면서 최초의 민주주의 국가는 초라하게 사라졌다.

"자, 어떤가? 전쟁과 돈의 조작, 그 첫 번째 이야기를 들은 소감이?"

"아테네가 오랜 전쟁으로 망했다는 사실은 알고 있었지만, 이런 내막까지는 전혀 몰랐습니다. 그리고 우리가 사용하는 동전이 이렇게 탄생했는지도 처음 알았어요."

"사람들이 오랫동안 금과 은을 돈으로 사용했던 이유는 녹여서 얼마든지 재사용할 수 있었기 때문이네. 그런데 국가가 그점을 이용해 돈을 조작하고, 새로운 악화를 만든 거지. 생각해보게. 영국 정부가 세공업자에게 은행업을 할 수 있도록 법으로 정해준 이유를."

"전쟁! 군비! 그래서 돈이 필요했죠?"

"맞아. 전쟁은 엄청난 비용이 들지. 아테네를 망하게 한 전쟁도 마찬가지였고. 동전에 대해서 말이 나온 김에 재미있는 퀴즈하나 풀어볼까?"

"퀴즈요?"

"자네는 동전의 원 둘레가 톱니모양처럼 생긴 이유를 알고 있나?"

"글쎄요. 왜죠?"

"사람들이 동전을 조작했기 때문일세."

"동전을 조작했다?"

"정부만 돈을 조작한 건 아니었네. 지금도 위조지폐를 만드는 사람이 있지 않은가? 당시 사람들도 마찬가지였네. 사람들이 동전의 원 둘레를 간 후, 그 가루를 모아 새 동전을 만들었어. 이때문에 동전의 원 둘레가 톱니모양으로 바뀐 걸세."

"아, 그렇군요. 만약 원 둘레를 긁어내면 톱니모양이 매끄럽게 변하니까 조작했는지 안 했는지 금방 알 수 있겠네요."

"그렇지. 그 아이디어를 낸 사람이 바로 아이작 뉴턴일세."

"아이작 뉴턴? 설마 중력의 법칙을 발견한 그 뉴턴이요?"

"맞네. 그는 물리학자, 천문학자, 수학자 등으로 많이 알려졌지만, 경제에도 관심이 많았다는군."

"재밌네요."

"자, 다시 전쟁 이야기를 이어가볼까?"

"듣다보니 전쟁의 역사도 꽤 재미있네요. 이번에는 어떤 전쟁이죠?"

"이번에는 제1차 세계대전일세."

제1차 세계대전과 돈의 조작

금이 교환수단인 금본위제도는 본격적으로 19세기 초 영국에 의해 세계로 퍼져나갔다. 수많은 식민지와 산업혁명을 통해 부유해진 영국을 중심으로 금본위제도는 더욱 굳건하게 발전할 수 있었다. 1873년 독일 역시 금본위제도를 채택했고, 1913년에는 미국도 금본위제도를 채택했다.

그렇게 세계적으로 금본위제도의 질서가 확립되던 무렵, 1914년 7월 28일 오스트리아 황태자가 세르비아 자객에게 피살당하면서 오스트리아는 세르비아에게 선전포고를 하였다. 이렇게 시작된 전쟁이 이웃 국가들을 자극하면서 제1차 세계대전이 발발했다.

전쟁은 약 4년 동안 계속됐으며, 독일과 오스트리아가 동맹국이 되어 영국, 프랑스, 러시아 연합국과 대립했다. 그리고 그 외의 주변국들도 이해관계에 따라 전쟁에 직간접적으로 참여했다. 모든 전쟁참여국들의 자동차 공장은 탱크 공장으로, 학교는 군사 훈련소로 바뀌었다. 식량과 생필품을 만드는 공장에서 군사용품과 무기를 만들자, 결국에는 부족해진 식량과 생필품을 수입해야 하는 지경이 되었다. 이제 그들은 비교적 유럽과 가까우면서도 전쟁에서 중립을 택한 미국에서 전쟁 물자와 생필품을 대량으로 수입했다. 그 덕분에 미국은 많은 금화를 벌어들였고, 제1차 세계대전이 진행되는 동안 엄청난 양의 금화가 유럽에서 대서양을 건너가 미국에 안착하게 되었다.

미국은 끝까지 중립을 유지하려 했지만, 128명이 넘는 미국인을 태운 영국의 루시타니아호가 독일의 잠수함에 의해 침몰된 사건을 계기로 1917년 뒤늦게 전쟁에 가담했다. 열세에 몰린 독일을 중심으로 한 동맹국들은 1918년 11월 11일, 독일의 항복을 시작으로 모두 패배를 인정했고, 제1차 세계대전은 막을 내렸다.

하지만 약 4년 동안 전쟁에 참여한 국가들은 천문학적인 돈을 지출해야만 했고, 결국 돈을 조작하고 말았다.

이제 금화나 은화를 녹여 동과 섞는 과거의 조작 방식은 더 이상 쓸 필요가 없었다. 이미 모든 나라들이 금화 대신 종이로 만들어진 '금보관영수증'이라는 대체교환수단을 사용하고 있었기 때문이었다. 결국 전쟁에 참여한 국가들은 금보관영수증을 인쇄기로 마구 찍어 돈을 조작했다. 대체교환수단인 종이영수증을 마구 찍어내는 일은 명백한 불법이었지만, 전쟁기간에는 서로가 지켜야 할 법의 유무가 무의미했다. 결국 전쟁이 끝난 후, 전쟁 참여

국가 대부분이 늘어난 돈으로 인해 극심한 인플레이션을 겪고 말 았다.

특히 초 인플레이션의 최대 피해국은 독일이었다. 독일은 1918년 11월 11일 항복을 선언했고, 1919년 6월 28일 프랑스 베르사유 궁전에서 승전국들과 함께 베르사유 조약을 체결했는데, 이는 전 쟁에서 패한 독일과 31개의 다른 연합국이 맺은, 독일에게 불평등 한 조약이었다. 조약에는 독일이 빼앗은 영토를 모두 돌려주어야 하고, 전쟁 도발에 대한 책임으로 연합국에 입힌 손해를 배상해야 한다는 내용을 담았다.

독일이 연합국에게 배상해야 할 금액은 천문학적인 숫자였다. 하지만 전쟁으로 폐허가 된 독일은 돈이 부족했고, 또다시 돈을 조작하고 말았다. 전쟁 중 찍어낸 돈도 많았지만, 전쟁 배상을 위 해서 찍어낸 돈은 훨씬 더 많았다.

독일의 초 인플레이션은 사람들의 상상을 훨씬 초월했다. 제 1차 세계대전이 끝나고 얼마 되지 않은 1921년 12월, 독일에서 빵 한 덩이의 가격은 3.9마르크였다. 하지만 약 2년이 지난 1923 년 10월에는 17억 마르크가 됐다. 채 2년도 안 돼 빵 가격이 약 43,600,000배 오른 것이다. 물가상승률은 연 2,090,000%였다. 마르크화는 더 이상 화폐가 아니라 휴지조각에 불과했다.

당시 독일 상황을 잘 알 수 있는 유명한 일화가 하나 있다. 어느 날, 한 독일인이 빵을 사기 위해 큰 수레에 마르크화를 가득 담고 빵가게를 찾아갔다. 수레에 가득 담긴 돈을 가게 안으로 가져갈 수 없었기에 수레는 밖에 잠시 두고, 가게 안에서 빵을 고르고 있었다. 바로 그때, 한 도둑이 지나가다가 수레 안에 있던 마르크화는 몽땅 버리고 수레만 훔쳐서 달아났다고 한다. 도둑에게는 수레에 가득 담긴 마르크화보다 수레가 더 가치가 높았던 것이다. 경제는 마비되었고 사람들은 서로 물물교환을 하기 시작했다. 이후 독일 은 꽤 오랜 기간 동안 경제적으로 힘든 시기를 견뎌야 했다.

"제1차 세계대전 이후의 독일 상황이 정말 심각했군요!"

"앞서 자네가 초 인플레이션이 발생하는 이유는 방대한 대출 일 거라고 짐작했었네. 대출과 함께 돈이 탄생하니까 물론 틀린 말은 아니지만, 정말 심각한 초 인플레이션이 발생하는 이유는 단 한 가지밖에 없네. 바로 국가가 돈을 마구 찍어내 사용했기 때문이지!"

"국가든 개인이든 과하면 탈이 나는군요."

"당시 인플레이션의 심각한 정도를 내가 앞서 알려준 적 이 있었지? 2,000원 하는 과자 한 봉지가 2년도 채 되지 않아 43,600,000배가 올라서 872억 원이 된 것과 같은 걸세. 대단하 지 않나?"

"도저히 상상이 안 되는 숫자네요. 대체 얼마나 돈의 가치가 떨어졌기에⋯⋯."

"지폐가 곧 휴지조각과 같아지는 것, 이것이 바로 초 인플레이 션일세. 시민들이 땀흘려 노력한 대가가 휴지로 변하는 거지."

"정말 화가 나네요. 국가의 잘못으로 모든 피해를 국민이 감 당해야 하다니."

"당연히 화가 날 만하지. 그래서 우리는 항상 국가를 감시해야 하는 거야. 돈으로 장난하지 못하도록!"

"감시할 의무가 있다! 정말 그래야 할 것 같습니다. 또 들려주실 전쟁의 역사가 있나요? 이번에도 돈을 조작했나요?"

사계절은 항상 순환한다

"그 전에, 어부지리(漁父之利)라는 사자성어를 알고 있나?"

"그 정도는 상식이죠! 쉽게 말해 거저 얻는다는 뜻이잖아요."

"잘 알고 있군. 어부지리의 어원은 이러하네. 햇볕이 강하게 내리쬐는 어느 날, 조개가 입을 벌리고 있었지. 이를 본 황새가 조개를 쪼아 먹으려고 부리를 깊숙이 넣었고, 조개가 곧바로 입을 닫는 바람에 황새 부리가 조개 속에 갇혔다네. 그 상태로 서로 기싸움을 시작했어. 조개가 말라죽든, 황새가 배고파 죽든 서로 끝까지 버틴 거지. 그러다 지나가던 어부가 아무 노력 없이 황새와 조개를 모두 잡아버렸네. 승자는 황새도 조개도 아닌, 지나가던 어부였던 걸세."

"음, 어원은 자세히 몰랐어요. 그런데 굳이 어원까지 설명해주신 이유가 있나요?"

"생각해보게. 제1차 세계대전에서도 어부가 있지 않았나?"

"그러고 보니 전쟁에 참여한 국가들은 모두 힘들어졌는데……."

"바로 미국! 제1차 세계대전이 유럽에서 벌어지는 동안, 유럽 국가들은 모두 황새와 조개였지. 그런데 미국만 어부가 된 걸세."

"전쟁에서 유일하게 이득을 본 국가가 미국이다?"

"전쟁을 치른 유럽 국가들 중에서 승자는 없었어. 독일만 패자가 아니라 모두가 패자였던 거지. 유럽의 모든 국가들이 전쟁 후유증에 시달렸거든. 하지만 미국은 전쟁으로 인한 피해는 하나도 입지 않으면서, 전쟁 덕분에 엄청난 이득을 보았지. 군사용품과 생필품 등을 전쟁국들에게 수출하고 막대한 돈을 벌었어. 그 전까지 전 세계의 금화는 유럽에 주로 집중되어 있었네. 하지만 제1차 세계대전 이후 상당한 양이 미국으로 건너간 거야."

"미국이 중립을 유지하면서 수출로 돈을 벌어들인 덕분이군요?"

"그 이후로 미국은 약 10년 동안 엄청난 번영의 시대를 맞이했네. 미국 기업들은 수출로 엄청난 이익을 냈고, 일자리가 풍부해져 너도나도 잘 살았으며, 유럽의 금화가 미국으로 들어오면서 돈의 양이 늘어나 호황을 누렸지. 20세기 미국이 전 세계의 패권국이 될 수 있었던 밑바탕에는, 바로 전쟁 덕분에 얻은 이득이 있었던 거야. 하지만……."

"하지만? 뭔가 반전이 있나요?"

"전쟁 덕분에 누린 약 10년간의 호황이 무색하게, 미국 경제는 갑자기 추락하고 말았네. 극심한 공황이 찾아왔지."

"네? 줄곧 호황이었다가, 갑자기 공황을 맞이했다고요? 왜죠? 어떤 심각한 사건이 있었나요?"

"그런 건 없었네."

"그런데 왜 공황이 닥친 거죠?"

"나는 이를 계절에 따른 자연스런 흐름으로 본다네. 더운 여름 후에 추운 겨울을 맞이해야 하는 것과 같은 자연스러운 순환."

상순은 축구장을 가리키며 말했다.

"축구선수는 봄, 여름, 가을, 겨울, 어느 계절이든 경기에 나설 준비가 되어 있어야 하네. 여름에는 반소매와 반바지를 준비하지만, 겨울에는 두툼한 긴소매와 바지, 때론 장갑까지 준비하지. 경기를 뛰는 선수에게는 아주 기본적인 자세라네."

"물론이죠. 그런데 왜 굳이 당연한 말씀을 하시는 거죠?"

"하하, 안타깝게도 우리는 그러지 못하고 살고 있으니까."

"네?"

"돈의 세계에도 사계절이 존재한다네. 그래서 우리는 계절에 따라 투자와 재무전략을 다르게 계획해야 하네. 하지만 많은 사람들이 경제의 사계절을 보지 못하고 준비도 못하고 있지. 즉, 기본도 안 되어 있으니 선수라고 할 수는 없지."

"돈의 세계에도 사계절이 있다고요? 뭘, 어떻게 준비하라는 말이죠?"

"그것 역시 부의 기회와 관련이 있네. 자연스레 알게 될 거야. 지금은 돈의 세계에 사계절이 존재하는 이유부터 이해할 필요가 있네. 미국에 닥친 상황을 이해할 겸."

상순은 손가락을 빙빙 돌리며 말을 이어나갔다.

"지구가 공전하는 한, 지구의 중위도 지방에는 항상 사계절이 반복되네. 마찬가지로 인간의 본성이 존재하는 한, 항상 경제의 사계절이 반복되지."

"인간의 본성이요?"

"경제의 사계절에서 여름은 호황을, 겨울은 불황을 뜻하네. 경제의 호황과 불황도 사계절처럼 반복되는 걸세. 영원한 호황도 없고, 영원한 불황도 없는 것이고."

"10년간의 호황이 있었기 때문에 극심한 공황을 맞은 거다? 그 이유는 인간의 본성 때문이다?"

"그렇다고 볼 수 있지. 수요와 공급은 그저 인간의 본성에 불과하다고 했지? 자, 잠시 상상해보세. 우리 앞에 사과 두 개, 그리고 사과를 원하는 사람도 두 명이 있다 치자고. 공급과 수요가 일치하는 상황이지. 여기서 사과 가격이 오르려면 어떤 변화가 생겨야 할까?"

"사과의 공급이 줄거나, 아니면 수요가 늘어나야겠죠?"

"맞아. 사과 개수가 한 개 이하로 줄던, 아니면 사람 수가 세 명 이상으로 늘던 말일세. 그런데 두 경우는 모두, 사람 수가 사과 수보다 많네. 즉, 사과의 수요가 공급을 초과한 상태야. 그리고 사과의 수요가 공급을 크게 초과할수록, 사과의 가격은 계속 오를 거야."

"수요가 공급을 초과하면 가격이 오른다?"

"반대의 경우도 마찬가지네. 사과 가격이 내려가려면 사과의 공급이 늘거나 수요가 줄어야겠지. 그러면 사과 개수가 사람 수보다 많아지네. 사과의 공급이 수요를 초과한 거지. 그리고 공급이 수요를 더 초과할수록, 사과 가격은 계속 내려갈 걸세."

"이번에는 공급이 수요를 초과해서 가격이 내려간다는 말이죠?"

"그렇지! 그런데 말일세. 여기서 절대 변하지 않는 법칙이 있어! 수요가 공급을 영원히 초과할 수 없고, 반대로 공급이 수요를 언제까지나 초과할 수 없네! 즉, 수요가 공급을 지나치게 초과하면 다시 반대로 공급이 많아지기 시작하고, 공급이 수요를 지나치게 초과하면 다시 수요가 많아지기 시작하는 거야. 즉, 가격이 끝없이 오를 수도 끝없이 내려갈 수도 없다는 말이지. 이것은 마치 오염된 물이 오랜 세월 정화작용을 거치면서 스스로 맑은 물이 되고, 맑아진 물은 다시 세월이 흐르면서 오염되는 과정과 비슷해."

규칙과 사계절의 순환

"왜죠? 가령 제가 사과 장사를 한다면, 제가 팔려는 사과의 개수를 계속 줄이면 되는 거 아닌가요? 그런데 제 의지와는 상관없다? 제가 계속해서 사과 개수를 줄일 수는 없다는 것이 어르신의 주장인가요?"

"물론이네."

"그 주장의 근거는 뭐죠?"

"인간의 본성이 개입하기 때문이야."

"대체 어떤 본성이요?"

"이 그림을 한 번 보게."

상순은 노트를 다시 펼치고 지렁이 같은 그림을 하나 그렸다.

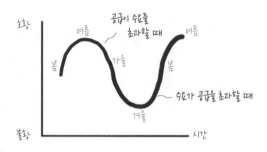

"경제의 사계절" 그래프

"앗! 이것은?"

"혹시 기억이 나나? 학창시절에 봤을 텐데? 이것은 경제가 호황과 불황을 계속해서 반복하고 있음을 보여주는 그래프지. 선이 위로 향하면 호황이고, 아래로 향하면 불황을 뜻하네."

"혹시, 경제순환주기?"

"기억하는군! 이제 다시 역사로 돌아가서 설명해주지. 미국은 제1차 세계대전 동안, 유럽으로부터 막대한 금을 받아들였어. 기업이 만든 상품 가격이 오르면서 수익도 늘어났고, 사람들의 일자리와 임금도 늘어났네. 이보다 더 풍요로울 수는 없었지. 임금과 일자리가 늘어나 상품 소비가 늘고 기업의 이익도 더욱 늘어나고……."

"앞에서 말씀해주신 얘기네요! 선순환의 연속!"

"맞아. 자, 이제부터 시작일세. 이때 기업에게는 가격이 오르는 상품을 더 많이 만들어 더 큰 수익을 얻고 싶은 인간의 본성이 싹트네. 탐욕이지. 그래서 더 많은 공장을 짓고 사업을 확장하려고 은행에서 많은 돈을 빌리게 되네. 당연히 대출이 많아지고 돈의 양은 늘어나 인플레이션이 계속되지. 이때가 봄에서 여름으로 가는 시기일세. 하지만!"

"하지만?"

"지나친 탐욕이 여름을 끝내고 가을로 접어들게 만드네. 기업의 욕심으로 더 많은 상품이 만들어지면, 어느 순간 상품의 공급이 수요를 초과하는 현상이 나타나지. 그럼 어떻게 되겠나? 오르던 상품들의 가격이 떨어지기 시작하겠지?"

"아! 그렇군요! 가격이 오르니 더 큰 이익을 얻기 위해서 공급을 늘린다? 이것이 상품의 가격을 떨어뜨린다?"

"정확해! 이제 상품 가격이 하락하기 시작하면서 기업의 수익도 점점 줄어들지. 가격의 하락은 곧 디플레이션을 불러오네. 이번에는 악순환이 반복되는 거야. 잔디에 비유하면서 설명했었지? 이는 가을을 거쳐 겨울로 가는 시기에 볼 수 있는 자연스러운 현상일세."

"아, 그렇군요!"

"이것이 미국이 10년간의 호황 이후, 대공황을 맞이한 이유이기도 하네. 기업이 파산하거나 사업을 축소하면서 줄어드는 상품의 공급이 수요보다 더 적어질 때까지 겨울이 계속 진행되지."

"아! 그러니까 이번에는 반대로 수요가 공급을 초과하게 될 때까지군요? 파산하는 기업들 때문에 상품 공급이 줄어들면 가격은 다시 오를 수 있겠네요?"

"그렇지! 그러면서 기업들의 수익이 점차 회복되기 시작하네. 그리고 상품 가격이 계속 오르면, 기업들은 다시 욕심이라는 인간의 본성을 내보이면서 더 많은 상품을 만들려고 하고. 알겠나? 계속 반복된다. 이것이 경제 사계절의 순환이지."

"그래서 인간의 본성 때문에 순환한다고 하신 거군요."

"빙고! 생산되는 사과 개수가 줄어들면 가격이 오르게 되네. 당연히 사과를 더 많이 팔고 싶겠지. 과수원을 하는 사람들도 사과를 더 많이 생산하고 싶을 거고. 더 많이 팔수록 더 많이 번다고 모두가 생각하니까. 그러면 사과의 공급은 늘어나지. 공급이 많아지면, 올랐던 사과의 가격은 다시 내려가게 되는 거라네."

"과연, 그래서 그런 말씀을 하셨군요. 가격이 순환한다. 그래서 경제도 순환한다."

"모든 상품의 가격은 특별한 경우가 없는 한, 오르고 내리기를 계속 반복하는 걸세."

"특별한 경우란 뭐죠?"

"공급을 늘리고 싶어도 늘릴 수 없는 경우지. 예를 들면 다이아몬드 가격이 계속 오르고 있다고 해서 상인들이 다이아몬드를 더 만들 수 있을까? 다이아몬드 광산이 계속 발견되는 것도 아니고, 사람이 다이아몬드를 만들 수도 없네. 하지만 사람들은 대부분 아름다운 다이아몬드를 원하지. 결국 이것이 다이아몬드가 비싼 가격을 유지하는 이유이기도 하네. 가격이 심하게 오르고 내리기를 반복하지 않는 거야."

"정말 그렇군요. 결국 공급, 즉 상품을 마음만 먹으면 쉽게 늘릴 수 있다는 전제가 있어야 가격이 오르거나 내리기를 반복한다는 거죠?"

"정확해! 그런데 생각해보게. 이자도 결국 돈의 가격 아닌가?"

이자와 사계절의 순환

"돈의 가격? 아, 가격! 그렇죠!"

"이자 역시 가격이기 때문에, 오르고 내리기를 반복해서 순환하네. 그리고 순환하는 이자 때문에 사계절이 순환하기도 하지."

"이자 때문에?"

"유럽에서 미국으로 엄청난 금이 흘러 들어가 미국은 호황을 맞았네. 기업들의 수익이 늘고, 사업 확장을 위해 더 많은 자금을 은행에서 구했지. 수익이 많아지면 대출이자를 낼 여력이 많아지지 않겠나? 개인들도 마찬가지일세. 임금이 높아지거나 새로 일자리를 얻게 되니, 대출이자를 감당할 수 있게 되지. 그래서 소비나 투자를 위해 더 많은 대출을 받네. 여기서 대출자가 바로 돈의 수요라고 할 수 있지. 즉, 경제의 호황에서는 돈의 수요가……."

"많아지는 거네요? 대출자가 많아지니까!"

"맞네. 돈의 수요가 많아지면 돈의 가격인 이자는 오르게 되네. 하지만 이자가 너무 높아지면 기업이나 사람들은 대출받기를 꺼려할 걸세. 대출이자가 부담되니까. 그리고 대출이자와 함께 예금이자도 덩달아 오를 테니 예금은 많아지겠지. 여기서 은

행의 예금은, 은행이 대출해줄 수 있는 돈이기 때문에 곧 돈의
공급일세."

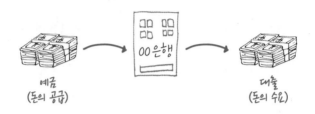

예금
(돈의 공급)

00은행

대출
(돈의 수요)

"그러니까, 이자가 오를수록 대출은 줄고 예금은 늘어난다는
말씀이시죠? 돈의 수요는 줄고 공급은 늘어난다?"

"그렇지! 높아졌던 이자는 다시 낮아지기 시작하네. 여름에
서 가을로 넘어가는 시기지. 하지만 다시 이자가 낮아질 대로
낮아지면? 이는 돈을 빌려서 사업이나 투자를 해보려는 모험심
강한 사람들의 도전의식을 자극하네. 어차피 이자가 낮아 부담
도 줄어들기 때문이야. 그러면……."

제드가 알겠다는 듯 무릎을 치며 상순의 말을 가로챘다

"그러면 다시 대출이 늘어나기 시작하니까 다시 돈의 수요가
늘어나면서 이자가 오를 수 있다!"

"하하, 맞아! 이렇게 돈의 가격과 함께 사계절도 순환한다네."

"돈의 가격과 함께 대부분의 가격은 순환한다는 거군요!"

"그렇지. 다시 역사로 돌아가볼까?"

대공황의 충격과 공포, '봉우리가 높은 만큼 골짜기도 깊은 법'

"미국이 맞이한 겨울, 공황부터인가요?"

"맞네. 사람들은 1929년부터 미국이 맞이한 겨울을 대공황이라 부르지. 상상하기 힘들 만큼 혹독한 공황이었기 때문일세."

"그냥 공황도 아니고 대공황? 왜 그렇게 심각한 공황이 찾아왔을까요?"

"그만큼 여름이 뜨거웠기 때문이네."

"여름이 뜨거워서요?

"여름이 뜨거운 만큼 겨울은 혹독하지. 여름이라는 봉우리가 높을수록 겨울이라는 골짜기는 깊은 법이네. 이것은 사계절의 이치야. 제1차 세계대전의 어부지리 덕분에 미국의 호황은 뜨거웠지. 하지만 그 때문에 약 10년 후에는 혹독하고 매서운 한파를 맞이했던 걸세. 얼마나 혹독한 겨울이었는지 들어보게."

– 약 10년간의 호황 끝에 미국에는 혹독한 겨울(대공황)이 찾아왔다.

– 1929년 10월 미국의 주가는 폭락하고 기업들의 자산 역시 폭락하고 말았다.

– 기업 이익이 줄자, 대출 이자부담이 커지면서 많은 기업들이 연달아 파산했다.

– 1930년부터 1933년까지 약 9,000개의 은행이 파산했다.

– 은행의 연쇄 파산으로 시중의 돈 약 34퍼센트가 사라졌다. 미국은 심각한 디플레이션에 빠지게 되었다.

– 1933년 미국의 실업률은 25.2퍼센트를 기록했다. 이는 일을 할

수 있고 할 의지가 있는 미국인 4명 중 1명이 일자리를 잃고 수
입이 사라졌다는 것을 의미했다.

- 미국이 대공황에 빠지면서, 미국과 무역을 하는 다른 국가들 역
시 침체기에 빠졌다. 미국에 수출해서 돈을 벌었던 나라들이 가
장 큰 타격을 입었다.

- 미국의 대공황은 세계의 공황으로 이어졌다. 이 대공황은 1941년
까지 계속됐다.

"어떤가?"

"정말 엄청나네요!"

"심각한 디플레이션을 맞으면서 악순환이 반복되었던 셈이
지. 오랜 대공황의 여파로, 미국과 유럽 등 주요 국가들은 급기
야 금본위제도를 폐지하고 말았지."

"금본위제도를 폐지했다고요? 왜요?"

"자네는 그 이유를 이미 알고 있을 텐데? 내가 들려준 전쟁
이야기를 떠올려보게. 그들이 왜 돈을 조작했지?"

"그야, 공짜 돈이 필요했으니까. 금보관영수증인 종이를 인쇄
기로 마구 찍어냈던 거죠!"

"빙고! 이번에도 마찬가지였네. 디플레이션으로 돈의 양이
계속해서 줄자, 공짜 돈을 만들어 돈의 양을 늘리기로 한 거지.
인위적으로 인플레이션을 유도한 걸세. 하지만 금은 필요하다
고 쉽게 구하거나 만들 수 없네. 그렇다고 금의 양을 전혀 생각
하지 않고 영수증을 더 찍어낼 수도 없지. 이것이 바로 미국이

금본위제도를 폐지해야 했던 이유일세. 금화와 금보관영수증의 관계를 끊어버리고, 금화 대신 금보관영수증을 새로운 교환수단으로 바꿔버리는 거지. 그렇게 하면 종이로 만들어진 교환수단은 마음대로 찍어낼 수 있으니까."

"제1차 세계대전 당시 많은 유럽의 국가들, 특히 독일이 저질렀던 조작과 다를 게 없군요?"

"그렇지! 돈의 조작을 한 번 맛본 사람들은 그 유혹에서 쉽게 벗어날 수 없지. 도박과 술, 마약을 처음 시작하기는 어려워도, 한두 번 하고 나면 더 쉽게 자주 하게 되는 것과 다를 바 없어."

"계속 이런 식이라면, 어떻게 금본위제도를 유지할 수 있죠? 상황이 조금만 좋지 않아도 자기들 마음대로 폐지해버리거나 조작을 하니."

"음? 하하하하!"

"왜 웃으시죠?"

"자네가 방금 핵심을 찔렀기 때문이지! 방금 한 말을 염두에 두게. 당시 미국이 금본위제도를 폐지했던 과정을 간략하게 설명해주지."

무지하면 눈 뜨고 코 베인다

대공황이 한창이던 당시 미국 대통령은 프랭클린 루즈벨트였다. 그는 인플레이션을 만들기 위해 돈을 조작하기로 결정하고, 국민들에게 긴급 명령을 내렸다. 당시에는 금화 1트로이온스(약 31.3g)와 약 20달러가 교환되었는데, 국민들에게 금화를 모두 달러와 바꾸도록 명령했다. 영문을 몰랐던 국민들은 국가의 명령대로 자신들의 금화를 1온스당 20달러와 교환했다. 시간이 흐르자, 이번에는 미국 정부가 금화 1온스를 35달러와 바꾸도록 다시 명령했다. 사실 이것은 금화 1온스의 가격을 올린 것과 다름없었다. 그러자 인플레이션이 생겨나고 물가가 오르기 시작했다. 꽃 한 다발의 가격이 금화 1온스였다면, 이전에는 20달러였지만 이제는 35달러로 올랐던 것이다! 어차피 사람들은 금보관영수증인 달러를 거래에 사용하고 있었다. 또한 전에는 국민들이 금화를 반납하고 20달러를 받았지만, 이제 반납한 금화를 다시 얻으려면 35달러를 내야했다. 국민들은 결국 금화 1온스당 15달러씩 손해를 본 셈이었다. 물가가 금화 1온스당 약 15달러씩 오르자 미국정부는 마지막으로 명령을 하나 더 내렸다. 더 이상 금을 달러와 교환하지 못하도록 강제로 막은 것이다. 이렇게 금본위제도는 폐지되었다. 금화는 더이상 돈이 아니었으며, 과거에 금보관영수증에 불과했던 달러가 진짜 돈이 된 것이다. 이것은 디플레이션에 빠진 경제를 살리기 위해 국민에게 금화 1온스당 15달러씩 손해를 입히고 인위적으로 인플레이션을 유도한 꼼수였다.

"와! 정말 말도 안 되는 일이네요. 눈 뜨고 코 베인 것 아닌가요? 국가를 믿고 금화를 바꾼 사람들만 억울했겠어요. 미국 사람들은 아무 저항도 하지 않았나요? 저라면 분명 따졌을 텐데!"
"아무 일도 없었네."
"네? 폭동이라도 일어날 만한 일인 것 같은데요?"

"당시에는 많은 국민들이 금융문맹이었기 때문이지. 알겠나? 자본주의 세계에서는 이런 일이 비일비재하게 일어나지. 모르면 당하는 거야. 정부가 국민을 속이고 피해를 입혔는데도, 돈에 무지한 국민들은 이를 크게 인지하지 못하고 지나갔네."

"몰라서 당했군요."

"이런 식으로 많은 국가가 대공황에서 벗어나려고 애썼어. 그럼에도 쉽게 빠져나올 수 없었네. 전 세계에 불황이 닥쳤고, 많은 국가가 이기주의와 보호무역을 택했지. 나만 잘 살면 된다는 사고방식이 국가들 사이에서 전염병처럼 퍼졌네. 이런 상황에서 1939년, 제2차 세계대전이 발발하고 말았어."

"이번에도 전쟁 이야기군요?"

상순은 조용히 고개를 끄덕였다.

제2차 세계대전과 돈의 조작

전 세계가 대공황에서 완전히 빠져나오지 못하고 있을 무렵, 독일에서는 나치당의 히틀러가 권력을 잡았고, 1939년 9월 1일, 독일이 폴란드를 침공하면서 제2차 세계대전이 시작되었다.

제2차 세계대전은 독일, 이탈리아, 일본이 동맹국이 되어 영국, 프랑스, 소련, 미국, 중국 등의 연합국과 대립한 인류 역사상 최악의 전쟁이었다. 미국은 제1차 세계대전을 통해 엄청난 돈을 번 경험을 가지고 있었다. 제2차 세계대전으로 미국은 다시 한 번 경제를 살릴 기회를 잡고자 했다. 미국은 이번에도 중립국의 입장을 취하면서 또다시 유럽의 전쟁 참여국가에 군수물자와 생필품 등을 수출하고 어마어마한 돈을 벌어들였다. 그러다가 1941년 12월, 일본이 하와이 진주만을 기습공격하면서 미국은 뒤늦게 전쟁에 가담했고, 일본과 전면전을 치르게 되었다.

1943년 이탈리아가 항복하고, 1945년 5월에는 독일이 항복하면서 히틀러는 스스로 목숨을 끊었다. 한국과 중국, 대만과 동남아시아 일대를 식민지로 두었던 일본은 끝까지 미국에 맞섰다. 1945년 8월, 미국이 일본의 히로시마와 나가사키에 원자폭탄을 투하하면서 일본은 항복 선언을 했고, 이로써 제2차 세계대전은 끝이 났다.

제2차 세계대전은 대공황 시기에 제국주의를 숭배하는 소수의 지배자들이 일으킨 전쟁이었다. 수천 만 명의 군인과 시민들이 목숨을 잃었고, 그들의 삶의 터전이 모두 파괴되었다.

제2차 세계대전 동안에도 많은 국가가 돈을 찍어내 사용했다. 이미 많은 국가가 금본위제도를 폐지한 상태였기 때문에 돈의 조작은 더욱 쉬웠다. 제2차 세계대전이 끝나갈 무렵인 1944년 7월에는 무너져가는 돈의 질서를 바로잡고 보호무역 폐지와 자유무역 부활을 위해 미국 뉴햄프셔 주의 브레튼 우즈에서 중요한 회의가 열렸다.

"정말 끔찍했던 전쟁이군요!"

"그렇지. 인류 역사상 최악의 전쟁이라는 말이 그냥 나온 게 아닐세. 제2차 세계대전이 거의 끝나갈 무렵인 1944년, 미국의 주도로 브레튼 우즈 회의가 열렸네. 이 회의의 목적은 무너진 금본위제도를 바로잡고, 자유무역을 부활시켜 망가진 세계경제를 살려보자는 것이었지."

"자신들의 이익을 위해 금본위제도를 폐지하더니, 이제 와서 다시 살린다? 완전 제멋대로군요?"

"하하, 그렇지? 어쨌든 당시 브레튼 우즈 회의의 내용을 간단하게 요약해보면 다음과 같네."

- 브레튼 우즈 회의는, 1930년대 이후로 수많은 국가들이 금본위제를 폐지하고 지폐를 마구 찍어내 추락한 지폐의 가치를 다시 살리자는 목적(금본위제도의 복귀)과, 각 나라 간의 무역을 안정화시키자는 목적(자유무역)을 가지고 있었다.

- 미국은 제2차 세계대전 동안에도 수많은 금을 벌어들였다. 이때 이미 세계 모든 정부가 보유한 금의 약 3분의 2를 미국이 보유하고 있었다.

- 미국이 제1차, 제2차 세계대전으로 전 세계에서 가장 많은 금을 보유하고 있었기 때문에, 미국을 중심으로 새로운 금본위제도가 형성되었다. 미국의 달러가 '전 세계의 금보관영수증' 역할을 하고, 미국은 영수증을 금과 교환해주는 '세계의 은행'이 되기로 했다(미국 달러: 세계의 금보관영수증, 미국: 세계의 은행).

- 다른 국가의 화폐도 미국 달러와 각각 정해진 일정한 비율로 교환할 수 있었다. 이로써 각국의 지폐 역시 '금보관영수증' 역할을 할 수 있게 되었다.

- 그 결과 다음과 같은 새로운 돈의 질서가 형성되었다.

미국(세계의 은행) ◀── 《고정(금 1온스 = 35달러)》
──▶ 미국 달러(세계의 금보관영수증: 기축통화)
◀── 《고정(고정 비율)》
──▶ 각국의 화폐(각국의 금보관영수증)

- 달러가 전 세계의 금보관영수증 역할을 하게 된 이 새로운 금본위제도를 '금환본위제도'라고 부른다.
- 미국의 35달러는 금 1트로이온스(31.1035g)와 미국(세계의 은행)에서 언제든지 교환이 가능했다. 그리고 미국의 1달러는 각국의 화폐와 각자 고정된 비율로 교환이 가능했다. 달러와 다른 나라 화폐의 교환비율이 바로 고정환율이다.
- 모든 국가의 화폐가 미국의 화폐와 고정된 비율로 거래될 수 있었던 이유는, 오로지 '금'만이 진짜 교환수단이기 때문이었다.
- 또한 국가에 필요한 외화를 공급해주는 국제통화기금(IMF)과 외국의 원조가 급히 필요한 국가들을 위해 국제부흥개발은행(IBRD)을 창설하기로 합의했다.

"이를 브레튼 우즈 체제라고 부르지. 제1차, 제2차 세계대전으로 어부지리를 누린 미국은, 전 세계 정부가 소유한 금의 약 3분의 2를 가지고 있었네. 그 덕에 세계의 은행이자 금보관창고가 될 수 있었지. 미국 달러는 세계의 금보관영수증이 되었고, 이제 금 1온스는 35달러와 언제든 교환이 가능했네."

"35달러! 제2차 세계대전이 일어나기 전에 미국이 저질렀던 꼼수였죠? 이전에는 20달러였는데 35달러로 올린 행위!"

"맞아! 그때 조작한 금의 가격을 그대로 유지한 거야. 그리고 미국 달러는 모든 나라의 화폐와 고정 비율로 교환이 가능했어. 이것이 바로 고정환율일세. 이렇게 달러와 다른 나라의 화폐가 고정 비율로 교환이 가능해지면서, 모든 나라의 화폐 역시 간접적으로는 금보관영수증이 될 수 있었지."

"고정환율!"

"이때부터 미국 달러가 기축통화가 된 걸세. 이제 전 세계 국가는 미국 달러를 보유하고 있어야만 했지. 진짜 교환수단인 금화와 교환하기 위해서는 미국달러가 반드시 필요했으니까. 각국의 화폐는 미국달러와 교환이 가능할 뿐, 금과는 직접 교환이 불가능했네."

"아, 이것이 기축통화의 역사! 그렇다면 옛날에는 고정환율이었는데, 왜 지금은 환율이 수시로 바뀌는 거죠?"

"앞으로 들려줄 나머지 두 전쟁 이야기에서 답을 찾을 수 있네. 그리고 현재 금이 아닌 지폐와 동전이 교환수단으로 사용되고 있는 진짜 이유도 알 수 있고."

"그럼 나머지 전쟁 이야기를 들려주세요!"

"좋지. 이번에는 한국전쟁과 베트남전쟁일세."

한국전쟁, 베트남전쟁과 돈의 조작

제2차 세계대전이 일본의 항복으로 끝나면서 1910년부터 36년간 일본의 식민지였던 한국도 광복을 맞게 되었다. 그러나 한국인에게 광복의 기쁨은 잠시뿐이었다. 한국은 갑자기 광복을 맞으면서 큰 혼란에 빠졌다. 오랜 식민지에서 벗어났지만, 국가로서 기능을 할 수 있는 인프라는 거의 없었기 때문이었다.

1904~1905년 한반도와 만주의 주도권을 두고 일본과 전쟁을 치렀으나 패배하고 한반도를 일본에 넘겨준 소련은, 1945년 광복을 맞은 한반도의 혼란을 틈타 숨겨둔 송곳니를 드러냈다. 소련은 한반도의 북쪽으로 들어왔고, 소련의 움직임을 염려한 미국은 남쪽으로 들어왔다. 결국 소련과 미국의 이념대립으로 한반도는 둘로 쪼개지고 말았다. 당시 소련 극동군사령부 소속 제88국제여단의 장교였던 김일성은 소련의 지원을 등에 업고 1950년 6월 25일 일요일 새벽 남침했다. 이에 한반도가 공산화될 것을 우려한 미국이 UN의 60개국과 함께 한국전쟁에 참여했다.

약 3년 뒤인 1953년 7월 27일, 미국과 중국의 주도로 휴전이 체결되면서 한반도에는 휴전선이 그어졌고, 그 선을 기준으로 남과 북은 아직도 나눠져 있다. 미국은 전쟁 동안 엄청난 비용을 지출할 수밖에 없었다.

"미국이 한국전쟁에서 돈을 많이 썼다고요?"

"그렇지. 전쟁 덕분에 이익을 본 나라가 이번에는 손해를 본 걸세. 하지만 미국에게 이보다 더 큰 지출을 강요한 전쟁이 있었네. 미국에게 유일한 패배를 안겨준 전쟁이기도 했지."

"베트남전쟁이군요?"

상순은 조용히 고개를 끄덕이면서 차분히 전쟁의 내막을 들려주었다.

베트남은 1883년부터 프랑스의 식민지였다. 그러나 프랑스는 제2차 세계대전에 가담하는 동안 베트남을 신경 쓸 여력이 없었다. 유럽 국가들이 전쟁하는 틈을 타서, 일본은 가장 먼저 한국을 식민지로 만들었고 다른 아시아 국가도 침략하기 시작했다. 베트남 역시 일본의 식민지가 되고 말았다. 베트남독립동맹인 '베트민'을 결성한 호치민은 독립운동을 펼쳤다. 종전과 함께 일본은 베트남에서 철수했고, 베트남은 독립을 맞이했다. 하지만 프랑스는 베트남의 독립을 인정하지 않았고, 여전히 프랑스의 식민지로 여겼다.

이에 분노한 베트남은 1946년부터 1954년까지 9년에 걸쳐 프랑스와 전쟁을 치렀다. 이후 두 국가가 휴전을 맺었지만, 베트남 역시 한국과 마찬가지로 남과 북으로 갈라지고 말았다.

남베트남은 미국의 지원을 받았다. 그러나 남베트남에서 반란 세력이 점차 세력을 키우자 미국은 더 많은 군사를 남쪽에 배치했고, 남베트남은 미국의 적극적인 지원 하에 1964년 8월 7일, 북베트남에 폭격을 가했다. 또다시 베트남에서 전쟁이 일어난 것이다. 베트남전쟁은 9년 동안 계속되었고, 1973년 1월 27일 북베트남과 미군 간에 평화협정이 체결되면서 전쟁은 잠시 중단되었고, 미군은 남베트남에서 철수하였다. 3년 후, 북베트남이 남베트남을 다시 침공해서 항복을 받아냈고, 1976년 베트남은 통일되었다.

"베트남전쟁이 그렇게 길었는지는 몰랐습니다. 9년간 프랑스와의 전쟁, 또 9년간의 이념전쟁, 그리고 마지막으로 3년간의 국내전쟁이라니! 베트남도 정말 아픈 역사를 가지고 있군요. 그리고 한국처럼 나라가 둘로 갈라진 경험도 있고요."

"전쟁으로 치러야 했던 희생이 너무 컸다네."

"미국도 오랜 전쟁을 했으니 이번에도 많은 돈을 지출했겠군요!"

"당연하네. 한국전쟁과 베트남전쟁, 미국은 두 전쟁을 겪으면서 엄청난 돈을 지출했네. 게다가 미국 내의 각종 복지 정책, 달에 인류를 보내는 프로젝트 등에도 돈이 한없이 들어갔지. 그래서……."

"설마, 또다시 돈을 조작했다는 말씀을 하시려는 건 아니죠?"

"안타깝게도 자네가 정답을 말해버렸군."

역사의 반복과 의미 없는 약속, 그리고 지폐의 탄생

"뭐라고요? 잠깐만요! 분명 미국이 브레튼 우즈 체제를 만들고, 다시 금을 교환수단으로 바꾸어 놓지 않았나요? 그런데, 이제 와서 미국이 다시 돈을 조작했다? 자신이 주도했던 약속을 깼다고요? 국제적인 약속을 이렇게 막 깨도 되는 건가요?"

"자네 말이 맞아. 전 세계의 약속이 무너진 거지. 그것도 약속을 주도했던 당사자의 의해. 미국은 베트남전쟁을 치르던 와중에도 남몰래 세계의 금보관영수증인 달러를 찍어내 사용하고 있었네."

"아니, 잠깐만요. 그 얘기는 세공업자가 저질렀던 두 번째 꼼수와 다를 바가 없잖아요?"

"날카로운 지적이야. 역사는 항상 되풀이되네. 미국이 남몰래 달러를 찍어내고 있다는 사실을 프랑스의 샤를르 드골 대통령이 가장 먼저 의심했지. 그는 미국의 행위를 강력하게 규탄하고, 불안한 마음에 가지고 있던 달러를 미국에 맡긴 자국의 금화와 교환하려고 했네. 미국은 어쩔 수 없이 프랑스에게 금화를 돌려줘야 했어. 하지만 이것이 전 세계 주요 국가들의 불안에 불을 지폈지. 그 후로 많은 국가가 미국에게 금화를 되돌려달라고 요청했네."

"그렇다면 미국이라는 세계의 은행에서 뱅크런이 일어난 셈이군요? 세계은행의 예금자인 국가들이 미국에게 달려들어 금화를 회수하려 했으니까!"

"빙고! 은행에 뱅크런이 발생하면 어떻게 된다고 했나?"

"파산할 수밖에 없죠! 그럼 미국도 파산했나요?"

"아닐세."

"아니라고요?"

"애석하게도 국가와 은행은 달랐지. 왜냐하면 1971년, 베트남전쟁이 끝나갈 즈음, 미국의 리처드 닉슨 대통령은 세계의 국가, 즉 자신의 예금자에게 미국 달러를 가져와도 금화와 바꿔줄 수 없다고 선포해버렸거든."

"뭐라고요? 그것은 은행이 예금자에게 돈을 돌려줄 수 없다고 선포한 것과 같잖아요? 정말로 무책임한 행동이군요!"

"맞네. 그런데 그런 일이 국가들 사이에서 일어났던 거야. 이 사건을 닉슨 쇼크라고 부르지. 이 일로 세계 경제가 큰 충격을 받았어."

"정말 어처구니가 없군요. 역사를 듣고 있자니까, 자신의 상황과 입장에 따라 유리하면 약속을 하고, 불리하면 약속을 파기하고, 나중에 다시 규칙을 만들고, 또 다시 파기하고, 이게 뭐죠?"

"드디어 알아챘군! 역사를 알아야 비로소 그러한 패턴이 보이지! 결국 금본위제도는 또다시 역사 속으로 사라져버렸네. 그리고 1971년 이후로, 전 세계는 하나의 사실을 알아채기 시작했지. 금본위제도는 코너에 몰린 누군가가 반드시 폐지해버린다는 사실을! 공짜 돈을 좋아하는 인간의 본성은 어쩔 수 없는 거야. 그래서 전 세계는 더 이상 금본위제도로 돌아가지 않았네. 1971년 이후로 지금까지 큰 변화는 없었지. 여기까지가 자네와 나의 지갑 속에 있는, 지폐가 탄생한 과정일세! 지폐의 역사라고 할 수 있어."

"지폐의 역사?"

상순은 대답 대신 태블릿PC를 열고 무언가를 열심히 찾았다.

"이것은 1971년 이전 미국에서 발행한 10달러짜리 지폐일세. 지폐 아래쪽을 보면 TEN DOLLARS IN GOLD COIN이라고 적혀 있지? 금과 교환이 가능한 10달러를 뜻해. 당시의 달러가 금보관영수증이었다는 증거라고도 할 수 있네."

상순은 태블릿PC의 화면을 천천히 아래로 내렸다.

"이것은 1971년 닉슨 대통령이 강제로 금본위제도를 폐지한 이후 발행된 10달러짜리 지폐일세. 이번에도 지폐 아래쪽을 보게. TEN DOLLARS라고만 적혀 있을 걸세."

"IN GOLD COIN이 빠져 있군요?"

"더 이상 금과 교환 가능한 달러가 아니라는 뜻이지. 정화(금·은 등의 본위화폐)를 화폐와 바꾸는 것을 태환이라고 하네. 그래서 1971년 이전의 화폐를 태환화폐, 1971년 이후의 화폐를 불환화폐 또는 법정화폐라고도 하지. 용어들만 거창할 뿐 사실 별 거 없네. 그저 금보관영수증인가 아닌가, 그뿐이지."

제드는 유심히 상순의 태블릿PC를 바라보았다.

"음, 우리가 지금 사용하는 지폐의 역사가……."

"왜 그런가?"

"지폐가 탄생한 배경이 이렇게나 허무할 줄 몰랐습니다. 조작의 반복으로 만들어졌다니!"

"하하, 인간의 본성이 만든 결과라고 할 수 있네. 내가 말하지 않았나? 돈이 우리에게 밝히고 싶지 않았던, 수치스러운 과거를 보게 될 거라고. 1971년 이후 더 이상 금화는 교환수단이 아니네. 미국 역시 세계의 은행이 아니지. 달러도 세계의 금보관영수증이 아니고, 다른 국가의 화폐 역시 간접적인 금보관영수증이 아닐세. 고정교환비율 역시 서서히 사라지기 시작했어. 오늘날 환율이 수시로 움직이고, 고정환율에서 변동환율로 바뀐 계기가 된 셈이지!"

"그래서 최근까지 금과 은이 돈이었다고 말씀하셨던 것이군요? 1971년은 그렇게 먼 과거가 아니니까요. 이후로 세계는 다시 혼란에 휩싸이지 않았나요? 다시 맺은 새로운 약속은 없었나요? 뭐, 약속한다 한들 다시 파기하겠지만……."

"하하하, 있긴 있었네. 1976년 자메이카의 수도 킹스턴에서 열린 회의에서, 금은 더 이상 교환수단이 아님을 인정하고, 일반 상품처럼 시장에서 거래하도록 만들었으며, 변동환율제도를 인정했지. 이를 킹스턴 체제라고 부르네. 이 체제는 사실 이름만 거창할 뿐, 1971년 미국이 일방적으로 브레튼 우즈 체제를 파기한 행위를 공식적으로 인정한 것에 불과해."

"그렇군요. 음, 그런데 어르신, 질문이 하나 있어요."

"뭔가?"

"우리는 지금도 여전히 미국 달러를 기축통화로 인정하잖아요? 미국의 달러가 기축통화였던 이유는 세계의 금보관영수증이었기 때문인데, 1971년 이후는 더 이상 아니잖아요! 그런데 왜 지금까지도 미국 달러가 기축통화인 거죠?"

"오! 좋은 질문일세. 그것은 바로 금화 달러가 오일 달러로 변신했기 때문이지."

제드는 자신의 두 귀를 의심했다.

새로운 기축통화는 오일 달러(Petrodollar)

"오일 달러요?"

"미국은 1944년부터 1971년까지, 기축통화를 발행하는 국가, 즉 기축통화국의 힘이 얼마나 위대한지를 맛보았네. 전 세계 국가들이 기축통화를 보관하고 사용해야 하는 환경이 만들어지면, 기축통화국은 자유롭게 통화를 찍어낼 수 있는 권한을 가지게 되지. 이런 이유로 미국은 1971년 이후에도 달러를 세계의 기축통화로 해두고 싶었던 걸세."

"네? 하지만 달러와 금은 이제 관련이 없는데 어떻게, 아! 혹시 오일? 기름과 관련이 있다는 말씀인가요?"

"맞아. 미국은 어떻게 하면 전 세계가 계속해서 미국 달러를 보관할 수밖에 없는 환경을 만들까 고심한 끝에, 아이디어를 하나 떠올렸지. 바로 오일, 즉 원유였네! 지금도 지구상에서 가장 많이 쓰이는 자원이 바로 석유 아닌가? 하지만 석유는 특정 국가에만 매장되어 있지. 이들을 산유국이라고 불러. 산유국은 자신들이 수출하는 석유 가격을 결정하고, 각종 정책을 수립하기 위해 연합기구를 결성했는데, 바로 오펙(OPEC: Organization of the Petroleum Exporting Countries)일세."

"오펙? 뉴스에서 들어 봤어요!"

"이 회원국 중 가장 많은 석유를 생산하는 나라가 바로 사우디아라비아였지. 당시 전 세계 원유매장량의 4분의 1을 보유했다고 말했을 정도니까. 그래서 미국은 사우디아라비아에게 제안 하나를 하면서 은밀한 거래를 했네."

"은밀한 거래요?"

"당시 중동지역은 군사적 긴장감이 감돌고 있었는데, 미국이 군사력을 동원해 사우디아라비아를 지켜주겠다고 제안한 거야. 경제적 지원도 약속했네. 그 대가로 석유를 수출할 때, 오로지 미국 달러만 받아달라고 부탁한 것일세."

"아!"

"사우디아라비아는 그 제안을 받아들였지. 사우디아라비아가 다른 나라에 석유를 팔 때 미국 달러만 받는다면? 석유를 수입하는 비산유국들은 미국 달러를 반드시 가지고 있어야 하겠지. 석유 없이는 경제가 돌아갈 수 없으니까."

"결국 미국 달러를 가지고 있어야 하는 이유를 만들어낸 셈이군요!"

상순이 고개를 끄덕였다.

"그래서 미국 달러가 여전히 기축통화인 걸세. 1971년 이후로는 달러를 오일 달러, 또는 페트로달러(Petrodollar)라고 부르기도 하지. 이제는 오펙 회원국 대부분이 석유를 팔 때 달러를 받네. 이를 계기로 석유뿐 아니라 다른 무역에서도 미국 달러로 결제를 하지. 경제적·군사적으로 막강하고, 다른 국가들에게도 영향력이 큰 미국을 전 세계가 신뢰했기 때문이야. 음, 근래에는 달러가 신뢰를 잃어가고 있지만."

"달러가 신뢰를 잃어간다고요?"

"그 이유는 앞으로 알게 될 걸세. 어쨌든 이것이 미국 달러가 계속 기축통화의 역할을 할 수 있는 이유였네."

"이제야 알겠어요. 그럼 여기까지 온 김에, 궁금한 점 하나만 더 풀어주세요."

"어떤 질문이든 환영이지!"

"예전부터 환율에 대해 알고 싶었습니다. 이제 고정되어 있던 환율이 변하게 된 이유를 알았어요. 그런데 수시로 변하는 환율에 대해서는 전혀 모르겠습니다. 그 이유와 의미를 말이죠. 소프트웨어를 주로 수출하는 우리 회사도 환율 변동에 신경을 많이 쓰거든요. 하지만 저는 소프트웨어만 만들 줄 알 뿐, 환율은 전혀 모르겠어요."

환율은 화폐의 가격에 불과하다

"내가 먼저 질문하지. 환율이 뭐라고 생각하나?"

"환율이요? 글쎄요. 뉴스에서 많이 듣기도 하고 외국여행 갈 때면 환전 때문에 신경 쓰기도 하지만요. 딱 거기까지만 아는 정도에요."

"하하, 나도 자네처럼 환율만 보면 머리가 아팠지."

"그럼 제가 알고 싶은 게 뭔지 잘 아시겠네요?"

"자네에게 어려운 질문을 하나 더 하겠네."

"뭔가요?"

상순은 옆에 놓인 과자 봉지를 들어 보이면서 말을 이어갔다.

"과자 한 봉지의 가격은 얼마인가?"

"네? 이게 어려운 질문이라고요?"

"답해보게."

"2,000원입니다."

"그럼 이번엔 쉬운 질문을 하겠네. 1달러의 가격은 얼마인가?"

"1달러의 가격?"

"이번 질문은 어려웠나? 방금 던진 두 질문은 실은 같은 질문이네. 과자 한 봉지의 가격은 얼마인가? 1달러의 가격은 얼마인가? 이 두 개의 가격을 원화로 매긴 거지. 과자 1봉지 = 2,000원이 어떤 의미인지 안다면, 환율이 1달러 = 1,000원의 의미도 알 수 있네. 1달러의 가격은 1,000원인 거지. 환율은, 바로 화폐의 가격일세."

"화폐의 가격이다?"

상순은 고개를 끄덕였다.

"환율은 어느 한 화폐를 다른 화폐로 값을 매긴 값이야. 우리가 모든 물건의 값을 원화로 매길 수 있다면, 다른 나라의 화폐도 원화로 매길 수 있지 않겠나?"

"그렇죠!"

"1971년 이전에는 화폐의 가격을 금화로 책정할 수 있었네.

1달러의 가격이 얼마였지? 금 35분의 1온스였지. 금 1온스가 35달러였으니까. 하지만 1971년 이후로 금은 더 이상 돈이 아닐세. 그래서 이제 화폐의 가격을 알고 싶다면, 금이 아닌 다른 나라의 화폐로 가격을 매기는 방법밖에는 다른 선택이 없는 거야. 이것이 환율이네."

"아!"

과자는 슈퍼마켓에서, 화폐는 외환시장에서

"그럼, 자네가 1달러를 사려면 원화로 얼마를 지불해야 하나?"

"그야 환율대로 지불하면 되겠죠?"

"그렇지! 1달러가 1,000원이라면 1,000원을 지불하면 되네. 과자 한 봉지를 사려면 2,000원을 지불하듯이. 그런데 달러는 어디서 사야 할까?"

"저는 은행에서 사는데요?"

"하하. 달러를 비롯한 모든 나라의 화폐를 파는 화폐종합시장이 있네. 이를 외환시장이라고 부르지. 자네가 과자 한 봉지를 사려면 편의점에 가서 2,000원을 내고 사는 것처럼, 1달러를 사고 싶다면 외환시장에 가서 1,000원을 내고 사면 되는 거야. 그런데 우리가 직접 외환시장에서 달러를 사기는 힘드니, 중간에서 거래를 도와주는 은행과 같은 금융기관을 통해서 사는 거지. 하지만 산다는 표현보다 교환한다는 표현이 더 정확해. 과자 한 봉지와 2,000원을 교환하듯이, 1달러와 1,000원을 교환하는 것뿐일세. 이것이 바로 환전이네."

"그렇군요."

"그런데 외환시장에서는 편의점과는 사뭇 다른 일이 벌어지네. 편의점에서 파는 과자는 가격이 자주 변하지 않지만, 외환시장의 화폐들은 가격이 시시각각 변하지."

"맞아요. 지금도 변하고 있죠!"

화폐의 가격도 '규칙'으로 결정된다

"이제 환율이 변하는 이유를 생각해보자고. 환율은 화폐의 가격이네. 가격은 어떻게 변한다고 했지?"

"규칙! 두 가지 가치, 수요와 공급!"

"맞아. 가령 1달러가 1,000원이라고 한다면, 자네가 외환시장에서 1달러를 샀을 때 달러의 수요는 늘어난 셈이네. 동시에 자네가 가지고 있던 1,000원은 외환시장으로 들어가겠지? 그럼 외환시장에는 원화가 더 많아지지. 이렇게 원화의 공급은 늘어나는 거고. 달러의 수요는 늘고 원화의 공급은 늘었다! 그럼 달러와 원화의 가치는 각각 어떻게 변할까?"

"수요가 늘었으니 달러의 가치는 오르고, 공급이 늘었으니 원화의 가치는 내려가겠죠?"

"이제 척척 나오는군! 그렇다면 원화로 매긴 달러의 가격은 어떨까? 자연스레 오를 걸세. 과자의 가격이 오르려면 과자의 가치가 오르거나, 아니면 원화의 가치가 내려가면 되듯이. 이해되나?"

"네. 이해됩니다."

"환율도 마찬가지지. 결국 자네가 원화로 달러를 사면, 달러의 가치는 오르고 동시에 원화의 가치는 내려가네. 그러니 달러의 가격이 오르지 않고 배기겠나? 기다려보게, 내가 적어보지."

- 과자 1봉지의 가격↑ = 과자의 가치↑, 돈(원화)의 가치↓
- 달러 1장의 가격↑ = 달러의 가치↑, 돈(원화)의 가치↓

"아! 그래서 원화로 매겨진 과자 가격과 달러 가격이 다를 게 없다는 것이군요!"

"바로 그거야! 원화로 과자를 사든, 달러를 사든 마찬가지라는 말일세. 과자든 달러든, 원화를 주고 구입하는 상품이라고 생각하면 되는 거야. 사실 원화로 달러를 사면, 외환시장에서 원화의 공급은 자연히 늘어날 수밖에 없어. 그러니 달러의 가격(환율)을 고려할 때는 달러의 수요만 생각해도 문제는 없네. 이것이 변동하는 환율의 전부라고 할 수 있어."

"그런데 환전, 즉 화폐를 사는 사람은 저 혼자만이 아닐 텐데요? 정말 많은 사람들이 동시에 화폐를 교환하기도 하잖아요. 그런데도 달러의 가격이 오른다는 의미는 뭐죠?"

"자네 말대로 같은 시간에 수많은 사람들이 화폐를 교환하지. 그럼 동시간대에 달러와 원화 중 무엇이 더 인기가 높은가? 무엇이 더 수요가 높은가? 가령 달러로 원화를 사는 사람보다 원화로 달러를 사는 사람이 더 많다면? 즉, 달러가 원화보다 인기가 더 많다면? 당연히 달러 수요가 원화 수요보다 높으니 달러

가격이 오르는 거야. 반대도 마찬가지일세. 이번에는 원화 수요가 달러 수요보다 더 많다면? 원화의 가치가 오르는 거지. 그러면 자연스레 달러의 가격은 하락할 거야. 결국 환율이 하락하는 거고. 이는 마치 원화의 가치가 오르면 과자의 가격이 하락하는 것과 마찬가지지."

"아, 그렇군요! 같은 시간에 달러와 원화 중 사람들이 무엇을 더 많이 사느냐! 무엇이 더 인기가 있느냐! 무엇이 더 수요가 높은가! 그에 따라서 결국 화폐의 가격이 달라지는 셈이군요?"

"빙고! 근래에 달러와 원화의 환율이 내려갔다면, 원화의 인기 즉, 수요가 달러보다 더 많았다는 뜻이네. 그리고 우리는 환율을 통해 꽤 많은 정보를 얻을 수 있어."

환율은 우리에게 많은 정보를 알려준다

"정보요?"

"우리가 돈의 세계를 좀 더 유리하게 살아가도록 도와주는 정보일세. 투자자에게 반드시 필요한 정보까지도."

"유리한 정보? 투자자에게 필요한 정보?"

"가령 자네와 내가 영국으로 여행을 간다고 하세. 그럼 당연히 영국에서 사용할 파운드를 사야겠지? 이때 파운드의 가격이 싸야 좋을까 비싸야 좋을까?"

"당연히 싸야 좋겠죠? 우리가 사야 하니까요!"

"정확해! 1파운드가 1,500원이라면, 다시 말해 영국과의 환율이 1파운드 = 1,500원이라면, 1만 원으로 7파운드를 채 사지 못하네. 하지만, 1파운드가 1,000원이라면, 같은 1만 원으로 10파운드를 살 수 있네. 그래서 외국 화폐를 써야 할 때, 예를 들어 외국으로 여행, 유학, 이민을 가기 위해서는 그 나라 화폐 가격이 싸야 나한테 유리하지. 즉 환율이 낮을 때 이롭다는 말이야. 또한 수입 기업도 환율이 낮을 때 더 유리하네. 왜일까? 외국 돈, 특히 기축통화인 달러가 있어야 물건을 살 수 있지 않겠나? 즉, 외국 돈을 사야 한다면 당연히 외국 돈이 싸야 좋은 거지."

"오, 의외로 상식적입니다."

"1달러가 1,500원이라면, 1만 원으로 7달러를 채 못산다네. 가령 외국에서 1달러짜리 장난감을 수입하는 기업이라면, 1만 원으로 장난감을 6개밖에 수입하지 못하는 거지. 하지만 1달러가 1,000원이라면, 같은 1만 원으로 10달러를 살 수 있고, 10달러로 장난감 10개를 수입할 수 있어. 달러 가격이 낮아진 덕분에 4개를 더 얻게 되지. 하지만……."

"하지만?"

"국내 장난감 시장의 경쟁이 치열하다면, 가격이 낮을수록 더 잘 팔리겠지? 그래서 환율이 낮아지면 수입기업은 낮은 환율로 본 혜택만큼, 기존의 장난감 가격을 낮출 수 있네."

"가격을 낮춰서 판다고요?"

"환율이 내려가 같은 1만 원으로 장난감 4개를 더 수입할 수 있지만, 4개를 수입하지 않으면 그만큼 돈을 안 쓴 게 되지. 낮은 환율 덕분에 안 쓴 4달러만큼 국내에서 팔고 있던 장난감 가격을 내리는 걸세. 가격을 내리면 경쟁사보다 더 팔 수 있으니까.

장난감 회사뿐 아니라 모든 수입기업들이 환율 혜택으로 가격을 낮춰 팔 수 있네. 다른 말로는 환율이 낮아지면 수입물품의 가격이 내려간다고 할 수 있지. 결국 전반적인 물가가 하락하거나 가파르게 오르지 않는 거지! 물가가 오르지 않으면 누구에게 좋을까? 당연히 서민들에게 좋네. 수입물품들이 싸니까."

"환율이 낮아져서 혜택을 본 만큼, 가격을 낮춰서 판매하니 물가가 안정된다는 말이군요?

"그래서 환율이 낮으면, 서민들에게 더 좋다네. 여행, 유학, 이민을 갈 때 좋고, 수입물가도 오르지 않아 물건을 싸게 구입할 수 있기 때문이지."

"그럼 반대로 환율이 높아지면 누가 좋을까요?"

"수출기업들이 유리하지. 특히 전 세계로 수출하는 품목이 많은 글로벌 대기업들은 더욱더. 수출 대금을 달러로 받으니까 달러가 비쌀수록 더 많은 원화와 교환할 수 있네. 가령 환율이 1달러에 1,000원이라면, 10달러를 벌어들여 1만 원과 바꿀 수 있지만, 환율이 1달러에 1,500원으로 오르면, 같은 10달러를 벌어도 1만 5천 원과 바꿀 수 있지. 5천 원의 이득을 더 보는 셈일세."

"그래서 우리 회사도……."

"환율이 올라야 좋겠지. 그런데 수출기업도 수입기업과 마찬가지로 환율에 따른 이익만큼, 가격을 낮춰서 외국에서 팔 수 있네. 환율이 올라 이득을 본 5,000원만큼, 외국에 수출하는 상품의 가격을 낮추는 걸세. 그럼 외국에서 값이 싼 상품이 더 잘 팔리겠지? 그럼 외국시장에서 경쟁사보다 더 유리하겠지."

"수입기업은 환율이 내려가면 국내에서 더 싸게 팔 수 있고, 수출기업은 환율이 오르면 외국에서 더 싸게 팔 수 있는 원리군요!"

"이해가 빠르군! 게다가 환율은 투자자에게 무언가를 크게 암시하기도 하지!"

"투자자에게 암시한다?"

"말했다시피 근래는 달러와 원화의 환율이 계속 낮아졌다네. 원화가 달러보다 수요가 더 많았다는 말이야. 왜일까? 한국으로 여행? 유학? 이민을 오려는 외국인이 많아져서?"

"다른 이유가 있나요?"

상순이 고개를 저으며 말했다.

"물론 여행, 유학, 이민을 오기 위해서는 원화가 필요하네. 하지만 환율에 훨씬 큰 영향을 미치는 거대한 규모의 자금이 존재하지."

"거대한 자금? 그게 뭐죠?"

"바로 투자자금이네."

"투자자금?"

"외국투자자들, 즉 한국에 투자하려는 외국인들의 자금이지. 이 자금의 주인은 전 세계의 수많은 기관투자가, 국가의 연금, 거대한 투자은행, 그리고 외국의 개인투자자 등일세. 이 자금은 한국에 여행, 유학, 이민을 위해 환전하는 자금의 규모보다 훨씬 거대하지."

"아하! 한국에 투자하려는 거대한 외국투자자금이 환율을 크게 변화시킬 수 있다! 그들이 한국에 투자하려면 원화를 사야 하기 때문에?"

"빙고! 외국인이 한국의 주식시장이나 부동산시장, 그 외의 시장에 투자하기 위해서는, 반드시 원화를 사야 하네. 근래 환율이 지속적으로 낮아졌다면, 외국의 많은 투자자금이 한국의 주식시장이나 부동산시장 등에 투자가 되었음을 짐작할 수 있지. 우리나라 주식시장이나 부동산시장의 가격이 외국투자자들 덕분에 많이 오른 상태라고 볼 수 있는 거야."

"그럼 반대로 환율이 계속 오른다면, 외국인의 투자자금이 빠져나가고 있다는 뜻인가요? 외국투자자들이 나갈 때 원화로 다시 달러를 사들일 테니, 달러의 수요가 늘어나니까요?"

"정확해! 이렇게 투자자의 입장에서 환율을 읽을 수 있는 걸세. 어떤가? 이제 환율에 대한 궁금증이 조금은 풀렸나?"

"아주 시원하게 풀렸어요! 환율은 화폐의 가격에 불과하다. 편의점에서 과자를 사듯, 외환시장에서 화폐를 사는 것일 뿐! 다른 나라의 화폐를 사야 하는 상황이라면, 그 나라의 화폐가 쌀 때가 좋다. 또한 환율의 변화를 통해 외국투자자금의 움직임까지 알 수 있다! 이거죠?"

상순은 기특하다는 듯 엄지를 척 들어올렸다.

"훌륭하군!"

제드는 무언가를 깨달은 듯 고개를 끄덕이며 말했다.

"어르신, 이제 인정하지 않을 수 없겠어요. 전쟁의 역사를 알고 나니 지폐의 역사가 보이고, 지폐의 역사를 알고 나니 환율의 역사와 의미가 보이네요!"

"그래서 역사라는 틀 안에 모든 연결고리가 존재한다고 말했던 것이네."

여전히 보이지 않는 '부의 기회'

제드와 상순의 대화가 무르익어갈 때 즈음, 경기를 끝낸 선수들이 땀을 흘리며 벤치로 걸어오고 있었다. 제드는 빠르게 흘러간 시간에 흠칫 놀라 팀원들을 바라보았고, 팀원들 역시 아쉬운 표정으로 제드를 바라보았다. 경기 결과는 1:0, 제드가 속한 추진 팀의 패배였다. 경기 결과에 아쉬움이 남은 추진 팀은 일주일 후 같은 시간과 장소에서 한 번 더 경기를 치르자고 제안했고, 인내 팀은 흔쾌히 수락했다. 동료들은 이 사실을 제드에게도 알리고, 짐을 정리하며 하나둘 떠날 채비를 했다.

"음, 아쉽지만 자네 팀이 졌군. 이번 경기는 수비 위주의 팀이 공격 위주의 팀을 이긴 셈이군!"

"그저 친선경기일 뿐인데요. 그나저나 시간이 이렇게 빨리 갔는지 몰랐어요."

"우리가 대화에 깊이 빠져 있었다는 증거가 아니겠나? 그건 그렇고 어떤가, 이제 돈에 대해서 조금은 눈이 떠졌나?"

"확실히요. 제가 얼마나 심각한 금융문맹자였는지 다시금 깨달았습니다. 이제 저에게도 돈의 실체가 조금씩 보이기 시작해요."

"자네가 돈과 더 친해졌다니 나야말로 기쁘네."

"하지만……."

"찜찜한 구석이라도 있나?"

"이것만으로는 부족하다는 느낌이 듭니다. 저만의 답은 아직 찾지 못했어요. 앞으로 제가 무엇을, 어찌해야만 하는가? 그 답을 말이에요. 부의 기회는 아직도 먼 나라 얘기인 것 같고요."

"충분히 이해하네. 아직 더 할 이야기가 많네. 그런데 경기도 끝났고, 점심 약속이 있어서 이만 가봐야 하네. 아! 일주일 후에 이곳에서 재경기가 있다고 했지? 다음 주에 이곳에서 다시 만나는 건 어떤가?"

"저야 좋습니다! 그런데 시간이 가능하세요?"

"물론이지. 다음 주에는 자네가 얻고자 하는 답을 얻을 수 있을 거야."

"저도 남은 이야기를 마저 듣고, 아직 풀리지 않은 문제의 답을 찾고 싶어요."

"다음에는 자네가 궁금해했던 주심에 대해서 대화를 나눠보세. 그리고 돈에 관한 다른 역사도 마저 들려주겠네. 듣고 나면 자네가 주식투자로 돈을 잃을 수밖에 없었던 이유, 그리고 자네가 보고 싶어하는 부의 기회도 볼 수 있을 거야."

"정말인가요? 기대되는군요! 어쨌든 오늘의 대화는 무척이나 뜻깊었습니다."

"아! 그리고 이 노트를 자네에게 주도록 하겠네."

상순은 손에 쥔 낡은 노트를 제드에게 건넸다.

"노트를요?"

"꽤 낡아 보이지? 그 노트는 아주 오래전에 멘토가 내게 준

선물이네."

"아, 역사를 보라고 깨우침을 주셨던 그분이요? 그럼 어르신에게 소중한 노트 아닌가요? 그걸 제게 주신다고요?"

"이제 나에게는 필요 없네. 다시 필요한 사람에게 가야 멘토의 뜻도 빛을 발하지 않겠나? 다시 만날 때까지 한 번 훑어보게나."

"네. 그럼 감사히 받겠습니다."

상순은 웃음으로 대화를 마무리하고 가볍게 손을 흔들며 자리를 떴다. 제드도 짐을 싸기 시작했다. 아침까지 근심으로 굳게 닫혔던 제드의 입가에는 어느새 만족스러운 미소가 번지고 있었다.

④ 계절 : 거스를 수 없는 사계절의 순환

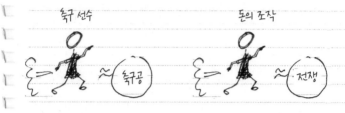

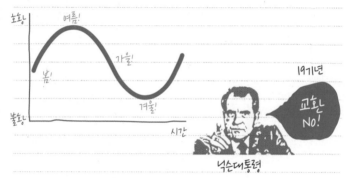

제드가 알게 된 돈에 관한 용어

금본위제도, 은본위제도, 금은복본위제도, 지폐본위제도, 그레셤의 법칙, 평가절하, 평가절상, 경제의 사계절, 경기순환주기, 브레튼 우즈 회의, 브레튼 우즈 체제, 금환본위제도, 고정환율, 닉슨 쇼크(1971), (금)태환화폐, 불환화폐(법정화폐), 킹스턴 체제, 변동환율, 기축통화, 페트로달러(오일 달러), 외환시장

❶ '축구공'이 항상 '선수'를 불러오듯, '전쟁'은 항상 '돈의 조작'을 불러왔다.

❷ 경제의 사계절은 '규칙'과 '이자'에 의해 순환한다.

❸ 현재 우리가 사용하는 '동전의 시초'는, 오래전 돈을 조작하기 위해 금과 동을 섞어 만든 동전이었다.

❹ 인간의 이기심과 탐욕이 돈의 조작을 불러왔고, 그 이유로 금본위제도와 지폐본위제도는 계속해서 반복되었다. 그러다가 1971년 미국에 의해 강제적으로 세계의 약속은 또 다시 끝이 났고, 그 이후로 세계는 더 이상 금본위제도로 돌아가지 않았다.

❺ 현재 우리가 사용하는 '지폐의 시초'는 미국에 존재했던 금을 보증하는 금보관영수증이었다.

❻ 1971년 이후로 더 이상 지폐는 금보관영수증이 아니다. 그래서 화폐 간에 고정되었던 환율은 서서히 변동하기 시작했다. 이것이 변동환율제도이다. 오늘날에는 소수의 국가를 제외하고 많은 국가들이 '변동환율제도'를 택하고 있으며, 환율은 수시로 변하고 있다.

❼ 환율은 '화폐의 가격'에 불과하다. 1971년 이전에는 화폐의 가격을 금화로 정했다. 1971년 이후 화폐의 가격은 다른 국가의 화폐로 매기는 방법뿐이다.

❽ 현재의 환율이 자신의 상황에 유리한지 불리한지를 알아보자. 또한 근래의 환율 추이를 보고 외국자금이 국내시장에 많이 투자되고 있었는지, 아니면 반대로 빠져나가고 있었는지를 유추해보자.

주심

"지폐가 돈이 된 오늘날, 중앙은행의 존재와 능력은
그 어느 때보다 중요해졌네."

제드는 일찌감치 경기장에 도착해 있었다. 구름 한 점 없이 화창한 날씨였다. 지난 한 주 동안, 제드는 집과 사무실을 가리지 않고 틈만 나면 노트를 펼치고 상순과의 대화를 떠올리면서 되새기곤 했다. 지갑 속 지폐를 볼 때마다 돈의 역사를 떠올렸고, 은행을 지나칠 땐 은행의 역사를 떠올렸다. 제드에게 은행은 이미 이전과 다른 존재였다. 상사와 함께 환율에 대해 논쟁한 날도 있었다. 이제 상순에 대한 의심은 마음속에서 사라지고, 다른 감정이 들어와 앉았다. 그것은 바로 '불안'이었다. 우리 가족에게 다시 희망을 줄 수 있을까? 앞으로 무엇을 해야 할지, 그 답을 찾을 수 있을까? '부의 기회'가 보이지 않으면 어쩌지? 제드는 기대 반, 불안 반으로 벤치에 홀로 앉아 상순을 기다렸다. 어느새 양 팀 선수들이 운동장에 나와 몸을 풀고 있었다.

주심의 두 손에 들린 영양제와 제초제

"오, 일찍 왔구먼!"

"네, 어르신, 안녕하셨어요? 먼저 와서 지난번 나눈 대화를 되새기고 있었습니다."

"자네가 돈에 흥미를 느낀다는 증거일세. 자, 이제 지난주에 이어 얘기를 이어가볼까?"

"네. 준비됐습니다."

"잠깐! 이번에는 자리를 옮기면 어떻겠나? 저기 잔디 깔린 관중석으로 가보자고. 그곳에서 편하게 앉아 내 아내가 준비해준

따듯한 커피도 한 잔 마시면서 얘기를 나누세."

"좋습니다. 동료들에게는 오늘도 시합에는 못 나간다고 말해
두었습니다."

상순과 제드는 벤치 뒤편의 관중석으로 올라가 자리를 잡고
앉았다. 상순은 가방 속에서 보온병과 종이컵을 꺼내 커피를 따
랐다. 커피 향이 낮게 퍼지기 시작했다.

"아내가 오늘 아침에 내린 커피인데, 향이 아주 좋아."

"고맙습니다. 마음이 편안해지는 향이네요!"

"자, 그럼 다시 본론으로 들어갈까? 오늘은 주심 이야기부터
시작하겠네. 주심의 정체가 무엇인지 짐작이 좀 가나?"

제드는 서둘러 커피 한 모금을 마시고 천천히 입을 열었다.

"글쎄요, 사실 감이 오지 않습니다."

"투자자라면, 아니 그 누구라도 반드시 주심을 예의주시해야
하네. 적어도 돈의 세계를 살아간다면 말이지."

"주심을요?"

"힌트 하나를 주겠네. 사람들은 주심을 은행의 은행, 은행의
아버지라고도 부르지. 돈이 처음으로 만들어지는 곳이기도 하
네. 교환수단의 부모라고 해도 과언은 아니겠군."

"돈이 만들어진다? 그렇다면 혹시 중앙은행인가요? 그곳에
서 돈이 만들어지잖아요?"

"맞네! 중앙은행이 바로 주심일세."

"중앙은행이라!"

"자, 저기 축구장을 한번 보게. 선수들 사이에서 열심히 뛰고

있는 주심이 보이지? 그의 목에는 호루라기가 걸려 있고, 주머니에는 노란색의 경고 카드와 빨간색의 퇴장 카드가 있네."

"네, 그런데요?"

"돈의 세계에서 주심은 카드 대신 다른 특별한 것을 양 손에 쥐고 있네."

"특별한 것이요? 그게 뭐죠?"

"잔디에 뿌릴 영양제와 제초제일세."

"네? 지금 제가 잘못 들었나요?"

"아니 잘 들었네. 기억해보게. 지난주에 내가 잔디를 무엇에 비유했지?"

"돈이요! 자라거나 사라지는 잔디를 돈의 양에 비유하셨죠. 앗, 그렇다면?"

"하하, 눈치챘군! 주심은 돈의 양을 관리하지. 잔디가 죽어가는 것 같으면 주심은 즉시 영양제를 투입하여 잔디를 살리지. 반대로 잔디가 주체할 수 없을 정도로 자라면 주심은 즉시 제초제를 뿌려서 잔디가 웃자라는 것을 막네. 즉, 돈이 사라질 것 같으면 돈의 양을 늘리고, 돈의 양이 너무 많아지는 것 같으면 돈의 양을 줄이지."

"영양제와 제초제라, 재미있는 비유네요! 그런데 왜 돈의 양을 관리하는 거죠?"

주심의 역할이 그 어느 때보다 중요해진 이유

"지난번 내가 축구장의 잔디와 계절을 언급하면서, 돈의 양에

따라 물가가 변하고, 물가에 따라 경제의 호황과 불황도 반복한
다고 말했네. 그렇지?"

"네, 맞아요."

"한번 생각해보게. 돈이 금이었을 때는, 사람이 돈의 양을 쉽
게 결정하거나 조작할 수 없었네. 새로운 금광을 발견한다고 하
더라도 금을 캐고 가공해서 유통하기까지는 수년이 걸리지. 게
다가 금을 새로 만들어내는 일 자체가 불가능하고, 금보관영수
증도 금의 양에 따라서만 발행할 수 있었어."

"음, 맞습니다. 금의 양을 무시해서 영수증을 만들면 돈의 조
작이 되니까요."

"맞아. 미국 중앙은행은 1913년에 만들어졌네. 당시에는, 금
의 양을 조절할 수 없어서 중앙은행의 역할이 크지 않았지. 하
지만 1971년 이후 지폐가 진짜 돈이 되면서 상황은 달라졌네.
금과는 다르게, 오늘날의 돈은 사람이 마음만 먹으면 얼마든
지 양을 조절할 수 있게 되었어. 지폐를 찍고 컴퓨터 숫자를 만
들어내는 것은 매우 쉽지 않나? 굳이 연금술사일 필요가 없는
거지."

"아!"

"즉, 옛날에는 돈의 조작이었던 행위가 1971년 이후로 당연
한 규칙이 된 거야. 그런데 돈의 양에 따라서 경제 상황이 달라
질 수 있다고 했지? 그래서 지폐가 돈이 된 오늘날, 중앙은행의
존재와 능력은 그 어느 때보다 중요해졌네. 이제는 중앙은행이
유일하게 돈을 만들고, 그 양을 조절할 수 있는 능력과 권한까

지 갖게 되었기 때문일세!"

"아! 그래서 중앙은행을 축구의 주심에 비유하신 것이군요? 주심이 경기를 통제하듯, 중앙은행은 돈의 양을 조절해서 경제를 통제한다?"

"맞아. 그래서 투자자는 항상 중앙은행의 의도와 움직임을 관찰해야 하네. 중앙은행의 권한과 능력이 경제에 매우 큰 영향을 미치니까."

"과연!"

"앞서 말했듯이 이제 중앙은행은 경기가 좋아지거나, 때로는 너무 과열될 것이라 판단하면, 늘어나는 돈의 양을 줄여서 과도한 인플레이션을 사전에 방지하네. 반대로 경기가 위축되어 디플레이션이 예상되면, 돈의 양을 늘려 인플레이션을 유도하지! 옛날에도 금보관영수증을 조작해 디플레이션이나 인플레이션을 유도했었지만 당시에는 불법이었지. 하지만 진짜 돈이 종이로 바뀌면서 이런 행위가 자연스레 합법이 된 걸세. 이제 중앙은행은 경기 순환에서 여름의 끝에 다다랐다 판단하면 돈의 양을 줄이고, 겨울이 시작된다고 판단한다면 돈의 양을 더 많이 늘리지."

"아! 가령 제1차 세계대전 이후로 미국이 맞이했던 대공황을 다시 맞지 않기 위해서라도, 돈의 양을 늘린다는 말씀이군요? 합법적으로?"

"그렇지! 여름이 너무 뜨거워서 과열이 되지 않게 하고, 반대로 겨울에는 추위가 더 심해지지 않도록 조절하는 것이 그들의 목표라고 할 수 있네. 최종적으로는 물가를 안정시키는 거야."

"물가 안정이라, 음, 그렇다면 어떻게 돈의 양을 관리하는 거죠? 설마 과거에 그랬듯이 지금도 돈을 마구 찍어내나요?"

"하하, 이제는 좀 더 체계적인 방법을 사용하지. 이제부터 한 손에는 영양제, 다른 한 손에는 제초제를 쥐고 잔디를 관리하는 주심의 대표적인 능력 다섯 가지를 알려주겠네. 이 능력을 이해하면 중앙은행의 의도를 파악하고, 어느 정도 미래를 예측해서 올바른 투자결정을 내릴 수 있다네."

"어서 알려주세요! 너무 궁금합니다."

"그 전에 하나만 묻지. 자네는 채권을 뭐라고 생각하나?"

채권은 돈을 빌린 영수증에 불과하다

"채권이요? 채권에도 투자할 수 있다는 말을 듣기는 했지만, 사실 잘 모르겠습니다."

"채권이란 돈을 빌려주었다는 증표, 영수증이라고 할 수 있지."

"금을 빌려주고 나서 받는 금보관영수증처럼요?"

"그렇지. 가령 자네가 내게 9,000원을 빌려주었다고 하세. 그러면 나는 빌렸다는 사실을 어떻게 증명하지? 그래서 내가 자네에게 영수증을 써주는 것이지. 9,000원을 빌렸고, 이자 1,000원을 더해서 총 1만 원을, 1년 후에 갚겠다고 종이 위에 적는다면, 이 영수증이 바로 채권일세."

"생각보다 간단한데요?"

상순은 고개를 끄덕이며 동의했다.

"내가 채권을 발행한다는 것은 나에게 돈을 빌려달라는 뜻과 마찬가지지. 9,000원이 필요한 내가 채권을 발행하면, 자네가 훗날 나에게 이자를 얻기 위해 그 채권을 살 수 있네. 그럼 나는 9,000원을 자네에게 빌릴 수 있는 걸세. 이때 자네가 내게 준 9,000원이 바로 채권의 가격이고."

"결국 돈을 빌려달라, 빌려주면 훗날 이자와 함께 갚겠다, 그 증거를 만들어주지, 그게 채권이라는 말이죠?"

"정확해!"

"그런데 9,000원이 채권의 가격이라고 하셨나요? 앞으로 어르신이 어떤 말씀을 하실지 대강 알겠습니다."

"뭐라고? 재미있군. 말해보게."

"가격은 결국 규칙으로 결정된다! 가격이라는 말만 나오면 계속 그 말씀을 반복하셨죠. 채권의 가격도 마찬가지겠죠?"

"하하, 제대로 알아챘군! 자네 말대로 채권의 가격 역시 규칙과 관련이 있네. 채권의 가격도 수요와 공급으로 정해지지. 내가 써준 9,000원짜리 채권의 가격은 그 양이 적을수록, 그리고 채권을 원하는 사람이 많을수록 올라가네. 그렇다면 하나만 묻지. 나는 채권을 하나만 발행했는데, 그것을 사려는 사람이 계속 늘어난다면 채권의 가격은 어떻게 될까?"

"당연히 오르겠죠!"

"맞아. 결국 채권 가격은 9,000원보다 오를 걸세. 하지만 가격이 1만 원 이상으로 오르기는 어렵겠지? 나는 1년 후 채권 만기일에, 채권을 가져오는 사람에게 1만 원을 주겠다고 약속했으니까. 1만 원 이상을 주고 샀는데 훗날 1만 원을 받으면 손해가 아닌가?"

"바보가 아닌 이상 그러지는 않겠죠."

"자네가 내게 9,000원을 지불하고 채권을 샀다면, 1년 후 1만 원을 받아 1,000원의 이익을 얻게 되네. 그 이익이 바로 채권의 이자일세. 그런데 채권의 수요가 늘어서 가격이 9,500원으로 올랐고, 그것을 내 아내가 자네에게서 샀다면? 훗날 내 아내는 나에게 1만 원을 받고 500원의 이익을 얻겠지? 즉, 채권의 가격이 오르면 이자는 내려가는 걸세. 채권의 가격과 이자는 항상 반대로 움직이지. 가격이 오를수록 이자는 낮아지고 가격이 낮아질수록 이자는 높아지지."

"만기에 받을 수 있는 돈은 이미 정해져 있으니까, 얼마에 사느냐에 따라서 이자가 달라진다는 말이죠?"

"맞네. 이것이 채권의 전부야. 누구라도 신용만 있다면 돈을 빌릴 수 있지. 개인이 채권을 발행하면 그것을 사(私)채라 부르고, 회사가 발행하면 회사채 또는 사(社)채, 국가가 발행하면 국(國)채, 지방자치단체 등에서 발행하면 공(公)채라 부르지. 그리고 정부기관이 발행하는 모든 채권을 국공채라 부르네. 은행과 같은 금융기관이 발행하는 채권은 금융채라고 부르지. 채권의 만기에 따라 다르게 부르기도 하네. 채권의 만기가 대개 1년 미만이면 단기채, 5년에서 10년 또는 그 이상이면 장기채, 단기와 장기 중간쯤은 중기채라고 부르지."

"이제야 채권이 무엇인지 대강 알겠습니다. 그런데 어째서 우리가 채권에 대해 얘기하고 있는 거죠?"

"하하, 주심의 능력을 알기 위해서는 채권을 알고 있어야 하기 때문일세. 자, 이제부터 주심의 대표적인 능력 다섯 가지에 대해서 알아보자고."

주심의 잔디관리 능력 그 첫 번째, '기준금리'

"드디어 시작이군요!"

"자, 중앙은행이 가지고 있는 첫 번째 능력은, 바로 기준금리일세."

"기준금리요?"

"기준금리란 모든 것의 기준이 되는 돈의 가격일세. 이것을 중앙은행이 정한다는 말이네."

"기준금리로 어떻게 돈의 양을 관리할 수 있다는 거죠?"

"들어보게. 자네가 대출을 받는다고 가정하세. 그러면 대출이자가 싸야 좋은가, 비싸야 좋은가?"

"당연히 쌀 때 빌리고 싶겠죠."

"그럼 대출은 곧 뭐라고 했었지?"

"음, 새로 탄생하는 돈?"

"그렇지! 즉, 은행의 대출금리가 낮아지면 돈을 빌리는 사람들이 많아지기 때문에 새로 늘어나는 돈의 양도 더 많아지지. 반대로 대출금리가 높아지면? 이자부담이 커지면서 돈을 빌리는 사람이 적어지니까 새로 생겨나는 돈의 양도 줄어들겠지?"

"이자부담의 차이군요. 그럼 대출금리와 기준금리는 어떤 연관이 있는 거죠?"

"은행은 대출을 해주려고 예금자의 돈을 빌리네. 하지만 돈이 더 필요한 경우에는 같은 금융기관에게 빌리기도 하고, 때로는 중앙은행에게도 빌리지."

"중앙은행에서요?"

"이때 만기 30일 정도의 짧은 기간에 금융기관끼리 돈을 빌릴 때 지불하는 이자를 콜금리라고 부른다네. 또는 은행이 1~3개월의 짧은 기간 안에 채권을 되산다는 조건으로 채권을 발행해서 중앙은행에게 팔기도 하는데, 이 채권을 환매조건부채권(RP)이라고 부른다네."

"콜금리? 환매조건부채권? 드디어 괴상한 용어들이 등장하기 시작했군요! 이래서 경제 공부가 어렵다니까요!"

"하하, 그깟 용어에 겁을 먹어서 되겠나? 사실 방금 말한 용어들은 몰라도 전혀 문제없네."

"문제없다고요?"

"물론! 중요한 사실은 은행이 중앙은행에게도 돈을 빌린다는 것일세. 참고로 우리나라의 경우는, 은행에서 되산다는 조건으로 채권을 발행할 때의 금리를 기준금리로 정하지. 다른 나라의 경우 은행끼리 짧은 기간에 돈을 빌릴 때 지불하는 돈의 가격을 기준금리로 정하기도 하고. 나라별로 조금씩 차이는 있지만, 여기서 핵심은 이것뿐일세! 금융기관이 중앙은행으로부터 최초로 돈을 빌려올 때 지불하는 돈의 가격이 기준금리라는 사실이지!"

"최초로 돈을 빌려올 때의 금리?"

"맞아. 기준금리가 5%일 경우, 은행은 빌려온 돈을 다시 대출해줄 때 금리를 5% 이상으로 받아야 수지타산이 맞네. 은행도 이익을 내야 하니까."

"맞습니다. 금리 5%에 빌린 돈을 금리 4%에 빌려주면 당연히 손해겠죠."

"그래서 기준금리가 5%라면, 은행의 대출금리는 적어도 5% 이상으로 책정되지. 기준금리가 10%라면 은행의 대출금리는 10% 이상으로 책정되고. 중앙은행이 기준금리를 높이거나 낮추면 대출금리도 같이 움직이는 거야. 그에 따라서 대출의 양도 달라지고, 시중에 유통되는 돈의 양도 달라질 수 있는 것이네."

"아! 중앙은행이 기준금리를 낮게 책정하면 대출금리도 내려가니까 새로 늘어나는 돈도 많아진다! 이것은 잔디에 영양제를 뿌리는 효과와 같은 것이군요?"

"정확해! 반대로 기준금리를 높이면 그만큼 대출금리가 올라 대출이 이전보다 적어질 테니, 새로 늘어나는 돈의 양도 줄어들 수밖에 없지. 이는 잔디에 제초제를 뿌리는 효과와 같네."

"기준금리에 대한 뉴스에 사람들이 민감한 이유가 바로 이거였군요!"

"그렇지. 기준금리는 대출금리뿐 아니라 모든 금리를 변화시키네. 모든 금융기관들은 중앙은행이 정한 금리를 기준으로 금리를 책정하니까. 그래서 기준금리라고 부르는 것일세."

"모든 금리의 기준이 되는 금리. 그럼 이렇게나 중요한 기준금리는 언제, 어디서 확인할 수 있나요?"

"우리나라의 중앙은행인 한국은행은, 매월 둘째 주 목요일에 기준금리를 발표하지. 기축통화를 찍는 권한을 가진 미국의 중앙은행인 연방준비제도(Federal Reserve System)는 기준금리를 발표하기 전에 미리 공지를 하네. 뉴스를 통해서도 얼마든지 확인 가능하고 어느 나라든 중앙은행의 홈페이지에 들어가면 확인할 수 있네."

"그렇군요! 잠깐만요. 그런데 어르신의 말씀 중에서 이상한 점을 하나 발견했습니다."

"이상한 점? 그게 뭔가?"

"지난번에 어르신은, 이자는 돈의 가격이기 때문에 오로지 수요와 공급에 의해서 결정된다고 하셨죠? 그리고 이자는 순환하고, 순환하는 이자에 따라 사계절 역시 순환한다고요. 그런데 이제 와서 중앙은행이 이자를 정한다고요?"

"아주 날카롭군. 하지만 나는 거짓말을 하지 않았네. 이자는 오로지 수요와 공급에 의해서 만들어지지. 내가 중앙은행이 기준금리를 정한다고 했지? 실은 정한다기보다는 발표한다는 표현이 더 정확하네."

"발표한다고요?"

"중앙은행이 기준금리를 정한다고 해서 곧바로 금리가 변하는 것이 아닐세. 중앙은행은 먼저 기준금리를 발표하고, 돈의 수요와 공급에 직접 개입해서 금리를 바꿔가지. 가령 기준금리가 2%라고 발표하고 난 후, 돈의 수요와 공급에 개입해서 2%로 만들어내는 거지. 그래서 기준금리는 목표금리라고 할 수 있다네."

"개입이요? 어떻게요?"

"그것이 바로 중앙은행이 가지고 있는 두 번째 능력일세! 그 전에 먼저, 중앙은행이 기준금리를 발표하면 모든 금리가 기준 금리를 따라가게 된다는 사실은 꼭 기억하게나."

주심의 잔디관리 능력 두 번째, '공개시장운영'

"알겠습니다. 이제 돈의 수요와 공급에 직접 개입하는 중앙은 행의 두 번째 능력을 알려주세요!"

"중앙은행은 은행이나 정부가 발행한 채권을 일부러 사들이 기도 하고, 반대로 사들인 채권을 일부러 되팔기도 하네. 즉, 중 앙은행이 채권시장에 개입하는 걸세."

"일부러 채권을? 이것이 기준금리와 관련이 있다?"

"생각해보게. 중앙은행은 무슨 돈이 있어서 은행과 정부의 채 권을 살까? 다시 말하면, 중앙은행은 어떤 돈을 은행이나 정부에 게 빌려줄까? 중앙은행이 돈을 버는 영리기업은 아니지 않나?"

"아! 그렇다면 중앙은행이 돈을 만들어서?"

"그렇지! 가령 은행이나 정부가 돈을 빌리기 위해 채권을 발 행하고, 그것을 중앙은행이 일부러 사들였다고 하세. 즉 중앙은 행이 돈을 새로 만들어 빌려주는 걸세. 그렇게 중앙은행에서 창 조된 돈이 은행이나 정부로 흘러가지. 은행으로 들어온 돈은 예 금과 대출을 반복하면서 신용창조로 새로운 돈을 계속 만들어 내고. 정부가 돈을 빌리는 이유는 대개 복지, 세금혜택, 도로나 공공건물 등을 건설하기 위해서야. 정부가 빌린 돈을 이렇게 지출하면 그 돈은 누군가의 은행계좌로 들어가겠지? 입금된 돈은 다시 신용창조로 새로운 돈을 계속해서 만들어내고."

"정말 그렇군요! 중앙은행이 만든 돈은, 결국 은행으로 들어간다는 말이군요? 그리고 은행으로 들어간 돈은 신용창조로……."

"새로운 돈을 계속 만들지! 결국 중앙은행이 채권을 일부러 사들인다는 뜻은 돈을 찍어내 시중 은행으로 흘려보낸 후, 신용창조로 새로운 돈을 계속 만들기를 바라는 거라네. 은행을 통해서 돈의 양을 늘리기 위한 조치인 거야."

"은행을 통해서! 그래서 부심(은행)이 주심(중앙은행)을 도와 경제에 간접적으로 영향을 미친다고 하신 거군요?"

"이제 알겠나? 좀 더 들어보게. 나는 좀 전에 은행도 중앙은행에서 돈을 빌린다고 말했네. 그렇게 은행이 발행한 채권의 금리가 우리나라에서는 기준금리라는 거야."

"은행이 중앙은행에게 돈을 빌리기 위해 발행한 채권의 금리, 그것이 기준금리다?"

"그런데 중앙은행이 그 채권을 일부러 사준다면, 그 가격은 어떻게 될까?"

"네? 그럼 수요가 늘어난다는 뜻이니까, 채권 가격이 오르겠죠?"

상순은 고개를 끄덕였다.

"채권의 가격과 이자는 반대로 움직인다고 했지? 결국 채권금리는 내려갈 걸세. 이 채권금리가 곧, 기준금리야."

"아! 기준금리를 발표하고 난 후에 채권의 수요와 공급에 개입해서 발표한 금리로 만든다!"

"이해가 되는가? 중앙은행이 기준금리를 낮게 발표하고, 일부러 채권을 사들인다면, 잔디에 영양제를 뿌리는 것이라네. 돈의 양을 늘리는 효과가 있지!"

제드가 이제 알겠다는 듯 입가에 미소를 띠며 받았다.

"반대의 경우도 마찬가지겠죠? 만약 중앙은행이 사들인 채권을 일부러 되판다면, 이제 채권의 공급이 늘어나는 거겠죠? 그럼 채권의 가격은 하락하고, 반대로 채권금리는 오른다. 이 금리가 기준금리다?"

"완벽해. 또한 채권을 되팔면 시중의 돈을 일부 가져올 수 있지. 돈을 받고 파는 것이니까. 이것은 곧, 잔디에 제초제를 뿌리는 것과도 같네. 돈이 더 늘어나지 않게 막는 조치일세."

"아직 완벽히 이해했다고는 할 수 없지만, 확실히 감은 잡은 것 같아요!"

"하하, 다행이군. 어려운 용어는 몰라도 되지만, 이것 하나는 반드시 기억해야 하네. 중앙은행이 기준금리를 낮춰 발표하고, 채권을 일부러 사들인다는 뉴스를 접한다면, 그것은 중앙은행이 돈의 양을 늘리려 한다는 의미야. 그리고 중앙은행이 현 경제 상황이 좋지 않거나 위기에 봉착했다고 판단했다는 사실도 알 수 있지. 반대로 기준금리를 높게 발표하고 채권을 일부러 되판다는 뉴스를 접했다면, 돈의 양을 줄이려는 거지. 그리고 현 경제 상황이 충분히 좋거나 앞으로 너무 과열될 것을 우려했다는 사실까지도 우리가 짐작할 수 있네."

"그래서 중앙은행의 행동과 의도가 우리에게 중요하다고 말씀하신 거로군요!"

상순은 환한 미소를 띠며 답했다.

"중앙은행의 능력을 알아야 그들의 의도를 파악하고, 경제 상황을 이해해서 올바른 재무전략을 계획할 수 있네. 이렇게 중앙은행이 채권시장에 일부러 개입하는 것을 공개시장운영이라고 말하네. 주심의 두 번째 능력에 해당하지. 자산매입프로그램 또는 부채의 화폐화라고 부르기도 하네. 자산은 채권을 말하고. 채권은 빚, 부채를 뜻하지. 이러한 용어에 지레 겁먹지 말라고 말해주는 걸세."

"용어들은 정말 거창한 것 같아요. 알고 나면 별 거 아닌 듯한데……."

주심의 잔디관리 능력 세 번째, '지급준비율'

제드는 두 가지 능력을 간략히 노트에 정리했다.

"지금까지 중앙은행의 능력 두 가지를 알려주셨는데요. 주심의 대표적인 능력이 다섯 가지라고 하셨으니, 아직 세 가지 능력이 남아 있죠?"

"계속 진행해볼까? 중앙은행의 세 번째 능력은 은행의 부분지급준비율을 직접 결정하는 것일세."

"은행의 지급준비율이요?"

"기억하겠지? 은행의 지급준비율이 10%일 때, 100원이 입금된다면 그중 10%인 10원은 은행의 금고에 있어야 하고 나머지 90원만을 대출해줄 수 있지. 이것이 부분지급준비제도야."

"물론 기억하죠. 어르신과의 대화를 매일 되새겼는걸요."

"훌륭하군! 여기서 10%인 은행의 지급준비율을 중앙은행이 직접 결정해주어서 돈의 양을 관리한다네."

"왜죠?"

"가령 은행의 지급준비율을 10%에서 20%로 올리면 어떨까? 100원이 입금될 경우, 은행은 이제 100원의 20%인 20원은 금고에 두고 80원만 대출해줄 수 있겠지. 대출해줄 수 있는 돈이 줄어든 셈이네. 대출은 곧 새로 탄생한 돈이지 않나? 대출해줄 수 있는 돈이 줄면 그만큼 신용창조로 시중에서 늘어나는 돈 역시 줄어들기 마련이지."

"아, 그렇군요!"

"반대로 은행의 지급준비율을 10%에서 5%로 내리면? 이제 100원의 5%인 5원만 금고에 남겨두고 나머지 95원을 대출해줄 수 있네. 대출해줄 수 있는 돈이 더 늘어난 셈이지. 그럼 신용창조를 통해 시중에 돈이 더 늘어나겠지?"

상순은 스마트폰을 켜고 빠르게 무언가를 계산한 후, 제드에게 보여주었다.

예금 100원 →

부분지급준비율 20% : 100원 + 80 + 64 + 51.2 + …

= 500원(5배)

부분지급준비율 10% : 100원 + 90 + 81 + 72.9 + …

= 1,000원(10배)

부분지급준비율 5% : 100원 + 95 + 90.25 + 85.7375 + …

= 2,000원(20배)

"이제 알겠나? 예금 100원이 대출과 입금을 반복한다면, 은행의 지급준비율이 낮을수록 신용창조로 시중에 만들어지는 돈이 더 많이 풀리는 걸세. 지급준비율이 높을수록 시중에 돈은 적어지고."

"정말 그렇군요! 지급준비율이 정확히 두 배가 줄어들면 늘어날 수 있는 돈은 정확히 두 배 늘어나는군요. 반대의 경우도 마찬가지고요!"

"맞아. 중앙은행이 지급준비율을 내리는 것은 축구장 잔디에 영양제를 투입하는 것과 같고, 지급준비율을 높이는 것은 제초제를 투입하는 것과 같네. 이제 이와 관련된 뉴스를 접한다면, 중앙은행의 의도를 바로 눈치채야 하겠지."

주심의 잔디관리 능력 네 번째, '재할인율'

"벌써 중앙은행의 세 가지 능력을 알았어요! 그럼 네 번째 능력은 뭐죠?"

"우리가 은행에서 예금과 대출을 이용하듯, 은행도 중앙은행에서 예금과 대출을 한다네."

"은행이 중앙은행에서 예금과 대출을?"

"중앙은행의 네 번째 능력은 바로, 재할인율이네. 재할인율은 은행이 중앙은행에서 대출받을 때 돈의 가격, 쉽게 말해 중앙은행의 대출금리라고 보면 되지."

"대출금리요?"

"은행이 돈을 빌릴 때는 채권을 발행하거나 대출을 받기도 하네. 대출금리가 낮을 때 사람들은 은행에서 더 많은 대출을 받겠지? 마찬가지로 중앙은행이 재할인율, 즉 대출금리를 내리면, 은행은 싸게 많은 돈을 빌릴 수 있지. 그만큼 은행의 대출금리도 덩달아 낮아지고, 시중에는 신용창조로 돈의 양이 더 많아질 수 있네. 반대로 중앙은행이 재할인율을 높이면, 은행은 더 비싸게 돈을 빌려야 하네. 그만큼 은행의 대출금리도 덩달아 오르고, 시중에는 돈의 양이 적어질 수 있어."

"기준금리의 개념과 별반 다를 것이 없네요. 재할인율을 낮추면 영양제! 재할인율을 높이면 제초제! 그렇죠?"

"맞아. 그 어떤 방법을 쓰던, 은행이 빚을 더 늘리고자 하면 영양제, 빚을 늘리지 않고자 하면 제초제를 뿌리는 거라네."

돈은 주심을 통해 탄생하고, 부심을 통해 자가복제한다

"그러니까 우리가 빚을 내기 쉽게 만들거나 어렵게 만들 수 있는 능력이 중앙은행에게 있다는 거죠? 늘어나는 돈의 양을 관리하기 위해서? 대출로 새로운 돈이 늘어나니까?"

"그렇지! 오늘날 돈은, 반드시 중앙은행을 통해서 탄생하고, 그 돈이 어떻게 해서든 은행으로 흘러 들어가게 되어 있네. 이제 은행에 입금된 돈은 예금과 대출의 무한 반복으로 끊임없이 복제해나가지."

"신용창조의 과정을 거치는군요."

"중앙은행이 처음 만들어내는 새로운 돈을 본원통화라고 하네. 그리고 이 본원통화가 은행의 예금이 된 뒤 신용창조로 다시 만들어내는 새로운 돈을 파생통화라고 부르지."

"그렇다면 파생통화는 모두 디지털 화폐겠네요? 은행을 통해 만들어지는 돈은 모두 대체교환수단, 컴퓨터 숫자들이니까요!"

"이제 하나를 말해주면 둘을 아는군! 주어진 권한과 능력을 사용해 본원통화를 만들고, 은행의 신용창조를 통해 늘어나는 파생통화의 양을 조절하는 것이 바로 오늘날 중앙은행이 존재하는 이유일세."

"어르신이 중앙은행을 주심에, 은행을 부심에 비유했던 이유를 이제야 이해하겠어요."

상순은 대견한 듯 제드의 등을 토닥이며 말했다.

"이 세상의 모든 돈은 중앙은행과 은행을 통해서 만들어지네. 우리는 그 돈을 가지고 소비나 투자, 사업을 하면서 살아가고 있는 걸세. 이것이 우리가 살아가는 자본주의의 모습이라네. 그래서 중앙은행과 은행을 이해하는 것이 돈의 세계를 단순하게 보는 데 그 무엇보다 중요한 거야!"

상순은 가방에서 태블릿PC를 꺼내 한국은행 홈페이지에 들어갔다.

🏠 > 통화정책 > 통화정책 목표

일반적으로 통화정책이란 한 나라에서 화폐(법정화폐 및 본원통화)의 독점적 발행권을 지닌 중앙은행이 경제 내에 유통되는 화폐(통화, 본원통화 및 파생통화)의 양이나 가격(금리)에 영향을 미치고 이를 통해 화폐의 가치, 즉 물가를 안정시키고 지속가능한 경제성장을 이루어 나가려는 일련의 정책을 말한다.

출처: 한국은행 홈페이지

"여길 보게. 한국의 중앙은행 홈페이지에서도, 통화정책 목표를 명확히 밝히고 있네."

"정말 어르신 말씀대로군요!"

"이것이 바로 중앙은행이 존재하는 이유일세."

상순은 한국은행 홈페이지의 다른 화면도 열어 제드에게 보여주었다.

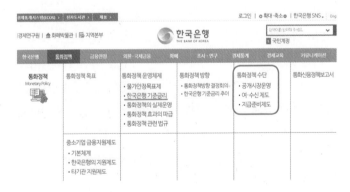

출처: 한국은행 홈페이지 메인화면

"한국은행의 통화정책을 보면, 이제껏 알려준 중앙은행의 능력들을 확인할 수 있네."

"기준금리, 공개시장운영, 지급준비제도, 정말 그렇군요! 여·수신제도는 은행이 중앙은행에 예금과 대출을 하는 거죠?"

"맞아. 당연히 은행이 대출받을 때의 금리인 재할인율 역시 여·수신제도에 속하고."

"그렇군요."

"여·수신제도에 대해 설명을 더하면, 사실 한국은 재할인율 대신 중소기업을 육성하는 차원에서 총액한도대출제도를 시행하고 있네."

"재할인율과 비슷한 개념인가요?"

"아닐세. 대출한도를 정해놓고 늘려주거나 줄여주는 걸세. 중소기업에게 더 많은 대출을 해준 은행에게 대출한도를 늘려준다는 취지이자 일종의 혜택이지. 중소기업을 육성하려고 만든 정책이야."

"말 그대로 한도를 정해놓고 은행에 빌려줄 돈의 양을 정하겠다는 거로군요?"

"척척 이해하는군! 많은 국가들이 재할인율제도를 시행하고 있고, 상황에 따라 다양한 대출제도를 만들거나 기존의 것을 없애기도 한다네. 하지만 그 대출제도의 형태가 무엇이든 핵심은 이것 하나일세! 은행이 중앙은행에게 돈을 빌리기가 까다로워지면 제초제를, 수월해지면 영양제를 투입하는 것과 같다는 사실. 우리는 이것만 기억하면 되는 거야."

주심은 '환율의 파수꾼'이다

"과연! 중요한 것은 중앙은행이 돈을 늘리려는지, 줄이려는지 그 의도를 보는 것이니까요! 그런데 아직 중앙은행의 다섯 번째 능력은 알려주지 않으셨는데요? 혹시 잊으신 건 아니겠죠?"

"자네가 척척 알아들어서 기분이 좋아 잊을 뻔했군! 마지막 다섯 번째 능력은 돈의 양을 직접 관리하는 능력은 아닐세. 앞서 말해준 중앙은행의 별명을 기억하고 있나?"

"은행의 은행, 은행의 아버지, 돈의 부모, 이런 것들이요?"

"맞아. 그 외에도 또 하나의 별명이 있지. 바로 환율의 파수꾼!"

"환율의 파수꾼?"

"중앙은행은 항상 환율을 지켜보면서 환율이 안정되도록 힘을 쓰지. 환율이 급등하거나 급락할 때마다 외환시장에 개입해서 환율을 안정시킨다는 말일세."

"왜죠?"

"환율이 한쪽으로 급격히 오른 상태가 지속되면 경제에 불균형이 생길 수 있어. 불균형이란, 오래도록 특정한 누군가만 과도한 이득을 취하고, 다른 누군가는 과도한 손해를 볼 수 있다는 말이지. 예를 들어, 환율이 급등하면 수출하는 기업에게는 이롭지만 서민들 삶은 점점 팍팍해지네."

"환율이 급등하면 수입하는 상품의 가격이 올라 물가가 오르고, 외국 여행이나 유학을 가는데 비용이 많이 들기 때문이죠?"

"기억하는군! 다른 예도 들어볼까? 가령 외국투자자가 1달러를 1,000원과 교환한 후, 한국 어느 기업의 1,000원짜리 주식한 주를 샀다고 하세. 그런데 환율이 1달러 = 1,500원으로 치솟으면? 이제 그 주식의 가격이 1,500원으로 오르지 않는 이상 외국인은 주식을 되팔아도 1달러를 도로 가져갈 수 없네. 주식 가격이 1,500원이 되지 못하니까. 결국 환율이 오르면 외국투자자는 한국에서 손해를 보는 걸세."

"아, 환율에 따라서도 투자결과가 달라지네요!"

"투자한 나라의 화폐가치에 따라서도 투자결과가 달라지는 거야. 자네가 미국에 투자한 주식의 가격이 두 배로 올라도, 미국 달러의 가치가 원화 대비 반토막이 난다면 이익을 본 것이 아닐세. 당연히 투자한 나라의 화폐가치도 올라야 이득인 거지. 그래서 달러 대비 원화의 환율이 계속 오르면 외국투자자들은 더 큰 손해를 볼 수 있다고 판단해서 한국에 투자한 자산을 팔려고 하겠지. 그러면 달러의 수요는 계속해서 증가하네. 환율은 더 오를 거고. 외국투자자들은 더 손해를 보게 되겠지. 즉, 환율이 오르면 오를수록 외국투자자들은 계속해서 빠져나가고, 환율도 더 오르는 거야. 당연히 한국의 주식이나 부동산 가격이 하락하겠지. 결국 이곳에 투자한 한국투자자들까지 손해를 보는 거라네."

"아, 도미노처럼 악순환이 일어나는군요!"

"이런 이유로 환율이 한쪽으로 오래 치우치는 것은 결코 좋지 않네."

"환율을 안정시키는 이유를 이제 조금은 알겠어요. 그럼 중앙은행이 어떻게 환율에 개입하나요?"

"환율은 곧 화폐의 가격이지 않나? 이번에도 규칙! 중앙은행은 결국 화폐의 수요와 공급에 개입하지. 채권의 수요와 공급에 개입하듯이. 중앙은행에는 특별한 금고가 하나 있네. 그 금고 안에는 외국의 화폐나 언제든 현금으로 바꿀 수 있는 외국화폐로 표시된 자산, 예를 들면 미국의 국채, 그리고 금도 있어. 이 금고를 우리는 외환보유고라 부르지."

"외환보유고? 외환을 보유하는 금고라는 뜻인가요?"

"하하, 정확하네. 그리고 금고에 들어있는 돈이 외환보유액일세. 은행은 물론이고 정부도 역시 중앙은행에 돈을 저축해두곤 하지. 그래서 국가 경제가 발전할수록 정부가 걷는 세금이 많아지고, 중앙은행의 외환보유액도 덩달아 늘어나지. 즉 외환보유액은 국가 비상사태를 대비해서 저축해놓는 외화인 셈이야."

"비상사태를 위해 정부가 저축한 외국 돈이다?"

"자, 이 그림을 보게."

상순은 다시 태블릿PC를 열어 제드에게 내밀었다.

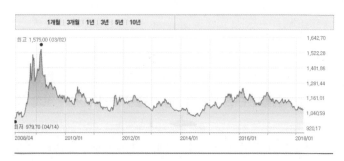

출처: 네이버금융 http://finance.naver.com

"이것은 2008년부터 2018년까지, 10년간 달러, 원화의 환율 추이일세. 10년 동안 움직인 달러의 가격인 거지."

"어? 2008년에서 2009년까지 환율이 급등을 하다가 급락했네요? 달러 가격이 치솟았던 거죠? 왜 그렇죠?"

"2008년에는 미국에서 시작되어 전 세계로 퍼진 금융위기가 있었네. 그 후로 수년 동안 불황이 지속됐지. 당시 한국에 투자했던 외국투자자들이 세계경제에 대한 불안과 두려움을 느껴 한국에서 빠르게 빠져나갔어. 한국에 투자한 거의 모든 자산을 팔고 달러를 사서 빠져나간 거지. 그래서 달러의 가격, 환율이 치솟았던 걸세."

"아, 그랬군요! 그런데 미국에서 발생한 경제위기인데 왜 한국에 투자한 외국인들이 불안과 두려움을 느꼈던 거죠?"

"세계경제가 매우 긴밀하게 연결되어 있기 때문일세. 마치 거미줄처럼 복잡하게. 투자자들은 미국에서 시작된 금융위기가 전 세계로 확산될 것이라고 두려움을 느낀 거지. 실제로 미국에 위기가 찾아오면, 미국 수출 비중이 높은 한국 경제에도 덩달아 위기가 찾아온다네. 한국은 내수시장이 작아 수출에 크게 의존하는 나라니까. 이에 대해서는 나중에 더 자세히 알려주지. 결국 위기가 터지자 전 세계의 투자자들이 한국에 투자했던 돈을 회수하고 안전한 자산에 투자하려고 한 걸세."

"안전한 자산이요? 그 안전한 자산이란 도대체 뭐죠?"

"여기서 중요한 것은 실제로 안전한지의 여부가 아니라 그들이 안전하다고 여긴다는 거야. 현재 기축통화인 미국 달러나 미국 국채, 그 외 경제대국이나 경제구조가 탄탄하다고 판단되는 국가의 화폐나 국채 그리고 금이나 은 정도일세."

"경제구조가 탄탄한 국가의 화폐나 국채? 금과 은? 이런 것들을 안전한 자산이라고 생각하는군요? 그런데 왜 금과 은인가요? 더 이상 돈이 아닌데?"

"금과 은을 안전한 자산이라고 생각하는 투자자들은 전 세계에 위기가 찾아와 지금의 화폐 시스템이 붕괴될지 모른다는 두려움을 느끼는 사람들이야. 자네도 이제 지폐의 역사를 알고 있지 않나? 지폐 시스템이 붕괴되면 금과 은이 다시 교환수단이 될 수도 있다고 생각하는 걸세. 그래서 지폐를 버리고 금과 은을 사들이는 거야."

"일리가 있군요. 화폐가 진짜 돈이 된 이유는 그다지 체계적이지 못했으니까요."

"하하, 그래서 세계에 심각한 위기가 올 때마다 금과 은의 가격이 폭등했던 거지."

"그런데 그래프를 보면, 얼마 지나지 않아 환율이 다시 급락했는데요? 혹시 이것이? 중앙은행이 환율에 개입했기 때문인가요?"

상순이 빙긋 웃었다.

"정답일세. 외국투자자들이 급하게 한국에서 원화를 팔고 달러를 사들이자 한국의 금융기관이 보유한 달러가 현저히 부족해졌지. 그래서 중앙은행은 외환보유고에 있던 달러를 금융기관에 빌려주고, 다른 한편으로는 외환시장에서 원화를 사들였네. 그러면 원화의 수요가 늘어나겠지? 원화의 가치가 오르면 덩달아 달러의 가격은 하락하고. 즉, 환율을 내리려는 조치였던 거야."

"중앙은행이 개입하는 방식이 바로 이렇군요? 외환시장에서 화폐를 일부러 사거나 판다?"

상순은 고개를 끄덕이며 동의를 표했다.

"하지만 그것은 단지 어르신의 추측 아닌가요? 중앙은행이 개입했다는 확실한 증거가 있나요?"

"증거가 필요하군!"

상순이 태블릿PC에서 무언가를 찾아 제드에게 보여주었다.

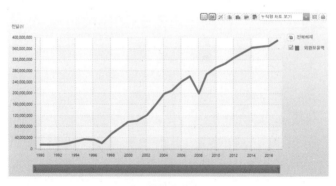

출처: 한국은행 경제통계시스템

"이 그래프는 1990년부터 2016년까지, 중앙은행의 외환보유액 추이라네. 2008년을 기점으로 외환보유액이 어떻게 움직였는지 보게."

"급격히 줄어들었다가 이듬해에 다시 늘었군요?"

"그렇지? 외환보유액이 갑자기 줄어들었던 이유는, 환율이 급등하자 가지고 있던 외화를 금융기관에 빌려주고, 한편으로 원화를 일부러 사들였기 때문일세. 그리고 환율이 다시 진정되자, 금융기관에 빌려주었던 외화를 회수해서 외환보유액이 이듬해에 늘어난 걸세. 이거면 증거가 되겠나?"

"정말 환율의 파수꾼이 맞네요!"

돈은 곧 '빚'이다

"이처럼 중앙은행은 대표적인 다섯 가지 능력으로 돈의 양을 관리하면서 물가안정과 경제 발전을 유도하고, 환율을 안정시키지. 그런데 지금쯤 자네가 한 가지 비밀을 알게 되었는지 궁금하군."

"비밀이요?"

"모든 돈은 곧 빚이라는 사실."

"모든 돈이 빚이라고요?"

"우리가 나눈 얘기를 한번 곱씹어보게. 중앙은행은 새로운 돈을 만드네. 이것이 본원통화지. 그것을 정부나 은행에게 주지. 어떻게? 빌려주는 걸세. 채권을 사는 것도 결국 돈을 빌려주는 것이고. 이제 그 돈은 돌고 돌아 은행의 예금이 되지. 그리고 예금은 다시 대출이 되겠지? 여기서 대출도 역시……."

제드는 상순의 말을 급히 가로챘다.

"빚! 그리고 새로운 돈! 그렇군요! 그래서 돈은 모두 빚으로 만들어진다는 거로군요!"

"바로 그걸세! 돈은 오로지 빚으로만 탄생하지. 그리고 빚이 사라지면 돈도 사라지네. 은행이 파산하면, 은행의 빚인 예금이 모두 사라지는 거지. 중앙은행은 빚을 관리하는 걸세. 빚을 늘리거나 빚을 내기 좋은 환경을 만든다! 또는 빚을 줄이거나 빚을 내기 어려운 환경을 만든다! 빚으로 돈의 양을 관리하는 거야. 기준금리, 공개시장운영, 지급준비율, 재할인율 등의 제도를 이용하는 거지."

"중앙은행은 결국 빚을 관리한다?"

"돈은 모두 빚이라는 사실을 꼭 기억하게. 돈의 세계를 뚜렷하게 볼 수 있는 가장 중요한 열쇠가 될 테니까! 특히, 자네가 주식을 통해 소중한 돈을 잃을 수밖에 없었던 이유도 자세히 알려줄 걸세."

"더 궁금해지는군요."

"주심에 대해서는 여기까지일세. 그나저나 오래 앉았더니 몸이 조금 뻐근하군. 대화를 이어가기 전에 잠시 걷고 싶은데."

"다녀오세요. 그동안 저는 주심의 능력을 마저 정리하고 있겠습니다."

제드의 노트

5 주심: 돈의 관리자!

	영양제	제초제
기준금리	낮춘다	올린다
공개시장운영	채권을 사들인다	채권을 되판다
재할인율	낮춘다	올린다
지급준비율	낮춘다	올린다
환율	관리	

빚 O   탄생   빚 X   죽음

❶ 1971년 이후 지폐와 동전은 진짜 돈이 되었다. 그 덕에 돈의 관리자인 중앙은행의 역할은 이전보다 훨씬 중요해졌다. 이제 중앙은행이 직접 돈을 만들어낼 수 있고, 돈의 양을 관리하여 물가와 경제를 관리할 수 있는 능력이 생겼기 때문이다.

❷ 중앙은행의 목적은 돈의 양과 가격(이자)을 관리하여 물가와 환율을 안정시키고, 경제가 원활하게 발전하도록 만드는 것이다.

❸ 채권은 돈을 빌려준 영수증에 불과하다. 영수증은 서로 사고팔 수 있으며, 채권의 가격과 이자는 항상 반대로 움직인다.

❹ 중앙은행에는 돈의 양을 관리하는 대표적인 네 가지 권한이 있다. 기준금리, 공개시장운영, 지급준비율, 재할인율(총액한도대출)이다.

❺ 중앙은행은 환율을 안정시키는 역할 때문에 '환율의 파수꾼'이라고도 불린다.

❻ 중앙은행이 기준금리, 재할인율, 지급준비율을 모두 '낮추고', 채권 등의 자산을 '사들이는' 것은 중앙은행이 잔디에 '영양제'를 투입하려는 것이다. 즉, 돈의 양과 빚을 늘리려는 의도이다. 그 이유는 중앙은행이 경제위기가 오거나 경제불황이 지속되리라고 판단했기 때문이다.

❼ 반대로 기준금리, 재할인율, 지급준비율을 모두 '높이고', 채권 등의 자산을 '되파는' 것은 중앙은행이 '제초제'를 투입하려는 것이다. 즉, 돈의 양과 빚을 줄이려는 의도이다. 그 이유는 중앙은행이 경제가 충분히 정상으로 복귀했거나, 물가가 적정선을 넘어 크게 오를 수도 있으며, 경제가 과열될 수 있다고 판단했기 때문이다.

❽ 투자자에게 중요한 것은 중앙은행의 '생각'과 '의도'이다. 중앙은행의 생각과 의도와 행동이 곧 경제의 흐름에 큰 영향을 미치기 때문이다. 중앙은행의 생각과 의도는 영양제와 제초제 중 어떤 것을 잔디에 뿌리고 있는지를 보면 쉽게 알 수 있다.

❾ 모든 돈은 곧 '빚'이다. 돈은 오로지 빚을 통해서만 탄생하고, 빚을 통해서만 사라진다. 돈의 양을 관리한다는 것은 빚을 관리한다는 뜻이다.

제드가 알게 된 돈에 관한 용어

채권, 채권가격, 채권할인율, 채권이자, 기준금리(정책금리), 공개시장운영, 부채의 화폐화, 자산(채권)매입프로그램, 재할인율, 총액한도대출, 외환보유고(액), 본원통화, 파생통화

잡초

"탐욕과 질투를 이겨내지 못하면
거대한 거품에 휩쓸리고 말지."

제드는 상순이 준 노트에 주심의 다섯 가지 능력을 간결하게 정리했다. 정리를 마치고 나니 의외로 결론은 간단했다. 중앙은행이 돈을 더 늘리고자 한다면 금리, 지급준비율 등 모든 것을 낮춘다. 그리고 채권은 사들인다. 반대로 늘어나는 돈을 덜 늘리고자 할 때는 모든 것을 높인다. 그리고 사들인 채권은 되판다. 이 다섯 가지의 능력을 알면 경제와 돈의 세계를 파악하는 데 큰 도움이 될 것이 분명했다. 앞으로 중앙은행과 관련된 경제기사를 접하게 되면 자신 있게 해석할 수 있을 것 같았다. 중앙은행의 생각과 의도를 엿볼 수 있다니! 상상만 해도 짜릿한 일이다!

기분이 좋아진 제드는 경기장 쪽으로 시선을 돌렸다가 깜짝 놀랐다. 경기장이 텅 비어 있었다. 이미 전반전이 끝났던 것이다. 전광판을 바라보았다. 1:0으로 제드 팀이 한 점 앞서고 있었다. 제드는 잠시 동료들에게 미안했지만, 기분은 좋았다. 값진 시간을 보내고 있으니까. 어느새 양 팀 선수 모두 운동장으로 들어섰다. 상순도 돌아왔다. 제드는 상순이 꺼낼 다음 이야기를 잔뜩 기대하면서 그를 맞이했다.

밟으면 밟을수록 강인하게 자라나는 잡초

"오셨군요. 어르신. 정리는 다 했는데, 머릿속에 의문 하나가 계속 맴돌고 있습니다."

"뭔가?"

"돈이 곧 빚이라는 사실로 제가 주식투자에서 돈을 잃은 이유를 설명해줄 수 있다고 하셨잖아요. 그게 궁금합니다."

"하하, 많이 궁금할 테지. 이번에도 답은 축구장에 있네. 저기, 군데군데 자란 잡초들이 보이나?"

"잡초요? 확실히 잔디 사이에 잡초가 많네요. 아무래도 일반인들이 이용하는 축구장이니 공식 경기장처럼 관리되지는 않겠죠? 지난주에는 느닷없이 잔디를 언급하시더니. 잡초도 뭔가의 비유군요?"

"축구장은 자본주의의 축소판이라고 했지? 그런데 사실, 이곳처럼 잔디 관리가 완벽하지 않은 축구장이 돈의 세계와 더 가깝네."

"그럼 잡초가?"

"바로 거품이네."

"거품? 그러니까 지나치게 치솟는 가격을 말하는 건가요?"

"맞아. 난 잔디를 돈에 비유했네. 그리고 모든 잔디가 지나치게 자라면 초 인플레이션이라고 했지. 전반적인 물가가 치솟는 걸세. 이는 꽤 드물게 발생하지. 하지만 일반적으로 돈의 세계에서는, 곳곳에서 주변 잔디보다 훨씬 크게 자라나는 잡초가 종종 생기기 마련이네. 즉, 전반적인 물가보다 가격이 훨씬 치솟는 특정한 자산이 군데군데 생겨나는 현상이지. 이것이 바로 거품현상일세. 거품은 모두 투기꾼들이 만든다네."

"그럼, 저도 투기꾼이었다는 말씀이세요?"

"맞아. 이전의 나 역시 그랬고. 경제가 불황이라면 중앙은행은 빚을 늘려 시중에 돈을 늘리겠지. 중앙은행은 영양제가 모든

잔디에 골고루 뿌려지길 바라고. 전반적인 물가상승이 중앙은
행의 목표니까. 하지만 그 의도와는 다르게 영양제가 특정한 곳
으로 유독 쏠리는 경우가 발생하네. 투기꾼들이 영양제를 가지
고 달려들기 때문이지. 그럼 주변의 잔디보다 더 큰 잡초가 자
라는 거야. 이것이 바로 거품일세."

"그러고 보니 잡초는 밟으면 밟을수록 더 강해지죠. 잡초같은
근성이라는 말이 있잖아요. 결국 투기꾼들이 시중의 돈을 가지
고 잡초로 달려들고, 또 밟아대면서 더욱 크고 강하게 만든다는
말이군요?"

'탐욕'과 '질투', 인간의 두 본성이 거품을 만든다

"왜 투기꾼들이 잡초로 달려들까? 자네도 경험하지 않았나?
커져가는 잡초를 직접 보거나 소문을 들었기 때문일세. 즉, 하
염없이 치솟는 가격이 투기꾼을 끌어들이지. 쌀 때 사서 비쌀
때 팔아 돈을 벌겠다는 유혹에 빠지는 거네. 결국 탐욕과 질투
를 이겨내지 못하면 거대한 거품에 휩쓸리고 말지."

"그러고 보니, 저도 친구가 추천해준 회사에 대해서 전혀 몰
랐어요. 친구도 마찬가지였고요. 바이오 분야에서 획기적인 특
허를 개발했다는 소문만 들었다고 했죠. 그 특허가 왠지 회사에
대박을 안겨줄 수도 있다는 생각이 들더군요. 하지만 그보다 치
솟는 가격에 더 관심이 있었죠. 결국 가진 돈과 빌린 돈으로 전
부 그 회사 주식을 샀고요."

"사실 자네는 특허가 있으니 분명 무언가 좋은 일이 있을 거

라고 믿고 싶었던 걸세. 주가가 계속 오르니까 어떤 이유라도 만들고 싶었던 거지. 그것을 확증편향이라고 하지. 사실을 있는 그대로 보고 해석하는 것이 아니라, 자신이 믿고 보고 싶은 것만을 수집해서 해석하는 거야. 투자자는 항상 확증편향을 조심해야 하네."

"확증편향이라. 하지만 어르신, 제 친구는 엄청난 돈을 벌었다고 매일 자랑했어요. 새 차까지 보여주면서! 그걸 보면서 어떻게 주식을 사지 않을 수 있죠? 설령 투기라 하더라도 사지 않으면 큰돈 벌 수 있는 기회를 놓치는 거잖아요!"

"그것이 탐욕과 더불어 투기꾼을 양산하는 또 하나의 이유지. 바로 질투! 이웃, 친구, 가족이 빠르게 돈을 벌고 있으니 배가 아팠던 걸세. 지금이라도 투자에 뛰어들지 않으면 왠지 나만 기회를 잃을 것 같고. 탐욕과 질투가 투기꾼을 만들고, 그 투기꾼이 결국 거품을 만든다네. 거품은 주식, 부동산 등 그 어떤 곳에서도 생겨날 수 있어."

"그런데 왜 돈이 빚이라는 사실이 거품과 관련이 있다는 거죠? 분명 그렇게 말씀하셨잖아요? 제가 주식으로 돈을 잃은 이유를 알 수 있게 해준다고."

"거품을 만드는 요소와 깊은 관련이 있기 때문이지."

"요소? 거품은 탐욕과 질투가 만든다면서요!"

"탐욕과 질투에 불을 지피는 요소가 있네."

"불을 지피는 요소?"

"거품은 수학적인 공식이나 과학적인 접근방법으로는 100%

확신할 수 없네. 어느 가격이 치솟는다 할지라도, 누구는 그것을 정상으로 보고 누구는 그것을 비정상으로 보지. 만약 거품을 100% 증명할 공식이 있다면, 그 누구도 거품과 투기에 휩쓸린 후에 큰 손해를 보지 않을 걸세. 자네도, 과거의 나도 그랬겠지. 거품은 훗날 꺼지고 난 후에야 그 존재의 여부를 100% 확인할 수 있을 뿐이야."

"아니, 그럼 거품은 미리 피할 수 없나요?"

"진단할 수 있지! 세 요소, 즉 거품의 삼박자를 통해서!"

"거품의 삼박자?"

"모든 답은 역사에 있지. 과거에도 거품은 항상 존재했네. 탐욕과 질투라는 인간의 본성은 변함이 없으니까. 5천 년 전의 인간이나 지금의 인간이나 가지고 있는 본성은 같다는 말이지. 그래서 과거의 거품현상을 모두 주의 깊게 관찰해본 결과, 두 가지 공통된 현상을 발견했네. 첫째, 거품이 형성되던 시기에는 항상 세 요소, 즉 삼박자가 일치했다는 사실! 둘째, 거품은 훗날 예외 없이 꺼진다는 사실!"

"거품은 예외 없이 꺼진다?"

"하하, 먼저 거품의 삼박자에 대해서 알아보세. 첫 번째 요소는, 미래에 기대되는 최신 기술이나 획기적인 발명, 또는 치솟는 가격일세."

"최신 기술, 획기적인 발명, 치솟는 가격이요?"

"자네가 샀던 주식을 생각해보게. 그 회사가 바이오 관련 신기술 특허를 보유했다는 말에 혹하지 않았나? 바로 그런 식일세. 이제껏 우리에게 알려지지 않았던 신기술이나 발명, 트렌드는 사람들에게 특별한 미래를 가져다줄 거라는 기대를 품게 하지. 그 기대가 과도한 투기를 부추긴다네."

"정말 그런 것 같아요. 저도 사실 신 바이오 기술이라는 말에 혹했었거든요. 그 분야는 하나도 모르는데. 뭔가 멋진 미래를 만들어주는 기술처럼 느껴지더라고요. 게다가 특허까지 받았다고 하니 더 믿었죠. 아니, 어르신 말씀처럼 믿고 싶었죠."

"그뿐 아니라 끝없이 치솟던 주가도 자네가 투자, 아니 투기에 참여하도록 만든 요인일세. 나도 자네와 같았어."

"발명과 치솟는 가격이라, 그럼 두 번째 요소는 뭐죠?"

"바로 중앙은행일세."

"중앙은행이요?"

"더 정확히 말하면, 투기꾼들이 이용할 수 있는 충분한 돈의 양을 뜻하지. 중앙은행이 잔디에 영양제를 실컷 뿌리고 있다면, 이렇게 만들어진 환경 역시 사람들의 투기 본능을 더 자극하고. 하나만 묻지. 돈은 곧 뭐라고 했지?"

"빚이다!"

상순이 고개를 끄덕였다.

"중앙은행이 돈의 양을 늘린다는 것은 곧 사람들이 빚을 지기 좋은 환경을 만든다는 뜻일세. 빚이 늘어나야 돈이 늘어나니까. 주식을 사기 직전의 자네로 돌아가 감정이입을 해보게. 자네는 그 주식의 미래를 모르고 있었지. 당연히 주가가 폭락할 수도 있다는 의심은 단 1도 하지 않았어. 영원히 오를 거라고만 생각한 거야. 실은 그렇게 믿고 싶었던 것이지만."

"맞아요."

"결국 가진 통장을 털어 그 주식을 샀네. 하지만 인간의 욕심은 여기서 멈추지 않지. 이제는 남의 돈까지 빌려서 투자하면 더 많이 벌 수 있을 거라고 쉽게 생각하고 마네. 자네도 그러지 않았나? 가격은 계속 오를 테니 문제가 없다고 생각한 거야. 그뿐 아니라 중앙은행의 영양제 투입 덕분에 대출이자까지 쌌으니 부담이 전혀 없었지."

"맞아요! 이자부담이 적으니 더 많이 빌리고 싶었죠."

"시중에 빚으로 돈이 넘쳐나는 환경, 그리고 누구든 쉽고 부담 없이 빚을 낼 수 있는 환경, 이 두 환경이 인간의 투기성에 불을 지피네. 거기에 정부가 대출규제까지 완화해준다면 금상첨화지. 투기꾼들은 탐욕에 눈이 멀고, 이제 자신의 수입과 능력을 넘어서까지 돈을 빌려 투기하려고 할 걸세. 이미 치솟는 가격에 눈이 멀었으니까. 중앙은행이 새로운 돈을 풀어도 물가가 크게 오르지 못하고, 특정한 투기 자산의 가격만 심하게 오르는 경우가 바로 이런 경우라네. 중앙은행이 빚을 지는 사람들의 행동까지 통제할 수는 없으니까."

"아! 두 번째 박자는 남의 돈을 쉽게 구할 수 있느냐, 즉 돈이 충분한가에 달렸다는 말씀이군요! 돈을 부담없이 쉽게 얻을 수 있으면 투기를 더 왕성하게 할 수 있으니까?"

"맞아! 마지막으로 세 번째 요소는, 탐욕과 질투로 만들어진 인간의 광기일세."

"네? 잠깐만요. 획기적인 발명이나 치솟는 가격, 중앙은행의 행동은 눈으로 어느 정도 확인이 가능한데, 인간의 광기는 어떻게 확인하죠?"

"오히려 가장 쉽게 확인할 수 있지! 평소에 뉴스나, 사람들이 모이면 늘 화제에 오르는 주제를 잘 관찰하면 알 수 있네. 이번 가상화폐 현상도 그러한 예라고 할 수 있지."

"가상화폐? 저도 많이 들어봤어요."

"자네도 알다시피 한때 가상화폐 열풍은 대단했네. TV를 켜면 가상화폐 뉴스가 나오고, 관련 다큐멘터리도 제작되었으며, 직장인, 주부, 학생이 모이는 곳에서는 가상화폐가 늘 화제였지. 가상화폐가 어떤 경로로, 어떻게 생겼는지도 모르는 사람들이 가상화폐에 매우 깊은 관심을 가졌네. 왜? 주변에서 가상화폐로 엄청난 돈을 번 친지, 친구, 직장 동료들을 보았거든! 바로 탐욕과 질투일세. 심지어 중고등학생도 용돈으로 가상화폐에 투자한다는 기사까지 등장했어. 어떤 사람들은 가상화폐를 사고팔 때 내는 세금을 피해 외국으로 떠난다는 기사도 있었네. 수많은 사기도 적발됐지. 사기꾼들이 가상화폐에 열광하는 사람들을 이용해 사기를 친 거야. 특히 한국에서 가상화폐 붐이 너무 커지는 바람에 김치프리미엄이라는 용어까지 생겼다니까."

"김치프리미엄이요?"

"외국 언론이 가상화폐 시장에서 한국인들이 보인 광적인 태도를 한국의 전통음식인 김치에 비유한 걸세. 가상화폐를 사려는 한국사람이 넘쳐나다보니, 한국에서는 국제시세에 웃돈을 더해 사기도 했거든. 그 웃돈을 김치프리미엄이라 불렀지. 우리 나라뿐만 아니라 미국, 일본에서도 가상화폐 열풍은 한동안 대단했네. 이것이 거품이 형성되는 과정에서 흔히 볼 수 있는 광경일세. 심지어 미국 시카고에서는 가상화폐의 선물과 옵션시장까지 만들어졌어."

"선물과 옵션이요?"

"선물과 옵션은 파생상품이야. 사람들은 파생상품을 어렵게 여기네. 알고 나면 어렵지 않지만, 모르고 뛰어들면 무서운 시장이기도 하지. 선물은 어느 특정한 미래에 미리 정해놓은 가격으로 거래하자는 약속이고, 옵션은 그 약속을 이행하거나 파기할 수 있는 권한이네. 가령 내가 1년 후에 가상화폐를 1,000원을 주고 사겠다는 약속을 했다면, 1년 후 가상화폐의 가격이 1,500원이 되더라도 나는 약속대로 1,000원에 살 수 있어. 500원 이득이지. 이 약속이 바로 선물이야. 하지만 1년 후, 가상화폐가 500원으로 하락해도 그것을 1,000원에 사야만 하네. 말 그대로 약속이기 때문이지. 이번에는 500원 손해일세. 하지만 옵션이라는 권한을 산다면, 내가 그 약속을 지켜도 되고 지키지 않아도 되네. 그러니까 1년 후, 가상화폐를 1,000원에 사도 그만 사지 않아도 그만인 거지. 약속의 권한을 샀기 때문일세. 살 수 있는 권한을 콜옵션, 팔 수 있는 권한을 풋옵션이라고 하네. 내가 콜옵션을 샀다고 하세. 1년 후에 가격이 1,500원으로 오르면, 나는 권한을 행사해 1,000원에 사는 것이 이롭고, 500원으로 하락했다면 권한을 굳이 행사해서 1,000원에 살 필요가 없겠지?"

"그렇군요! 약속과 권한이라……."

"그런데 여기서 핵심은, 선물과 옵션은 실체가 없는, 말 그대로 약속과 권한에 불과하다는 거야. 실제로 가상화폐라는 현물을 가지고 거래하는 것이 아니라 미래의 가격을 두고 거래하는 거지."

"그럼, 왜 약속과 권한까지 서로 사고팔게 된 거죠?"

"현물, 즉 가상화폐가 이를 찾는 사람들에 비해 턱없이 부족했기 때문이지! 그러니까 탐욕과 질투로 넘쳐나는 수요에 비해 공급이 턱없이 부족했던 거야. 그러면 이내 자연의 법칙이 작동하네. 수요와 공급은 한쪽으로 영원히 치우칠 수 없다고 했지? 욕심이라는 본성 때문에. 결국 돈 냄새를 맡은 누군가가 공급을 늘려서 팔고 싶어하지. 넘쳐나는 수요를 이용하려는 거야. 그렇게 만들어진 새로운 공급은 옵션과 선물일 수도 있고, 새로운 종류의 가상화폐일 수도 있네. 현재 수많은 종류의 가상화폐가 존재하는 이유이기도 하지. 우리는 이러한 현상들을 관찰해서 투기꾼들이 얼마나 눈이 멀었는지 엿볼 수 있네."

"아아!"

"멀리 볼 필요도 없네. 자네 주위의 이웃, 친구, 직장 동료가 그 무언가에 대해 자세히 알지 못하면서도 가격에만 열광하고 있다면? 그리고 뉴스에서도 치솟는 가격과 그에 열광하는 사람들에 대해서 끝없이 보도하고 있다면? 인간의 탐욕과 질투로 완성된 광기라는 요소가 갖춰지고 있는 걸세."

상순은 제드의 노트를 가져다가 무언가를 적고는 다시 돌려주었다.

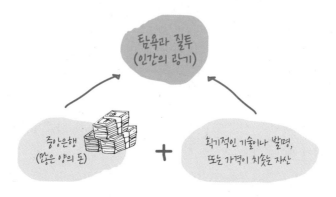

"자, 이것이 바로 거품의 삼박자일세."

"거품의 삼박자라······."

"자네가 거품에 휩쓸렸던 적이 그리 오래 전 일은 아니지? 사실 중앙은행이 오랜 세월 영양제를 투입하고 있었다네. 이에 대해서는 나중에 더 자세히 알아보세. 그리고 자네와 친구는 주식이나 그 회사에 대해 전혀 모르면서도, 그저 치솟는 가격에 덥석 사버렸지. 물론 바이오특허도 한몫했고. 거품의 삼박자가 완성되었다는 뜻일세."

"이제 거품이 형성되는 이유를 알겠어요. 그런데 어르신, 문제는 제가 돈을 잃은 이유예요. 마치 투기꾼들이 거품에 휩쓸리면 결코 좋지 않은 것처럼 말씀하셨는데, 치솟는 가격에 투기꾼들이 몰리고, 그렇게 가격이 오르면 또 다른 투기꾼을 불러오고, 투기꾼은 가격을 더 높게 올리고. 결국 가격은 계속 오를 수밖에 없지 않나요? 그런데 왜 거품은 반드시 꺼진다는 거죠?"

"왜냐하면 거품을 꺼뜨리는 세 가지 기폭제가 존재하기 때문일세."

거품을 꺼뜨리는 '세 가지 기폭제'

"세 가지 기폭제요?"

"거품의 세 가지 요소와 더불어, 세 가지 기폭제도 존재한다네. 차근차근 설명해주지. 첫 번째 기폭제는 바로 정부! 정부가 직접 나서서 투기행위를 막는 걸세."

"그러니까 정부가 직접 거품을 꺼뜨린다는 말인가요?"

"갑작스런 거품붕괴로 경제위기가 올 수 있다고 판단한 정부가 미리 나서서 거품이 더 커지기 전에 투기행위를 억제하는 걸세. 거품이 꺼지면 투기꾼들만 피해보는 것이 아니거든. 가격하락은 곧 디플레이션을 의미하지. 경제가 악화될 수 있고. 그래서 때로는 정부가 거품의 진행을 의심하고 더 커지는 것을 막고자 노력한다네."

"음, 대체 어떤 노력을 하죠?"

"예를 들면, 거품이 낀 자산을 사고팔 때마다 사람들이 세금을 많이 내도록 법률이나 규정을 바꾸네. 은행 대출도 강화하고. 즉, 사고파는 행위에 부담을 주고 빚내기 어렵게 만드는 걸세. 이렇게 정부가 할 수 있는 방법을 모두 동원해서 투기행위를 억제하지. 만약 정부의 조치가 성공하면 수요가 줄면서 가격상승은 서서히 막을 내리게 되네. 그럼 이전처럼 높은 가격상승을 기대했던 수많은 투기꾼들이 주춤해진 가격에 실망하고, 결국 하나둘 팔기 시작하지. 더 많은 사람들이 팔면 팔수록 가격은 더 하락하고, 가격이 하락하면 더 많은 사람들이 실망하면서 내다 팔아. 이렇게 거품은 점점 사라지고 가격은 계속 하락하네. 그런데 이 첫 번째 기폭제는 세 가지 기폭제 중에서 효과가 가장 미약해."

"효과가 미약해요?"

"정부의 노력으로 투기꾼을 막을 수도 있지만, 그러지 못할 수도 있네. 정부가 사용할 수 있는 방법에도 한계가 있거든."

"음, 그럼 효과가 더 큰 나머지 두 기폭제는 무엇이죠?"

"둘째는, 중앙은행이 직접 나서는 걸세."

"중앙은행이? 거품의 삼박자처럼?"

"이번에는 반대의 경우지. 중앙은행이 빚내기 어려운 환경으로 바꾸는 걸세. 제초제 투입으로! 이러한 중앙은행의 조치는 첫 번째 기폭제보다 훨씬 강력하네. 중앙은행이 빚내기 어렵게 만들고 이자를 올리면, 그동안 과도한 빚까지 지면서 투기한 사람들이 절벽으로 내몰리게 되지. 또한 새로 빚을 내 투기하려는 사람들도 줄어들 수밖에 없어. 금리가 오르는 등 갑자기 이자부담이 늘어나니까. 결국 투기수요는 줄고, 기존에 자신의 수입보다 과한 빚을 낸 투기꾼들이 하나둘 팔기 시작하네. 그렇게 가격이 하락하면 더 많은 투기꾼들, 특히 빚을 내지 않았던 투기꾼들도 하락하는 가격에 실망하면서 덩달아 팔게 되지. 그럼 가격은 더 하락하고, 하락한 가격은 더 큰 실망감을 안겨 주지. 결국 거품은 꺼지고 마네."

"절벽으로 내몰린 투기꾼이라! 주심의 제초제 투입으로 투기꾼들의 이자부담이 증가하는 거로군요!"

"맞아. 자신의 능력을 훨씬 벗어난 빚을 사용한 투기꾼일수록 더 빠르게 내다팔 수밖에 없어."

"결국 거품을 만들거나 파괴하는 역할을 모두 중앙은행이 할 수 있다는 말이군요! 그럼, 세 번째 기폭제는 뭐죠?"

"세 번째는 바로, 높은 가격일세."

"높은 가격이요?"

"높은 가격은 예외 없이 거품을 꺼뜨리지. 가격이 오르면 오를수록 비싼 가격에 사들일 수 있는 사람의 수는 점점 줄어들어. 치솟는 가격을 감당할 여력이 되는 사람의 수가 적어지니까. 다시 말해, 가격이 치솟을수록 수요가 점점 사라지게 된다는 뜻이네. 이전만큼 가격이 오를 확률이 점점 줄어든다는 말이지. 결국 이전처럼 가격이 한없이 높아질 것을 기대한 투기꾼들이 둔해진 가격의 움직임에 실망하면서 하나둘 내다팔기 시작하네. 결국 수많은 사람들의 기대가 실망으로 바뀌면서 가격은 폭락하고 만다네."

"듣고 보니 그렇군요! 비싸지면 빚을 내서라도 사겠지만 그보다 더 비싸지면 이제 누군가에게는 그림의 떡일 뿐이니까요."

"똑같이 100배씩 올라도 1만 원이 100만 원으로 오르기는 쉽지만, 100만 원이 1억 원으로 오르기는 어렵고, 1억 원이 100억 원으로 오르기는 더더욱 어렵네. 가격이 오를수록 떨어질 확률이 더 높아지는 것이 바로 거품의 특성이야. 그런데 참으로 안타까운 사실은……."

"안타까운 사실이요?"

"대부분의 투기꾼은 가격이 충분히 치솟은 후에 거품에 뛰어들지! 많이 올랐다는 소문을 듣고 뒤늦게 투기에 참여하는 걸세. 앞으로도 이전처럼 가파르게 오를 거라는 허황된 기대감을 품고서. 그런데 말했다시피, 가격이 높아질수록 앞으로 떨어질 확률은 더 높아지네. 결국 마지막에 탑승한 사람들이 거품이 꺼질 때 가장 큰 손해를 보는 거야. 충분히 오른 가격에 사서 폭락한 가격에 어쩔 수 없이 되팔게 되니까. 이는 거품의 형성과 붕괴의 과정에서 볼 수 있는 전형적인 패턴일세!"

"저 역시 끝없이 치솟은 가격을 보고 샀어요. 제가 들어갔을 때는 이미 오를 확률보다는 떨어질 확률이 훨씬 높은 시점이었군요."

"맞네. 가령 A라는 자산에 관심조차 없고 알지도 못하는 자네의 귀에 A로 큰돈을 벌 수 있다는 소식이 들려온다면? 그때는 십중팔구 이미 거품의 끝물이거나 끝물을 향해 달려가고 있는 시기라네. A에 대해서 아무것도 모르는 자네가 소식을 들었다는 말은, 이미 모든 사람들의 귀에도 들어갔다는 뜻이니까."

"주식을 잘 모르던 제 친구가 주식과 바이오회사에 대해서 아무것도 모르던 저를 유혹한 시점과 비슷한 거로군요?"

"그렇지! 그래서 소식만 듣고 투자하는 것이 가장 멍청한 투자라네. 투자가 아니라 투기인 거지. 근래에 사람들이 열광했던 가상화폐를 좀 더 살펴보자고. 가상화폐 중에서 가장 인기 있었던 비트코인 시세를 한번 보겠나?"

상순은 태블릿PC를 켜고 빠르게 검색에 들어갔다.

출처: google.co.kr

"보게. 2010년만 하더라도 비트코인 가격은 원화로 60원에 불과했네. 하지만 2017년부터 본격적으로 치솟기 시작했고, 2017년 12월 즈음엔 약 2,000만 원까지 올랐지. 하지만 정확히 1년 후에 300만 원대로 추락하고 말았어. 마지막에 탑승한 수많은 투기꾼들이 엄청난 피해를 보았을 걸세. 그런데 그 이후로 6개월이 지나자 다시 한 번 가격이 급등하기 시작하더니 이제는 1,000만 원을 넘어서고 있네. 이러한 가격의 움직임은 전형적인 투기의 움직임일세. 앞으로 또 얼마나 오를지 아무도 알 수 없지만, 언젠가 치솟는 가격상승에 눈이 먼 2차 투기꾼들이 또 피해를 볼 거라 생각하니 벌써부터 마음이 아프군."

"그러니까 언젠가 가격이 다시 하락할 거라는 말씀인가요?"

"앞으로 얼마나 상승세가 지속될지는 아무도 알 수 없네만, 현재 비트코인은 아무런 생산물과 가치를 만들어내지 않고 있네. 그저 가격이 오를 거라 믿는 또 다른 수요자가 나타나기를 기대하는 사람들이 비트코인의 가격을 만들고 있을 뿐이지. 이렇게 만들어지는 과도한 가격상승은 또 다시 하락기를 맞이할 거야."

"번 사람들은 정말 엄청 벌었겠군요."

"하하, 자네의 그런 반응이 바로 투기심리라네! 거품의 삼박자를 잊으면 안 돼. 사실 60원에 사서 2,000만 원에 판 사람은 없다고 보면 되네. 하지만 사람들은 자신이 그렇게 사고팔 수 있을 거라고 믿지."

"제가 그랬어요."

"2010년에서 2016년 사이에 비트코인을 산 사람들은 그저 가격만 보고 사지 않았어. 그들은 비트코인과 가상화폐의 바탕이 되는 블록체인이라는 기술의 밝은 미래를 보고 남들보다 한 발 앞서 투자한 거지. 하지만 비트코인의 가격이 서서히 오르자 투기꾼들의 레이더망에 포착되었고, 그들이 가격을 올리면서 또다시 새로운 투기꾼들을 끌어 모으기 시작했네. 2016년 이전에 미리 비트코인을 사둔 소수의 사람들은, 비정상으로 상승해 버리는 비트코인의 가격에 놀라 급히 팔았을 걸세. 누구에게? 바로 뒤늦게 뛰어든, 소문을 듣고 큰돈을 벌겠다고 덤빈 수많은 투기꾼들에게! 그들은 가격이 충분히 오른 시점에 사들였을 가능성이 높아. 그리고 훗날, 가격 하락과 함께 가장 큰 손해를 입었을 걸세."

"대부분이 가격이 충분히 오른 시점에 사들이고 만다⋯⋯."

"특정한 사람이나 집단이 정보를 독점할 수 없으며, 참여자 모두가 정보를 공유하여 누군가가 해킹할 수 없는 기술, 이것을 블록체인 또는 공공거래장부라고 부르네. 그런데 이 기술을 높게 평가하는 몇몇 사람들이, 가상화폐에 거품이 있다는 주장을 쉽게 받아들이지 못하지. 이들은 마치, 거품을 주장하는 것은 블록체인이나 가상화폐의 존재 자체를 부정하는 것과 같다고 여기지. 하지만 거품과 블록체인기술은 엄연히 다른 걸세. 나는 블록체인기술이 앞으로도 결코 사라지지 않을 것이며, 언젠가 우리의 삶에서 결코 뗄 수 없는 훌륭한 기술이 될 것이라고 생각하네. 가상화폐, 또는 그와 유사한 형태의 화폐도 훗날 우리의 교환수단이 될 수 있고. 다만 현재의 가상화폐 시장에서 보이는 인간의 행태나 일어나고 있는 현상을 고려해 봤을 때, 전형적인 거품의 모습이 보인다고 생각하는 거야. 삶을 풍요롭게 만들어주는 철도나 인터넷에도, 등장 초기에는 거품이 들끓었다가 시간이 흘러 사라지고 말았네. 그렇다고 철도나 인터넷이 우리의 삶에서 거품과 함께 사라지고 말았나? 이와 마찬가지일세. 블록체인기술과 가상화폐도 비슷한 과정을 거치게 될 확률이 매우 높아."

"정말 철도와 인터넷에도 거품이 발생했었나요?"

상순이 고개를 끄덕이며 말을 이었다.

"투자의 세계에서는, 현명한 사람이 시작한 일을 바보가 마무리한다는 말이 있네. 비트코인을 처음 만든 사람, 그리고 초기에 비트코인에 투자했던 사람들은 순수하게 비트코인의 밝은 미래를 보았던 거야. 이들은 매우 현명한 사람들이네. 하지만 결국 투기꾼들이 합류하면서 거품을 만들었고, 얼마 지나지 않아 스스로 거품을 꺼뜨리면서 자멸하고 말았지. 바보들이 일을 마무리한 셈일세."

"아, 짧은 말에 깊은 의미가 숨어 있었군요."

"워런 버핏은 한술 더 떠, 이를 '처음에는 혁신가, 다음에는 모방자, 마지막은 멍청이다'라고 비유했네."

"마지막은 바보, 아니면 멍청이군요. 바로 투기꾼들!"

상순은 고개를 끄덕이며 동의했다.

"사실 대표적인 세 가지 기폭제 외에도, 그 무엇이든 기폭제가 될 수 있네. 투기꾼들에게 실망과 두려움을 심어줄 수만 있다면 말이지. 예를 들어 전쟁, 정치적 불안감, 기업실적의 악화, 무역전쟁 등은 투기꾼들의 낙관적인 전망을 비관적으로 바꿔놓을 수도 있어. 물론 아닐 수도 있네. 핵심은 한 사건을 사람들이 어떻게 받아들이느냐에 달려 있지. 만약 사람들이 비관적인 관점을 품는다면, 끝내 거품은 꺼지고 마는 거야."

"이유가 어쨌든, 거품은 반드시 꺼진다! 이것이 핵심이죠? 음, 그럼 거품이 언제 꺼질지 알 수는 없나요? 알 수만 있다면, 피해를 입지 않고도 큰돈을 벌 수 있을 텐데 말이죠!"

티핑포인트는 아무도 모른다

"아직도 거품과 투기에 미련을 못버리는군! 하나만 묻겠네. 자네는 주가가 한창 오르고 있는데, 어느 정도 오른 시점에서 쉽게 빠져나올 수 있겠나? 빠져나온 후에도 주가가 계속해서 오른다면 더 큰돈을 벌 수 있는 기회를 놓친게 아닌가 하는 생각이 계속 들 걸세. 본능적으로 말이야."

"아, 맞아요. 팔 생각을 전혀 안 했죠. 더 오를 거라고만 생각했으니까요."

"탐욕에 눈이 멀어 거품에 뛰어든 투기꾼들은 더욱 탐욕을 절제하지 못할 거야. 자네처럼 계속해서 오르는 가격에 도취되어 끝까지 버틸 걸세. 가령 내가 지나가는 사람 10명을 아무나 붙잡고, 각각 풍선을 준 뒤 입으로 분 풍선의 부피만큼 돈을 준다고 제안했다고 치세. 단, 기회는 한 번뿐이며 풍선에서 입을 떼는 순간 끝이야. 그럼 누군가는 분명 과한 욕심으로 계속해서 불다가 풍선을 터뜨리고 말걸세. 이들은 중간에 풍선에서 입을 떼지 못하네. 하지만 풍선은 반드시 터지고 말지! 다만 정확한 시기를 모를 뿐. 거품 역시 마찬가지일세."

"반드시 터지지만, 언제 터질지는 모른다?"

"혹시 티핑포인트라는 말 들어봤나?"

"들어보기는 했는데, 솔직히 잘 모릅니다."

"티핑포인트는 어떠한 현상이 서서히 진행되다가 작은 요인으로 한순간 폭발하는 시점을 뜻하네. 거품에서는 가격이 비슷하게 유지되다가 극적으로 폭락하기 시작하는 시점을 말하기도 하지. 자네의 질문은 티핑포인트를 알 수 있느냐고 물은 것과 같은데, 결론부터 말하자면 알 수 없지. 예를 들어, 자네가 사람이 많은 백화점에서 쇼핑을 즐기고 있다고 하세. 사람들이 백화점을 계속 출입하는 것은 당연하지. 그런데 점점 많은 사람들이 백화점을 나가는 듯하더니, 어느 순간 많은 사람들이 한꺼번에 우르르 몰려나간다고 상상해보게. 그 광경을 보면 자네는 어떤 생각을 하겠나?"

"백화점 안에 무슨 일이 일어났나 싶겠죠?"

"누구라도 그러겠지. 자네는 영문도 모른 채 불안한 마음으로 백화점을 탈출할 걸세. 이처럼 사람들이 몇 명 빠져나갔는지는 모르지만, 남아 있는 사람들의 마음에 불안이 생기는 시점! 그래서 자네뿐 아니라 모든 사람들이 불안을 안고 우르르 빠져나가는 시점! 이때가 바로 티핑포인트일세. 백화점에 100명이 있었다고 치면, 30명만 빠져나가도 나머지 사람들의 마음에 불안이 생길 수 있고, 50명 정도가 빠져나가야 불안해질 수도 있지. 몇 명이 빠져나가야 남아 있는 사람들의 마음에 불안이 생길까? 공식처럼 정확한 수치가 있는 것은 아니네. 매번 상황과 환경이 다르기 때문일세. 만약 같은 실험을 여러 번 반복해도, 결과는 매번 다를 가능성이 높지."

"아, 듣고 보니 정말 그렇네요. 언제 거품이 꺼질지는 아무도 모른다."

거품은 군중심리로 생기고 꺼진다

"이왕 말이 나온 김에, 거품의 특성에 대해서 두 가지만 더 알려주지."

"좋습니다."

"거품은 곧 군중심리라고 해도 과언이 아니네."

"군중심리요?"

"무리에 휩쓸리는 심리를 군중심리라고 하지. 다른 말로는 편승효과 또는 밴드왜건효과라고도 하네. 양떼나 나그네쥐는 앞의 꽁무니만을 보고 쫓아가는 습성을 가지고 있지. 그래서 이를 양떼효과나 나그네쥐효과라고도 하네. 특히 나그네쥐는 3~5년 주기로 집단자살을 하지. 이들의 시야는 반경 30cm도 채 되지 않는데, 무리의 리더가 서식지를 찾아다니다가 깊은 바다를 얕은 호수로 착각하고 뛰어든다네. 그러면 리더를 뒤따르던 다른 쥐들도 의심 없이 뛰어드는 거지. 그래서 집단자살이라는 표현을 쓰고. 천적이 따로 없는 이들은 이렇게 개체수를 줄여나가지. 그런데 인간도 양이나 나그네쥐가 지닌 습성을 가지고 있어. 자신의 생각보다 군중이 옳다고 믿고 싶어하고, 군중과 함께해야 마음이 편안해지는 거지. 이러한 군중심리가 결국 거품을 만들어내고, 거품을 꺼뜨리네. 사람들이 너도나도 무언가를 사들이면 탐욕과 질투가 생기면서 군중에 편승하려 하지. 반대로 사람들이 너도나도 무언가를 팔면 혼자만 손해볼지 모른다는 두려움에 군중과 같은 행동을 하게 되네."

"친구 따라 강남 가듯 투자했던 저도 마찬가지군요?"

"그렇지! 반대로 집단과 다르게 행동하는 것을 속물효과 또는 스놉효과라고 하네. 인간에게는 남과는 다른 특별한 존재가 되고 싶은 심리도 함께 있거든. 편승효과와는 반대 개념일세."

"어르신, 말씀을 계속 듣다 보니, 새삼 깨닫게 된 것이 하나 있어요!"

"그게 뭔가?"

"알고 보면, 경제는 모두 인간의 본성이나 심리에 의해서 움직이는 것 같아요. 수요와 공급, 사계절의 순환, 전쟁을 통한 돈의 조작, 금본위제도를 둘러싼 모든 문제, 거품의 형성과 붕괴 등. 여기에는 인간의 본성인 탐욕, 질투, 이기심, 두려움, 군중심리 등이 작용하죠. 결국 모든 경제활동이 인간의 본성에 의해 만들어지는 것 같다고요!"

"이제야 돈의 세계를 제대로 볼 수 있는 눈을 갖추었군! 바로 그거야. 왜냐하면 인간이 돈을 다루기 때문이지. 그래서 유명한 투자자들이 쓴 책을 읽다보면, 그들이 인간의 본성과 심리를 매우 잘 꿰뚫어 보고 있다는 사실을 알 수 있네."

"역시! 그래서 뛰어난 투자자로 인정을 받는군요."

"투자자라면 인간의 본성을 파악해 군중심리를 경계하고, 속물효과는 이용할 줄 알아야 하네. 이것은 조만간 자네가 알게 될 부의 기회와 깊은 관련이 있어."

"네? 부의 기회와 관련이 있다고요?"

"지금은 여기까지만 알아두게. 조만간 이 말의 깊은 뜻을 알게 될 테니까."

"알겠습니다."

"그럼 거품의 특성을 하나 더 알아보세. 그것은 바로 기자들의 거짓말일세."

"거짓말이요? 기자들이 무슨 거짓말을 한다는 거죠?"

돈이 '증발'했다는 표현은 새빨간 거짓말

"우리는 종종 증시가 폭락하거나 부동산시장이 폭락할 때, 10조 원 규모의 돈이 증권시장에서 증발했다거나 5조 원 규모의 돈이 부동산시장에서 사라졌다는 제목의 기사를 보게 되지."

"맞아요. 가끔 본 적 있어요."

"사실 증발했다는 말은 틀린 표현이네. 기자가 이 사실을 몰랐을 수도 있고, 알면서도 심각성을 알리려고 일부러 사용했을 수도 있지. 어쨌든 치솟던 가격이 폭락한다고 해서 돈이 사라지는 것은 결코 아닐세! 그런데 많은 사람들이 기사를 보고 정말로 돈이 사라졌다고 생각하게 되지."

"돈이 사라진 게 아니라고요? 그럼 제가 주식으로 잃은 돈은 어디로 간 거죠? 제 주머니에는 돈이 없는데요?"

"그건 거품이 꺼짐과 동시에 돈을 잃은 사람들이 느끼는 착각일 뿐일세. 자, 계속 묻지. 돈은 곧 무엇인가?"

"돈은 빚이다?"

"중요한 말이니 계속 되풀이해도 좋네. 즉! 돈은 오로지 빚을 통해 탄생하고, 빚을 통해서만 사라지지. 빚이 사라져야 돈이 사라진다는 뜻이야. 지폐를 불로 태우거나 동전을 바다 깊은 곳에 버려도 돈은 사라지네. 이러한 경우가 아니면 돈은 결코 사라지지 않아."

"그럼 제가 잃은 돈은 어디로 간 걸까요?"

"자네가 잃은 돈은 다른 누군가의 주머니로 이동한 것뿐일세."

"이동이요?"

"거품 속에서 누군가 이익을 얻으면, 누군가는 반드시 손해를 보네. 제로섬 게임이지. 가령 자네가 거품이라는 열차에 마지막으로 탑승하면, 자네에게 매도한 누군가는 이득을 얻고 열차에서 내린 걸세. 그럼 자네가 다시 이득을 얻으려면? 또 다른 누군가가 자네에게 더 높은 가격에 자리를 매수하고 열차에 탑승해야 하지. 하지만 그 전에 거품이 꺼지게 되면, 결국 마지막에 탑승한 사람들이 큰 손해를 보게 되는 걸세. 그들의 돈은 이미 열차에서 내린 사람들의 주머니로 이동한 거야."

"듣고 보니 그렇군요! 주가가 폭락해 제가 돈을 잃기 전에, 저에게 주식을 팔고 빠져나간 사람이 있었겠죠! 그러니까 거품이 형성되는 동안에는 한정된 자리의 열차에서 계속해서 가격이 오르는 열차표를 끊임없이 사고파는 것이군요! 그러다가 열차표 가격이 폭락하면 마지막에 올라탄 사람들이 손해를 보는 거구요."

"정확해. 하지만 손해를 본 사람들은 본능적으로 자기 돈이 사라져버렸다고 느끼지. 이 또한 거품의 특성일세. 여기서 문제는…….

"문제가 있나요?"

"거품이 형성되고 붕괴되는 과정에서, 다수의 돈이 소수의 주머니로 이동해버린다는 거야. 그래서 거품이 꺼지면, 다수가 돈을 잃게 되는 거지."

"다수의 돈이 소수의 주머니로?"

"처음 열차표의 가격이 낮을 때는, 각각의 소수가 적은 돈으로 많은 자리를 사서 차지하고 있네. 하지만 자리의 수요가 점차 늘어나고 열차표 가격이 상승하면, 치솟는 가격에 현혹된 수많은 투기꾼들이 뒤늦게 달려들어 자리를 사려고 하지. 하지만 뒤늦게 달려온 투기꾼들은 많은 돈으로도 고작 한두 개의 자리밖에는 차지하지 못하네. 이미 자리값은 치솟았으니까. 다시 말해서, 처음 적은 돈으로 많은 자리를 차지하고 있던 소수가 뒤늦게 달려드는 다수에게 높은 가격에 자리를 하나씩 팔고 열차에서 내리는 거라네. 이렇게 다수의 돈이 소수의 주머니로 이동하게 되는 거야. 즉, 거품경제는 다수에서 소수로의 부의 이동이며, 결국 빈부의 격차를 심화시킬 수밖에 없는 거지."

"빈부의 격차를 심화시킨다?"

"그런데 내가 수요와 공급에서는 어느 한쪽으로 영원히 치우칠 수 없다고 말하지 않았나? 열차표의 가격이 치솟으면 이제 누군가가 이전의 열차와 비슷한 열차를 만들어 팔려고 하지. 비트코인이라는 가상화폐의 가격이 치솟자 다른 종류의 가상화폐가 계속 생기고, 가상화폐의 선물과 옵션까지 생겨난 것도 마찬가지네. 공급이 늘어날 수밖에 없는 거야. 그리고 가격이 치솟으면서 반대로 그것을 살 여력이 되는 수요는 줄어드네. 공급은 늘어나고 수요는 줄어드는데, 가격이 하락하지 않고 버틸 수 있겠나? 가격은 결코 영원히 치솟을 수 없다네."

"정말 거품에 대해서 많은 것을 알게 되는군요! 그럼, 애초부터 거품이 생기지 않게 할 수는 없을까요?"

"하하, 내가 뭐라고 했나? 거품은 인간의 본성으로 만들어지는 것이야. 자네는 인간의 본성을 없앨 수 없냐고 물은 것과 같은 질문을 한 거지. 탐욕, 질투, 두려움은 인간이 5천 년 전에도 가지고 있던 습성일세. 거품은 과거에도 존재했고, 앞으로도 끊임없이 발생할 거야. 그래서 우리는 거품의 삼박자를 항상 염두에 두고, 거품에 휩쓸리지 않도록 노력해야 하네. 오히려 거품을 이용할 수 있다면 더욱 좋지!"

"거품을 이용하라?"

"하하, 그게 바로 부의 기회를 여는 열쇠라고 할 수 있네."

제드는 상순의 아리송한 말에 고개를 갸웃거렸다.

"자, 얼마 남지 않았네! 조만간 자네의 눈에 보이게 될 걸세. 그전에 먼저 거품의 역사를 들어보게. 역사를 통해서 자네가 직접 거품의 삼박자, 기폭제, 거품의 특성을 확인해보는 거야."

"오! 좋습니다. 오늘을 보려면 역사를 보아야 한다는 어르신의 말씀, 이제는 제대로 이해했으니까요!"

"좋아! 자네는 튤립이라는 꽃에도 거품이 존재했었다는 사실을 믿을 수 있겠나?"

"네? 꽃? 튤립이요?"

자본주의 최초의 거품, 17세기 튤립 버블

"맞네. 17세기의 네덜란드는 유럽에서 가장 부유한 국가 중 하나였네. 암스테르담 상인들은 동인도무역을 장악했고, 부유한 사람들이 넘쳐났지. 수많은 금과 은이 네덜란드로 들어와 있어 돈의 양은 충분했고. 그런 분위기에 터키에서 튤립이 네덜란드로 처음 들어오게 되었네. 처음에는 식용으로 들어왔지만, 튤립의 아름다움에 홀린 네덜란드 부유층이 이를 부의 과시용으로 소비하기 시작했네. 그런데 튤립은 재배가 까다롭고, 꽃이 피는 데도 1년이 걸렸으며, 뿌리에서 다시 새 뿌리를 얻는 데도 오래 걸렸지. 즉, 늘어나는 수요에 비해 공급은 부족했던 거야. 결국 튤립 가격은 치솟기 시작했네. 치솟는 가격은 투기꾼들을 끌어 모았지. 사람들은 너도나도 튤립을 찾았고, 심지어 튤립 가격의 약속과 권한까지도 사고팔았어."

"앗, 가상화폐에서 선물과 옵션이 생겨난 것처럼?"

"하하, 맞네. 역사는 반복되는 걸세. 치솟는 가격, 충분한 돈의 양, 인간의 광기라는 삼박자가 모두 갖춰졌지. 거품 절정기에는 튤립 한 뿌리 가격이 현재의 원화로 약 1억 원이 넘기도 했어. 그러나 당시 사람들은 그 가격이 충분히 합리적이라고 믿었네. 사실은 그렇게 믿고 싶었던 거지. 하지만 높아질 대로 높아진 가격이 터무니없다는 사실을 하나둘 알아채기 시작하면서 가격의 움직임이 둔해졌고, 결국 폭락하고 말았네. 뒤늦게 탑승한 많은 사람들이 돈을 잃었고, 자살하는 사람도 있었지."

"제가 그 심정을 좀 알죠."

19세기 철도 거품

"흥미롭지만 안타까운 역사라네."

"음, 거품의 삼박자를 증명할 또 다른 역사는 없나요?"

"물론 있네. 내가 가상화폐와 블록체인을 언급했을 때, 철도와 인터넷에도 거품이 있었다고 말했지? 이번에는 바로 철도일세. 19세기의 영국에는 산업혁명과 많은 식민지 덕분에 돈이 넘쳐났네. 19세기 초반에는 영국에서 증기기관차가 발명되었지. 사람들은 이 새로운 기술에 감탄했네. 이전까지는 마차나 배가 주요 운송수단이었는데, 철도는 다른 운송수단에 비해 속도도 빠르고 운임도 훨씬 저렴했지. 1830년을 전후로 영국의 철도회사들은 날이 갈수록 성장했어. 투자자들 역시 철도회사에 투자하면서 나날이 부자가 되어갔지. 하지만 1800년대 중반에는 거품이 급격히 커졌어. 철도회사들은 철로를 만들지 않고도 주식시장에 상장만 하면 엄청난 부를 챙겼고, 투기꾼들은 상장된 회사의 이름에 철도라는 이름만 있어도 주식을 사들였네. 하지만 이미 좋은 지역에 철로를 선점한 몇몇 회사를 제외하면 나머지 회사들은 극심한 경쟁에 시달리고 있었네. 투기꾼들은 뒤늦게 수많은 철도회사의 밝은 미래가 모두 허황된 기대에 불과했다는 사실을 깨닫기 시작했고, 기대는 실망으로 바뀌면서 철도회사들의 주가는 폭락하고 말았어."

"이번에도 역시 충분했던 돈의 양, 새로운 발명과 기대, 그리고 인간의 광기가 맞았군요. 삼박자가 딱딱!"

"맞네. 철도 거품은 영국에서만 발생하지 않았어. 1800년대

중후반, 미국에서는 서부를 시작으로 철도회사에 거품이 생겼지. 미국은 멕시코와의 전쟁을 끝내고 호황을 누리고 있었고, 캘리포니아에서는 엄청난 금광이 발견되었네. 또한 러시아에서 밀을 수입했던 유럽 국가들이 러시아와 전쟁을 치르게 되자, 미국에서 밀을 수입하기 시작했지. 미국에 돈이 차곡차곡 쌓였던 걸세. 그런데 이번에는 개인 투기꾼들뿐 아니라, 은행들도 어마어마한 빚을 져가며 철도회사에 투자했어. 하지만 거품은 꺼졌고, 수많은 투기꾼과 은행은 돈을 잃었지. 특히 막대한 손해를 본 미국 은행들과 거래하고 있던 다른 나라 은행들도 연달아 파산했네. 은행들이 파산하자 디플레이션과 함께 위기가 찾아왔네. 이때부터 사람들은 경제위기가 한 국가 내부의 문제만이 아니라 전 세계의 문제가 될 수 있음을 인식하기 시작했어. 이와 비슷한 철도거품이 1870년대에는 독일에서도 일어났지."

"허허, 이곳저곳에서 비슷한 일이 반복되었군요!"

"거품의 삼박자만 맞아 떨어진다면, 그 어느 곳에서든 거품이 생길 수 있지. 탐욕과 질투, 두려움이라는 인간의 본성은 기본적으로 바뀌지 않으니까. 자, 이번에는 1971년, 돈이 금에서 지폐로 바뀌고 난 후의 대표적인 두 가지 거품에 대해 들려주지. 먼저 인터넷일세."

"이번에는 인터넷?"

"지금부터는 중앙은행의 역할도 주의 깊게 살펴보게. 중앙은행의 권한이 커지고 난 이후의 사건이니까."

20세기 인터넷(닷컴, IT) 거품

"최근 일이라 더 궁금합니다."

"인터넷은 1990년대부터 2000년대 초까지 급부상했지. 인터넷이 열어줄 새로운 세상에 대한 사람들의 기대는 매우 컸어. 인터넷은 신세계 그 자체였으니까. 지금도 특별한 세상이고."

"그렇긴 하죠."

"당시 전 세계의 수많은 사람들이 주식시장에 상장된 인터넷 회사, IT관련 회사의 주식을 모조리 사들이기 시작했네. 특히 1998년부터 2000년 사이에는 회사 이름에 인터넷, 닷컴이라는 단어만 붙으면 망설임 없이 주식을 사들였어."

"철도와 같네요. 역사는 정말 반복되는군요!"

"당시 미국의 인터넷주식 거품이 얼마나 심했는지 보여주지."

상순은 태블릿 PC를 열어 무언가를 빠르게 찾았다.

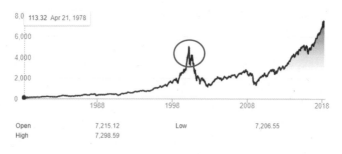

출처: 구글, google.co.kr

"이게 뭐죠?"

"미국의 인터넷, IT회사들이 주로 상장된 나스닥지수의 추이일세. 1998년부터 2000년 사이에 치솟은 부분을 보게."

"뾰족하게 솟은 부분 말이죠? 정말로 급격히 솟았다가 급하게 하락했군요?"

"거품이 얼마나 심했는지 알겠나? 시간이 흘러 2000년 수준으로 다시 지수가 오르는 데는 15년이나 걸렸네. 즉, 15년 후의 주가수준이 미리 반영되었던 거야."

"15년이라……."

"이번에는 미국 기준금리의 추이를 보여주지."

상순은 태블릿 PC 화면을 조금 아래로 내렸다.

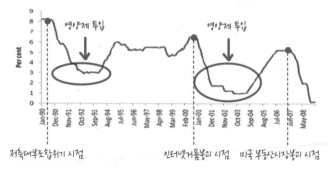

출처: Federal Reserve of St.Uouis, https://www.stlouisfed.org

"미국의 기준금리요?"

"알다시피 기준금리를 내리면 기업이나 개인이 빚내기 좋은 환경이 만들어지네. 바로 영양제 투입이지. 여기 그래프를 보면, 1990년부터 금리가 하락하기 시작했어."

"정말이네요?"

"미국은 1980년 초부터 저축대부조합의 연쇄파산으로 위기에 처했었네. 이 조합은 우리나라로 치면 상호저축은행 같은 금융기관으로, 사람들이 돈을 모아서 만든 작은 은행이지. 그런데 부실대출로 저축대부조합들이 위기에 처하자, 미국 중앙은행인 Fed가 기준금리를 갑자기 내려버렸어. 위기가 확산되기 전에 막으려고 잔디에 영양제를 뿌린 걸세. 이렇게 기준금리가 8%에서 3%까지 내려가자 사람들과 기업들은 대출을 더 싸게 받을 수 있게 되었지."

"그럼 거품의 삼박자 중 하나가 맞은 거네요?"

"맞네. 영양제 투입으로 생겨난 돈들이 인터넷회사로 흘러 들어갔네. 이번에도 거품의 삼박자가 모두 갖춰진 셈이지."

"세상에, 정말 들으면 들을수록 거품의 패턴이 비슷하군요!"

"모든 답은 역사에 있네. 위기가 해결되자 기준금리는 다시 오르기 시작했지. 그리고 인터넷 거품이 정점에 이르렀을 때는 더 올랐네."

"그렇다면 거품의 두 번째 기폭제, 즉 높은 금리와 이자부담이 인터넷 거품을 터뜨렸나요?"

"높아질 대로 높아진 금리가 투기꾼들의 자본과 행동, 심리를 모두 억제해버렸지. 그들을 절벽으로 밀어버린 걸세. 다시 말하지만, 거품은 반드시 꺼진다네. 역사상 단 한 번의 예외 없이 모두 꺼지고 말았지. 거품이 붕괴되면서 많은 사람들이 피해를 입었고, 철도 거품의 경우처럼 이번에도 경제위기가 찾아왔어."

"그럼, 이번에는 어떻게 위기를 극복했나요? 설마, 다시?"

"자네 예상대로 영양제를 투입하는 선택을 했다네. 그래프를 다시 한 번 보게. 인터넷 거품이 꺼진 2001년 이후 기준금리가 다시 하락하지 않았나?"

"이전보다 더 내렸어요! 거의 1%에 가깝게……."

"이것이 요즘 중앙은행의 행동 패턴일세. 1971년 이후로 중앙은행은 더 많은 권한과 능력을 가지게 되었고, 이제 적극적으로 돈의 양을 관리하려고 하는 거야."

"음, 그런데 돈은 곧 빚이잖아요? 위기 때마다 빚을 늘려 막는 것인데, 그러면 빚만 계속 늘어나지 않을까요?"

21세기 부동산 버블이 글로벌 금융위기로

"그런 의문이 생기나? 훌륭하군! 좀 더 들어보면 스스로 답을 찾을 수 있을 거야. 자, 이번에 들려줄 거품의 역사는 약 10년 전에 발생했고, 최근 세계경제의 모습을 그대로 보여주는 거울이기도 하다네."

"최근의 경제모습을요?"

"2008 글로벌 금융위기라는 말을 한 번 정도는 들어 봤을 걸세. 철도 거품 이후로 더 긴밀하게 연결된 세계는 이제 어느 한 곳에서 거품이 꺼지면 순식간에 그 여파가 전 세계로 퍼져나갔네. 2008년에도 그랬지. 그것도 매우 심각하게. 시작은 미국의 부동산에서였네."

"미국 부동산에 거품이 있었다고요?"

"맞아. 2000년대 초반 인터넷 거품이 꺼지고 미국의 중앙은행이 내린 영양제 처방은 이번에도 역시 한 곳으로 집중 투하되고 말았네. 빚내기 좋은 환경이 만들어졌고, 빚으로 만들어진 돈이 투기꾼들에 의해 이번에는 부동산시장으로 흘러갔지. 그래서 미국 부동산 값이 천정부지로 치솟았네."

"또 거품의 삼박자가 맞았군요! 치솟는 가격, 돈의 양, 인간의 광기!"

"그렇지! 치솟는 미국의 부동산시장은 투기꾼들을 끌어 모으며 거품으로 들끓기 시작했네. 은행들은 누군가가 부동산을 산다고만 하면 대출을 해주었어. 거품이 한창일 때는 일자리, 수입, 자산이 전혀 없는 사람에게도 돈을 빌려줬어. 부동산을 사기 위한 대출에는 아무 조건이 없었던 걸세."

"일자리도 없고 수입도 없으면 어떻게 이자를 내죠? 은행은 대출이자를 받을 생각이 전혀 없었나요?"

"상식으로는 도저히 이해 안 되는 일이지. 당시에는 수입, 일, 자산도 없는 사람을 닌자(NINJA)라 불렀네. No Income, No Job, and Asset의 앞 글자를 따서."

"닌자? 어떻게 그런 사람들이 대출을 쉽게 받은 거죠?"

"이 닌자들의 등급, 그러니까 원금과 이자를 갚을 여력이 가장 부족한 사람들의 등급을 서브프라임이라고 불렀네. 그래서 이 사건을 서브프라임 사태라고도 부르지. 은행이 왜 그들에게 대출을 해줬을까? 사람들이 대출받아 사려는 부동산 가격이 끝없이 오르고 있었기 때문일세! 만약 그들이 이자를 갚지 못해도, 은행은 담보로 제공받은 부동산을 팔면 대출금을 충분히 회수할 수 있다고 판단한 거지."

"네? 하지만 부동산 가격이 올라야 한다는 전제가 있어야만 가능하잖아요? 만약 부동산 가격이 갑자기 떨어지면 부동산을 팔아도 대출금도 갚지 못하는 위험에 빠질 수 있다는 생각을 은행이 못했을까요?"

"지금 냉정하게 생각하면 다 보이는 일이지만, 당시 은행들은 계속 오르기만 하는 부동산 가격에 눈이 멀어 그 상태가 영원할 것이라고 생각했네. 그래서 대출을 원하는 사람에게 정말 묻지도 따지지도 않고 대출해준 거라네. 어떻게든 이자로 돈을 벌려고. 이렇게 마구잡이로 대출된 돈은 당연히 대부분 부동산을 사는 데 쓰였네."

"음, 은행이 탐욕에 눈이 멀어 빚을 남발한 셈이군요. 이런!"

"하지만 문제는 거품의 기폭제였네. 중앙은행은 빚내기 좋은 환경을 만들어주고 난 후, 다시 반대로 제초제를 뿌리기 시작했지. 물가나 실업률, 임금상승 등의 지표를 확인하고, 경제가 위기에서 벗어났다고 여긴 걸세. 영양제를 더 투입하다가는 물가가 지나치게 오르고 경기가 과열될 것이라 판단했던 거지."

"하지만 그동안 풀린 돈은 벌써 부동산으로 흘러들어갔잖아요?"

"맞아. 이제 상황은 뒤바뀌고 두 번째 기폭제의 심지에 불이 붙어버린 걸세."

"이번에도 거품은 꺼졌겠군요?"

상순은 조용히 고개를 끄덕였다.

"약 1%까지 내려간 미국의 기준금리가 다시 5%까지 오르자, 높은 이자를 감당하지 못한 부동산 투기꾼들이 하나둘 집을 되팔기 시작했네. 특히 닌자들이 대출금을 갚지 못하자 은행들도 대출금 회수를 위해 담보로 잡은 부동산을 전부 팔아버렸지. 이렇게 부동산을 매도하는 사람들이 많아지니 가격이 하락하기 시작한 거야. 그리고 얼마 후 티핑포인트를 지나면서 미국 부동산의 거품은 꺼지고 말았네."

"역시나!"

"거품은 반드시 꺼진다! 이번에도 마찬가지였지."

"그런데 왜 미국 부동산의 거품 붕괴가 전 세계를 위기에 빠뜨렸던 거죠? 분명 글로벌 금융위기라고 하신 것 같은데요?"

"전 세계에 심각한 위기를 초래한 원인은 바로 파생상품이었네."

"파생상품? 선물이나 옵션 같은 상품이요?"

"이번에는 선물, 옵션과 조금 달랐어. 파생상품에 대해서 좀 더 설명하지. 파생상품이란, 말 그대로 무언가에서 파생된 상품을 의미하네. 오렌지주스는 오렌지에서 파생된 상품이고, 스마트폰은 mp3, 전화기, 카메라에서 파생된 상품이지. 튤립을 둘러싼 약속이나 권한도 튤립에서 파생된 상품이고. 여기서 파생 원

천인 오렌지, mp3, 튤립을 기초자산이라고 부르네. 이것이 파생상품의 전부일세."

"글자 그대로 무언가에서 파생된 상품!"

"맞네. 그런데 미국 뉴욕의 투자은행들이 대출이라는 기초자산으로 파생상품을 만들어버렸던 걸세! 미국의 부동산 가격이 천정부지로 치솟자, 투자은행들은 모든 사람들의 부동산 대출을 하나로 모아서 묶고, 이를 다시 새로운 상품으로 둔갑시켜 전 세계에 팔기 시작했어. 이것이 바로 세계를 위기에 빠뜨린 주범이었네."

"부동산 대출을 한데 묶어서 판다는 게 무슨 뜻이죠?"

"탐욕에 눈이 먼 투자은행들의 꼼수였네. 우선, 투자은행은 부동산, 자동차 등의 수많은 대출권을 시중은행에게 웃돈을 주고 샀지."

"네? 대출을 서로 사고팔았다고요?"

"맞아. 그럼 이제 대출들의 이자는 대출금을 지불한 은행이 아니라 은행에서 대출권을 산 투자은행의 주머니로 흘러가네. 그런데 투자은행은 이자를 받지 않고 사들인 대출들을 모아 다시 하나로 묶어 새로운 상품을 만든 후, 그럴싸한 이름을 붙였어. 그 이름이 CDO, 즉 부채담보부증권이라네. CDO라는 파생상품에는 수많은 빚이 들어가 있었네. 부동산, 자동차 할부, 신용대출 등. 이제 투자은행은 대출들을 묶은 CDO를 전 세계의 투자자들에게 다시 웃돈을 얹어 팔았던 거야."

"그러니까 빚을 사서 모으고, 모은 것을 다시 되팔아 돈을 벌었다는 거네요?"

상순은 고개를 끄덕였다.

"세상에! 그런 투자상품을 사고파는 것도 가능한가요?"

"하하, 자네가 그 CDO를 사면 어떤 이득을 얻을 수 있을까? 바로 CDO 안에 들어 있는 빚들의 이자, 그러니까 미국 사람들이 갚는 대출이자가 이제는 자네의 주머니로 들어가는 걸세."

"결국 미국 사람들에게 제가 돈을 빌려준 셈이 되는군요?"

"하하, 맞아. 결국 투자은행은 CDO라는 파생상품을 팔면서 엄청난 돈을 벌기 시작했네. 전 세계에 팔았으니 조 단위가 넘게 벌었지. 상황이 이렇게 되니 은행의 탐욕은 날이 갈수록 심해졌네. 팔 만큼 팔고 나서 다시 꼼수를 발휘했지. 이제 닌자들이 받은 대출, 즉 서브프라임 등급처럼 쓰레기와 다름없는 부동산 대출까지 CDO에 끼워 넣고 팔았네. 또한 CDO 안에 다른 CDO 상품을 끼워 넣기도 했고."

"뭐가 그렇게 복잡하죠?"

"자네에게도 복잡하지? 나도 마찬가지야. 심지어 그것을 파는 사람들에게도 그랬네. 그들도 자신들이 무엇을 만들어 파는지 잘 몰랐어. 오로지 더 벌겠다는 탐욕만 있었으니까. 그런데 여기서 특히 문제가 되었던 것은……."

"문제가 또 있나요? 지금까지도 전부 문제투성이인데요?"

"CDO에 붙는 투자등급이 불난 집에 기름을 부었지."

"투자등급이요?"

"신용평가회사라고 들어본 적이 있을 걸세. 신용평가회사는 모든 투자대상에 투자등급을 매겨주고 그 대가를 받는다네. 등급이 높을수록 투자 안전성이 높다고 할 수 있지. 현재 세계에서 가장 유명한 3대 신용평가사는 모두 미국의 뉴욕에 있네. 무디스, 스탠더드앤드푸어스, 그리고 피치."

"음, 뉴스에서 들은 적 있는 회사들이네요."

"여기서부터 잘 듣게. 투자은행들이 팔고 있던 CDO가 너무 많이 팔리다보니, 신용평가사들이 투자은행들로부터 엄청난 양의 CDO 투자등급 의뢰를 받게 되었지. 상황이 이러자 3대 신용평가회사가 투자은행들에게 더 많은 투자등급 의뢰를 받으려고 서로 경쟁하기 시작했어. 의뢰를 많이 받아야 더 많은 돈을 벌 테니까."

"그들 역시 돈을 벌기 위해서네요."

"미국 부동산 가격이 하염없이 치솟고, 그것을 기초자산으로 만들어낸 CDO라는 상품이 전 세계로 어마어마하게 팔려나갔기 때문이었지. 이제 경쟁사보다 더 많은 CDO의 투자등급 의뢰를 받고자 했던 신용평가사들은 CDO 안에 닌자들의 빚, 서브프라임 대출과 같은 나쁜 빚이 섞여 있었는데도 최고 등급인 AAA를 매겨주었네."

"뭐라고요? 자신들이 돈을 벌려고 쓰레기와 다름없는 CDO에 최고 등급을 매겼다고요?"

"등급을 잘 주어야 투자은행에 밉보이지 않고, 더 많은 등급 의뢰를 받을 수 있었기 때문이었네. 투자은행 역시 CDO 등급이 높아야 더 많이 팔 수 있었고, 투기꾼들, 은행들, 투자은행들처럼 신용평가사들도 돈에 눈이 뒤집혔던 거지."

"아무리 돈이 좋아도 그렇지! 그들은 세계에서 가장 유명한 평가회사라고 하지 않았나요?"

"그들의 영향력은 대단하지. 모든 국가의 연금기관이나 투자기관들도 그들의 투자등급을 신뢰하니까."

"세상에! 정말 말도 안 돼요!"

"정말 말이 안 되는 일이 실제로 일어나버린 걸세. 당시 모든 CDO의 90% 이상이 AAA등급을 받았으니까. 그러다 보니 전 세계 국가들의 연금기관, 전 세계의 주요 투자은행들, 그 외의 기타 투자기관들 모두 신용평가사의 등급을 믿고 CDO에 투자하기 시작했네. 덕분에 미국 투자은행들은 많은 CDO를 팔아 천문학적인 돈을 벌어들였고."

"그저 말문이 막히네요. 이건 사기잖아요!"

"그렇지? 그런데 얼마 지나지 않아 가장 큰 문제가 터졌지. 알다시피 제초제가 투입되고 삼박자가 틀어지자, 부동산 거품이 꺼지기 시작했네. 결국 대출금과 이자를 갚지 못하는 투기꾼들이 속출했지. 그들의 대출이 들어 있던 CDO라는 파생상품도 같이 망가지기 시작했어. CDO에 투자했던 전 세계의 수많은 투자자들이 이자를 받을 수 없게 됐지. 당연히 그런 CDO의 값어치도 폭락했고. 그동안 CDO가 최고의 투자자산이라고 믿었던 전 세계의 수많은 은행, 연금, 기관들은 모두 패닉 상태에 빠지고 말았네."

"아, 이제야 알겠어요. 기초자산이 무너지니까 그것으로 만들어진 파생상품도 같이 무너졌군요!"

"정확해! 위기는 순식간에 전 세계로 퍼져나갔네. 그런데 이 문제로 CDO를 팔았던 미국의 투자은행도 엄청난 손해를 입었지."

"투자은행이? 왜죠? 그들은 CDO를 팔아서 이미 이익을 얻었잖아요?"

"아직 팔지 못했던 수많은 CDO 가격이 폭락하기도 했어. 그들은 CDO의 보험까지 만들어서 팔았거든."

"CDO의 보험이요?"

"CDO 가격이 폭락할 경우 그 손해를 보상해주는 보험까지 팔았던 걸세. 이익에 눈이 먼 자들의 끝없는 몸부림이었다. 그 보험의 이름을 사람들은 신용부도스와프, 즉 CDS라고 불렀네. CDO든 CDS든, 이름은 정말 거창하지? 일반인들이 쉽게 알 수 없도록 일부러 복잡하게 만든 것 같기도 하고. 그들은 CDO에 전혀 문제가 없을 거라고 생각하고 보험 상품까지 판 거야."

"탐욕이 탐욕을 불렀군요!"

상순은 인상을 찌푸리면서 고개를 끄덕였다.

"인간의 탐욕은 정말 무섭지. 하지만 미국 부동산시장 거품이 꺼지자 CDO 가격은 끝없이 추락했고, 거의 모든 CDO가 쓰레기로 변했네. 보험을 판 회사들의 생각과는 다르게 엄청난 손해를 입게 된 거지. 이제 투자은행들은 CDS를 판 투자자들에게 보험금을 지불해야 했네. 지불 금액은 상상을 초월했어. 심지어 AIG생명 같이 규모가 큰 보험회사도 CDS 때문에 결국 파산할 지경에 이르고 말았네."

"잠깐만요. 대개 보험회사가 보험을 팔 땐, 어느 정도 손실에 대비한 돈을 준비해두지 않나요? 그런데 그렇게 쉽게 파산위기에 처했다고요?"

"자네 말이 맞네. 다른 종류의 보험을 팔 때는 손실에 대비한 자금을 준비해두어야 하지. 준비한 보험금보다 더 많은 보험을 팔 수 없는 규제가 있는 거야. 하지만 CDS라는 보험에는 그런 규제가 없었네. 손실에 대비해 비축한 돈이 얼마든, CDS를 계속해서 팔 수 있었다는 말이지! 그들은 비축금보다 훨씬 많은 양의 보험을 팔았고, 그 보험에 문제가 생기면서 큰 위기에 봉착했던 걸세!"

"그게 도박이 아니면 무엇인가요?"

"도박과 다름없지. 복권회사가 복권당첨자가 절대 나타나지 않을 거라 생각하고 당첨금을 준비하지 않은 것과 같은 거야. 그로 인해 CDO와 CDS를 판 대형 투자은행과 보험회사들이 모두 파산 직전까지 갔지. 또한 CDO에 투자한 수많은 국가, 기관, 기업, 투자자들이 손해를 보면서 글로벌 금융위기까지 찾아왔던 걸세."

"모두가 탐욕에 눈이 멀어 세계경제를 위기에 빠뜨렸군요?"

"맞아. 시간 나면 영화 〈빅 쇼트(The Big Short)〉를 한 번 보게. 2015년 아담 맥케이 감독이 만든 영화야. 이 영화에서는 주인공들이 미국 부동산시장과 CDO의 문제를 사전에 간파하고, 보험 CDS를 미리 사둬서 훗날 큰돈을 버는 내용을 담고 있네. 영화 내용이 어렵다는 평도 있지만 지금의 자네라면 쉽고 재미있게 감상할 수 있을 거야."

"정말 한번 봐야겠군요."

"전 세계에 위기가 찾아오자 아이슬란드가 파산했고, 미국 투자은행들과 연계된 전 세계의 수많은 은행이 파산하거나 인수당했네. 은행들은 예금자들이 돈을 빼지 못하도록 예금 인출을 막기도 했지."

"예금자들이 은행에서 자기 돈을 빼지 못하게 했다고요?"

"뱅크런이 일어나지 않도록 강제로 막은 것일세. 뱅크런이 일어나면 은행은 연쇄부도를 낼 테니까."

"아니, 내 돈을 내가 찾을 수 없다니! 은행이 자기네 망할까봐 고객 예금을 쥐고 있는 거네요?"

"말하지 않았나? 큰 위기가 찾아오면, 국가와 정부는 항상 경제를 살린다는 명목으로 국민들에게 희생을 강요해왔어. 역사는 되풀이되네. 금을 조작했던 미국을 떠올려보게."

"이런! 답답하고 한심한 역사도 반복되는군요!"

"특히 은행이 파산하면 디플레이션이 심화되면서 더 큰 위기가 찾아올 수 있지. 그래서 미국 정부는 큰 결심을 했네."

"결심이요?"

대마불사(大馬不死)

"대형금융기관들에게 돈을 퍼주기로 한 걸세! 돈을 퍼줘서 파산 위기에 처한 대형 회사들을 살리겠다고 생각한 거야. 미국 정부는 투자은행, 보험회사, 대출업체 등 수많은 곳에 약 7,000억 달러를 퍼주었네. 1달러를 1,000원으로 계산해도 700조 원에 달하는 어마어마한 돈이었어."

"700조 원이요? 설마 공짜로 준 건 아니겠죠?"

"공짜로 주었지. 이를 구제금융이라고 부르네. 정부가 더 큰 연쇄파산과 위기를 막기 위해서, 파산 위기에 처한 거대한 은행이나 기업에게 돈을 퍼주는 행위일세. 자, 그럼 여기서 질문! 그 700조 원은 어디서 났을까?"

"미국 정부에게 그만한 돈이 있었나요?"

"그 돈은 미국 정부가 미국 중앙은행인 Fed에서 빌린 돈이라네."

"빌린 돈이요?"

"빚! 즉, 700조 원은 중앙은행에서 새롭게 태어난 돈이라는 거지! 미국 정부가 채권을 발행하여 중앙은행에 팔고, 중앙은행은 새로운 돈 7,000억 달러를 찍어내 정부에 빌려줬지."

"뭐라고요? 정부가 빚까지 내면서 공짜 돈을 준다? 은행과 보험회사가 위험에 처한 이유는 오로지 그들의 탐욕 때문인데도요?"

제드가 잔뜩 화난 목소리로 따지자, 상순이 제드를 진정시키려는 듯 목소리를 낮췄다.

"여기서 더 중요한 사실은 이거네. 정부가 채권을 발행해서 빌린 돈 7,000억 달러와 그 이자는, 나중에 국민이 갚아야 한다는 사실이지. 특히 미국 중앙은행 Fed는 거대 은행가와 기업가가 소유한 민간은행이기도 하고. 그러니 그들은 빚과 이자를 꼭 받아내고야 말겠지. 하하하."

"뭐라고요? 미국의 중앙은행이 국가 소유가 아니라고요?"

"현재 전 세계의 기축통화를 발행하는 Fed를 관리하는 주체는 미국 정부일세. 하지만 이를 소유하고 있는 것은 거대 은행가나 기업이지. 재미있지 않나? 이들이 통화를 새롭게 만들어내고 그에 따른 이자를 벌고 있네. 국가에 돈을 빌려주고 이자를 받는 장사도 하고 있는 거야."

"허허, 어떻게 그럴 수가!"

"자, 이 이야기는 여기까지만 하세. 미국 중앙은행에 대해서 말하고자 하면 대화가 너무 길어지니까 말이야. 좀 더 알고 싶다면, 나중에 관련 서적을 따로 읽어봐도 좋네. 다시 본론으로 돌아와서, 정부가 무슨 돈으로 빚을 갚겠나? 바로 세금이네. 정부가 빚을 지면 곧 국민이 빚을 지는 것과 같아. 정부가 갚아야 할 빚과 이자가 늘어나면, 세금의 종류가 늘거나 기존 세금의 세율이 오르는 걸세. 세금을 더 걷어야 늘어난 빚과 이자를 갚을 수 있으니까. 단, 정치인은 국민의 반감을 사지 않는 선에서 최대한 조용하고 은밀하게 이를 행하겠지."

"그러니까 그 7,000억 달러의 빚과 이자는 결국 미국 국민이 부담하는 거군요? 탐욕에 눈이 멀어 세계경제까지 위태롭게 만든 장본인들이 국민의 세금으로 도움을 받는다?"

흥분한 제드가 목소리를 더 높이자, 주변 사람들이 하나둘 제드를 쳐다보기 시작했다. 주변의 분위기를 느낀 제드는 이내 목소리를 낮췄다.

"그들은 죄에 대한 벌 대신 상을 받고, 오히려 국민이 벌을 받았군요! 세금으로 빚을 갚아야 하니까요."

"미국 국민 입장에서는 정말 억울한 일이지. 그래서 뉴욕 월 스트리트에서는 금융위기와 구제금융이 발생할 때마다 대규모 시위가 일어나곤 하지. 정부 말대로 은행이 파산하면 더 큰 문제가 생길 수 있어. 디플레이션이 심화되고 위기가 확산되지. 완전히 틀린 논리는 아니네. 하지만 그래서 그들을 도와준다? 역사적으로 국가는 항상 국민들의 희생을 통해 위기를 벗어나려 했지. 이게 바로 모럴 해저드, 도덕적 해이일세. 대형 은행들은 이제 잘 알고 있다네. 위험에 처하면 정부가 반드시 나서준다는 사실을! 자신들이 경제에 큰 영향을 미칠 정도로 몸집만 크다면 말이야. 국민의 희생과 세금을 믿는 거지. 그러니 대형 은행, 투자은행들이 규모만 키우면서, 더 위험하고 무분별하며 비이성적인 경영을 계속하는 걸세. 예금보험도 마찬가지야. 겉으로는 예금자를 보호하는 것처럼 보이지만 사실은 국민의 세금으로 은행을 보호해주는 것이거든. 결국 은행이 예금자의 돈으로 더 무분별한 대출을 하도록 만들어줄 뿐이지. 잘못되어도 정부가 도와주니까."

"정말 화가 납니다. 죄책감은 아예 없는 거네요."

"어처구니없지? 그런데 이런 일이 자본주의 사회에서는 자주 일어나고 있다네. 구제금융은 은행에게만 해당되는 것은 아닐세. 대기업도 마찬가지야. 그들이 파산하면 일자리가 사라지고, 일자리가 사라지면 소비가 줄어들면서 디플레이션이 올 수 있으니까. 그래서 그들에게는 대마불사라는 별명까지 생겼네. 무리를 이룬 말들은 쉽게 죽지 않는다는 뜻인데, 바둑에서 많이 쓰이지. 쉽게 죽지 않는다! 이제는 대형은행이나 기업에게 쓰이는 용어가 됐다네. 규모가 거대할수록 위기에 처하면 정부의 구제금융으로 다시 살아나거든. 좀비기업이 탄생하는 거지."

"음, 지금 제 머릿속에는 불공평이라는 단어만 떠오르네요! 제가 가게를 하나 차렸는데, 무분별한 운영으로 심각한 위기에 빠지면 정부가 저를 구제해줄까요? 어림없잖아요?"

상순은 자신의 무릎을 치며 격하게 동감했다.

"내가 하고 싶은 말도 바로 그거네! 하지만 안타깝게도 이런 결정을 내리는 사람은 우리가 뽑은 정치인들일세. 그리고 지금까지도 많은 국가가 구제금융 카드를 아무렇지 않게 사용하고 있지. 마치 유행처럼. 자본주의의 핵심은 오로지 실력으로 공평한 경쟁을 할 수 있는 평평한 운동장의 여부일세. 하지만 요즘 정부는 구제금융, 예금보험, 은행예금의 강제동결 같은 수단으로 대기업과 대형은행들에게만 매우 유리한 기울어진 운동장을 만들어내고 있는 거야."

고농축 영양제를 머금은 잡초들

상순은 다시 흥분한 제드를 진정시키려는 듯 차분한 어조로 말을 이어갔다.

"그렇다고 정부가 모든 은행과 보험회사를 살려주지는 않았네. 특히 100년 이상의 역사를 가진 대형 투자은행 리만브라더스는 손실이 워낙 컸기 때문에 파산을 막지 못했지. 국민들이 정부에 반감을 갖지 않도록 일부러 파산시켰다는 말이 떠돌기

도 했지만. 그래서 2008년 금융위기를 리먼브라더스 사태라고
도 부르네."

"그렇군요."

"이제 생각해보게. 미국 중앙은행이 위기를 극복하기 위해서
다시 행동을 취했을까?"

"설마! 또 영양제를 투입했나요? 이전에 그랬던 것처럼?"

"빙고! 2008년 금융위기 당시 미국 중앙은행의 의장이었던
벤 버냉키는 '경제에 공황이 닥치고 디플레이션에 빠질 위험이
조금이라도 있다면, 헬리콥터 위에서 돈을 뿌려서라도 경기를
부양하겠습니다'라는 유명한 말을 남겼네. 그래서 그는 헬리콥
터 벤이라는 별명까지 얻었지. 중앙은행의 능력을 이용해 돈의
양을 최대한 늘리겠다고 선언했던 거네. 미국만이 아니라 위기
에 봉착한 수많은 국가들의 중앙은행도 즉시 손에 영양제를 쥐
기 시작했어. 잠깐만."

상순은 태블릿 PC를 다시 열어 제드에게 보여주었다.

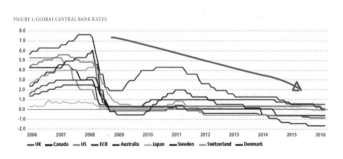

출처: 블룸버그(Bloomberg)

"이게 뭐죠?"

"미국, 캐나다, 영국, 호주, 일본, 스웨덴, 스위스, 덴마크 등 주요국들의 기준금리 추이일세. 모든 국가들이 2008년 이후로 예외 없이 기준금리를 급히 내린 것을 볼 수 있지."

"음? 잠깐만요! 좀 이상해요. 그래프를 보면, 기준금리가 점점 0%에 가깝고 마이너스로 내려간 나라도 있는데요? 마이너스? 금리가 어떻게 마이너스가 되나요?"

"잘 보았군! 돈의 가격이 0%라는 의미는 돈을 공짜로 빌려준다는 뜻이네. 그리고 돈의 가격이 마이너스라면, 돈을 빌려주는 사람이 오히려 이자까지 지불하는 경우를 말하지."

"뭐라고요? 어떻게 그럴 수 있죠? 상식적으로 이해가 안 되는데요?"

"정상적인 자본주의 세계라면 절대 일어날 수 없는 일이네. 이 세상 어딜 가더라도 돈을 빌리고 이자까지 받을 수 있는 곳을 찾기는 어렵지. 하지만 중앙은행과 금융기관의 관계에서는 이렇게 말도 안 되는 일이 벌어졌던 걸세. 중앙은행이 금융기관들에게 제발 우리에게 돈을 빌려서 시중에 돈 좀 풀라고 등을 떠민 거야."

"중앙은행의 목적이 시중에 돈의 양을 늘리는 것이니까요?"

"맞아. 그런데 기준금리가 낮은 수준을 넘어서 공짜이거나 마이너스였다는 것은 위기가 얼마나 심각했는지 말해주고 있지. 심지어 전례 없이 낮은 기준금리가 이전처럼 3년이나 5년 후에 올라가기는커녕, 시간이 지날수록 더 내려만 갔네. 약 10년이라는 세월 동안 저금리를 지속해온 거야."

"10년 동안이나 영양제를 투입한 셈이군요."

"한국의 경우도 예외는 아니었지. 이것을 보게."

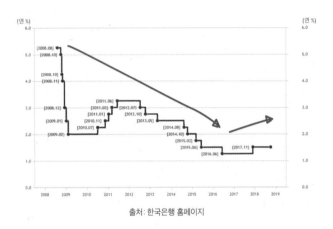

출처: 한국은행 홈페이지

"한국의 기준금리인가요? 2008년 이후로, 다른 나라들과 별 차이가 없군요!"

"다른 나라들의 기준금리 추이를 그대로 닮았지? 2008년 8월 5.25%였던 기준금리는 약 10년에 걸쳐 1.25%까지 내려갔네. 전 세계의 중앙은행들이 거의 10년 동안 영양제를 투입했던 걸세. 이 말은 그들이 약 10년 동안 세계경제가 위기에서 충분히 벗어나지 못했다고 판단했다는 뜻이기도 하지."

"상황이 얼마나 심각했기에 10년 동안이나……."

"다른 그래프도 하나 보여주지."

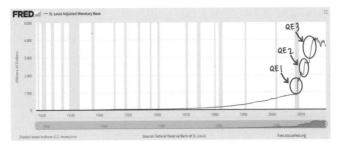

출처: https://fred.stlouisfed.org/series/AMBNS

"이 그래프는 뭔가요?"

"이것은 미국 중앙은행이 100년에 걸쳐 만들어냈던 본원통화량의 추이일세."

"본원통화? 그러니까 중앙은행이 새로 만들어낸 돈이요?"

"맞아. 중앙은행이 직접 찍어서 금융기관이나 정부에 빌려준 돈의 양일세. 그래프를 보면 알겠지만, 중앙은행이 만들어낸 돈의 양은 1971년 이전까지 거의 변화가 없었어. 금의 양이 변하지 않는 한, 함부로 화폐를 찍어낼 수 없었으니까. 하지만 1971년 이후로 중앙은행은 화폐를 찍어내기 시작했네. 돈의 양을 관리하는 중앙은행의 능력이 막강해지기 시작한 거야."

"그렇군요! 그런데 어르신, 그래프를 보니 2008년 글로벌 금융위기 이후로 세 번이나 크게 치솟았어요! 전에 찍어낸 양과는 정말 차원이 다른데요?"

"눈에 띄지? 2008년 글로벌 금융위기 이후로 미국 중앙은행은 세 번에 걸쳐 엄청난 돈을 찍어냈네. 기준금리를 최대한 낮쳐서 더 이상 돈의 양이 늘어나는 것을 기대할 수 없을 때, 채권 등의 자산을 매입하면서 돈의 양을 더욱 늘려 경기를 부양시키는 것을 양적완화라고 하네. 약자로 QE라고 표시하고. 이런 본원통화의 증가는 그래프에서 보이듯 전례가 없었네."

"그만큼 위기가 거대했다는 거네요."

"맞네. 세 번에 걸친 양적완화로 Fed가 찍어낸 돈은 총 3조 7,000억 달러일세."

"3조 7,000억 달러? 1달러 가격이 1,000원이라 해도 3,700조 원이나 되는데요?"

"더 놀랄 얘기를 해주지. 미국의 Fed는 3,700조 원을 찍어내 각종 채권을 사들인 셈이네. 이제 이 돈이 금융기관, 정부, 기업 등으로 흘러들어가고, 돌고 돌면서 은행으로 들어가 예금이 되지. 자, 여기서 간단한 계산을 하나 해보세. 전 세계 은행들의 지급준비율은 각각 다르지만, 대략 10%라고 가정하자고. 사실 중앙은행이 영양제를 투입하고 있을 때는 지급준비율이 10%보다 훨씬 낮지만, 계산하기 쉽게 가정하는 거야. 그럼 자네가 배웠듯이, 지급준비율이 10%일 때 예금된 돈은 신용창조로 총 10배까지 늘어날 수 있네. 즉, 3,700조 원의 돈이 신용창조를 통해 3경 7,000조 원까지 늘어날 수 있다는 거지!"

"3경 7,000조 원이요?"

"이로 인해 달러는 가치와 신뢰를 많이 잃었네. 돈의 양이 많아지면 가치는 하락하니까. 1913년 미국의 중앙은행이 설립된 이후, 달러는 90% 이상의 가치를 잃고 말았지. 기축통화국인 미국이 달러를 계속 찍어냈기 때문일세."

"그래서 달러가 신뢰를 잃고 있다고 말씀하셨던 거로군요?"

"맞아. 세계 주요국 역시 한 손에 영양제를 쥐고 돈을 찍어냈지. 독일의 분데스 은행, 유럽중앙은행, 미국의 Fed, 일본은행, 그리고 영국의 영란은행, 이 다섯 중앙은행이 현재 가지고 있는 채권의 규모만 합해도 총 약 14조 4,000억 달러일세. 즉, 14조 4,000억 달러의 규모만큼 돈을 찍어서 채권을 사고 시중에 돈을 풀었다는 뜻이야. 환율이 1달러가 1,000원이면 원화로 1경 4,400조 원에 해당하네. 이 돈이 평균 지급준비율 10%인 은행으로 들어가 신용창조로 다시 늘어나면 10배가 늘어나 총 14경 4,000조 원까지 만들어질 수 있는 것이고."

"14경 4,000조 원? 얼마나 많은 돈인지 상상도 안 되네요."

"단 5개 은행뿐일세. 다른 주요국도 본원통화량을 늘려왔지. 이렇게 중앙은행들이 만든 고농축 영양제가 오로지 잔디가 죽어가는 것을 방지하는 데 쓰였다는 말이야! 그런데 생각해보게. 돈의 세계에서는 항상 잡초가 생겨나기 마련이야. 인간의 탐욕과 질투는 어디서든 피어날 수 있으니까. 주심은 모든 잔디에 영양제를 골고루 뿌리고 싶겠지만 인간의 본성과 잡초까지 통제할 수는 없지!"

"거품의 삼박자! 그중 하나의 요소가 거의 10년 동안이나?"

"중앙은행은 잡초 따위에 신경 쓸 여력이 없었네. 중앙은행의 주요목표는 오로지 잔디관리(물가관리)니까. 그런데 약 10년이라는 기간 동안 투기꾼들의 탐욕과 질투에 불을 지필 환경이 만들어졌던 거야. 빚내기 좋은 환경이 이렇게 오래 지속된 적은 역사상 단 한 번도 없었어. 거품의 삼박자에서 중앙은행, 그러니까 돈의 양을 제외한 나머지는 무엇이지?"

"획기적인 발명이나 치솟는 가격! 그리고 인간의 광기!"

"맞네. 우리는 이미 가상화폐라는 새로운 발명과 이에 참여한 인간의 광기를 보았네. 가상화폐뿐이 아닐세. 과연, 전 세계에서 약 10년 동안 인간의 탐욕과 질투에 불을 지핀 적이 없었을까?"

"아!"

"나는 세계 곳곳에 거품이 있을 거라 짐작하네. 거품이 없다면 거짓말일세. 그것은 이미 우리가 살아가는 돈의 세계가 아님을 뜻하니까."

"음, 그, 그렇군요."

우리가 가고 있는 길

"그래서 우리들은 잡초, 즉 거품의 성질을 제대로 이해할 필요가 있는 거야."

"그럼 어르신, 지금은 어떤가요? 여전히 중앙은행들이 영양제를 투입하고 있나요? 아직 전반적으로 잔디가 자라나지 못했기 때문에?"

"서서히 변화가 보이고 있네. 이제는 하나둘씩 영양제를 거둬들이고 제초제를 꺼내려고 하고 있지."

"제초제를?"

"달러를 발행하는 미국 중앙은행, Fed는 이미 제초제를 꺼내 투입하고 있네. 2017년 10월, Fed는 이제껏 사들였던 채권을 천천히 되팔면서 반대로 돈을 회수하겠다고 발표했지. 즉, 양적완화를 서서히 줄이겠다는 뜻일세. 이를 테이퍼링이라고 불러."

"테이퍼링이요?"

"테이퍼링은 양적완화를 줄이겠다, 그동안 풀어왔던 돈을 서서히 거둬들이겠다는 뜻이지. 그리고 테이퍼링을 멈추고, 본격적으로 제초제를 뿌리는 것을 긴축정책이라고 부르네."

"긴축정책이라!"

"어쨌든 미국은 2008년 12월부터 공짜 돈과 다름없는 0%~0.25%의 기준금리를 약 7년 동안 이어오다가, 2015년 12월에 처음으로 금리를 0.25%~0.5%로 올렸네. 그 뒤로도 여러 번 금리를 올려왔고, 현재는 2.25%~2.5%까지 오른 상태일세. 한국도 같은 길을 걸으려는 조짐이 있고."

"한국도 제초제를 뿌리려고 한다고요?"

"최근 6년이 넘도록 1.25%에 머물렀던 한국의 기준금리는 2017년 11월 1.5%로 올랐네. 그리고 최근에는 한국은행이 1.75%(2018.11.30.)로 올렸지. 하지만 장기 경기침체, 높은 실업률, 수출 감소, 특히 일본의 수출규제 등으로 어려움에 처하자, 급격히 방향을 틀어 금리를 0.25% 내리고(2019.7.18.) 새로운 빚으로 경제위기를 다시 탈출하려는 움직임을 보이고 있네. 여기서 '빚으로 위기를 탈출한다'라는 말에 주목할 필요가 있어. 어쨌든 이러한 상황에서 한국은행이 금리를 빠르게 올리지는 못하겠지. 그런데 문제는, 지금처럼 저금리를 오래 지속하거나 더 내리면 부채의 심각성은 날이 갈수록 심해진다는 거야. 이미 저금리 환경이 오래 지속된 덕분에 한국의 가계부채가 약 1,500조 원을 넘어서고 있거든. 1,500조 원에서 약 3분의 1인 500조 원 정도가 부동산 구입 대출이었지. 이 대출 중 상당부분이 서울의 아파트 가격을 많이 올려놓았네. 하지만 저금리를 영원히 지속할 수는 없어. 만약 그런 상황이 오면, 우리는 이미 벗어날 수 없는 빚의 딜레마에 빠져 있다는 뜻이니까. 훗날 한국의 기준금리가 대략 1%만 높아져도, 가계의 변동금리대출 이자부담은 약 11조 원이 늘어난다고 하네. 그럼 약 3분의 1인 4조 원의 부동산 대출 이자부담이 늘어난다는 뜻이지. 훗날 이러한 이자부담이 부동산 투기꾼들을 절벽으로 내몰 수 있어. 한국뿐 아니라 유럽의 경우도 서서히 제초제를 투입하려는 분위기가 감지되고 있고. 물론 상황을 더 두고 봐야지만 말일세."

"아, 10년간의 영양제가 어떻게 쓰였을지 두렵군요."

"그리고 이자폭탄은 금리가 낮은 상황일수록 더 강력하지."

"그게 무슨 뜻이죠?"

"생각해보게. 만약 자네가 연 6%의 대출금리로 1억을 빌렸다면, 앞으로 내야 할 이자는 연 600만 원이네. 그런데 금리가 2% 더 올라서 연 8%가 되면 어떻게 될까? 내야 할 이자가 800만 원으로 늘어나지. 하지만 800만 원은 기존이자 600만 원의 약 1.3배에 불과하네."

"음, 그렇죠."

"그렇다면 대출금리가 낮은 2%의 상황에서는 어떨까? 이번에도 자네가 1억을 빌렸다면, 내야 할 이자는 연 200만 원이네. 그런데 금리가 2% 더 올라서 연 4%가 되면? 총 이자는 400만 원으로 늘어나지. 그런데 400만 원은 기존이자 200만 원의 2배 일세! 금리는 똑같이 2%씩 올랐지만 상황에 따라서 부담의 크 기가 다른 거야. 자네는 이자가 이전보다 1.3배 오를 때와 2배 오를 때 중에서, 어느 때 더 민감하겠나?"

"2배로 오를 때겠죠! 체감이 훨씬 되겠어요!"

상순은 고객을 끄덕였다.

"체감뿐 아니라 실제 부담도 함께 늘어나네. 이미 오르기 전 의 이자를 고려해서 재정계획을 세워놓고 있었을 테니까. 참고 로, 요즘의 중앙은행은 기준금리를 0.25%씩 천천히 올리지. 너 무 급격히 제초제를 투입하면 거품의 삼박자가 빠르게 뒤틀려 서 경제에 악영향을 끼칠 우려가 있으니까. 하지만 아무리 조심 해도 중앙은행이 제초제를 쥔 이상, 거품의 삼박자는 조금씩 틀 어질 걸세. 단지 시간의 문제일 뿐. 그동안 늘어왔던 빚이 사라 지게 시작하면서 자산 가격이 하락하는 시기가 곧 올 거야."

"이전에 항상 그래왔던 것처럼?"

"답은 역사에 있다네. 경제의 호황과 불황, 중앙은행의 조치 는 항상 반복되어 왔지."

"그럼, 지금은 기폭제의 심지에 불이 붙은 상태라고 봐도 되 나요?"

상순은 고개를 끄덕이며 말했다.

"여기까지가 우리가 이제껏 밟아온 역사였네. 흐름이 바뀔 수 있는 조짐이 조금씩 보이기 시작했다는 거야."

결코 친구가 될 수 없는 정부와 중앙은행

"그런데, 이번 위기로 구제금융을 넘어서 비정상적인 조치를 취한 국가들도 있었네. 절대 취하면 안 될 조치를."

"취하면 안 될 조치요?"

"돈을 마구 찍어내서 위기를 탈출하려 했던 거야. 혹시 지난 번 초 인플레이션을 설명할 때 보여준 사진 기억하나?"

"네, 그럼요. 독일, 짐바브웨, 베네수엘라 사진이었잖아요."

"그렇지. 2008년 글로벌 금융위기가 찾아오자, 아프리카의 짐바브웨도 어려움을 겪었지. 정부가 중앙은행을 통제하고, 돈을 마구 찍어내기 시작했네. 당연히 초 인플레이션이 찾아왔지. 모든 국민이 생활고에 빠지고, 물물교환의 시대로 퇴보하고 말았네. 아, 잠깐만 기다려보게."

상순은 지갑을 들어 얇은 지폐 하나를 꺼내 보였다.

"이것은 당시 짐바브웨의 100조 달러일세. 인터넷에서 아주

싸게 구입할 수 있지. 당시에 100조 달러의 지폐로 달걀 한 개도 사 먹지 못했네. 인플레이션이 극도로 심했을 때는 짐바브웨 100조 달러 350장이 있어야 미국 1달러와 교환이 가능했거든."

"뭐라고요? 상상이 안 될 정도로 심각했군요."

"결국 37년간 독재를 해온 로버트 무가베 대통령은 2017년 말 군부 쿠테타로 물러났지. 짐바브웨는 지금도 힘겨운 시기를 보내고 있지."

"역시, 그렇군요."

"베네수엘라의 아픔은 현재진행형일세. 이 나라는 석유 수출 산유국이지. 오래도록 높은 가격을 유지했던 석유 덕분에 돈을 벌어들이자, 정치인들은 과한 포퓰리즘으로 복지정책을 남발했네. 하지만 금융위기가 찾아오자, 석유 수요가 줄면서 석유가격이 하락했고, 위기에 봉착했어. 지출이 수입보다 더 커졌으니까. 베네수엘라 정부는 중앙은행을 통제하여 돈을 찍어내기로 결정했지. 당연히 초 인플레이션이 찾아왔네. 베네수엘라의 화폐 볼리바르는 지금도 휴지조각과 다를 바 없지. 앞으로 베네수엘라의 물가상승률이 연 1,000만 %가 될 것이라고 예측하는 사람들도 있네. 이는 2,000원짜리 과자가 2년 후에 약 200억 원이 된다는 말이지. 결국 수백만 명의 국민들이 베네수엘라를 떠났고, 여전히 떠나고 있어. 국가 경제가 무너지니 정치, 치안 등 모든 시스템이 망가지고 말았네. 국민들은 지금도 반정부 시위를 하고 있지. 큰 혼란기라고 할 수 있지."

"안타까운 일이네요. 국가가 파산한 거나 마찬가지니 국민들

스스로 살 길을 찾아나서고 있는 거군요? 이렇게 되기 전에 국민이 정부와 중앙은행을 잘 감시할 필요가 있겠어요! 자칫 잘못해서 정부가 중앙은행의 권한을 빼앗아 버리면, 모든 피해는 국민이 입어야 하니까요!"

"맞아. 그래서 정부와 중앙은행은 친구가 되어서는 안 되네. 서로 독립적이어야 하지. 중앙은행은 반드시 외로운 기관이어야만 해. 누구에게도 간섭받지 않는."

제드는 무언가를 깨달았다는 듯 깊은 숨을 내쉬면서 말했다.

"어르신께 거품의 역사에 대해 듣고 다시 한 번 깨달았어요. 역사는 되풀이된다! 수천 년 전 아테네에서의 돈의 조작이 근래 짐바브웨나 베네수엘라까지 이어져왔으니까요."

"하하, 내가 자네에게 알려주고자 했던 사실이 바로 그걸세! 위기 때마다 발생하는 돈의 조작, 경제의 호황과 불황, 거품의 형성과 붕괴, 중앙은행의 행동, 구제금융 등 많은 것이 반복되지. 왜냐하면 탐욕, 질투, 두려움, 어리석음, 이기심 등 인간의 본성은 바뀌지 않기 때문이네. 앞으로도 비슷한 역사가 되풀이될 것이라는 뜻이기도 하지!"

"역사를 통해 미래를 예측한다!"

상순은 기특하다는 듯 제드의 어깨를 토닥이며 환하게 웃었다.

"하지만 자본주의 시스템이 그렇게 완벽하지는 않다는 게 씁쓸해요."

"나는 근래의 위기에 따른 중앙은행의 조치를 신용카드를 돌려막는 행위와 다를 바 없다고 생각하고 있네."

신용카드 돌려막기는 언제까지 가능한가

"네? 신용카드 돌려막기요?"

"무슨 의미인지 알 거야. 신용카드를 흥청망청 써서 생긴 빚을 새로운 신용카드를 만들어 기존의 빚을 메우려는 거지."

"맞아요. 빚을 다른 빚으로 막는 것! 그저 코앞에 닥친 나쁜 상황을 잠시 미루려는 행위일 뿐 빚을 갚는 건 아니죠. 그런데 이게 중앙은행의 조치와 같다고요?"

"방금 자네가 다 말했군 그래! 근래의 경제위기들은 대개 과도한 빚, 나쁜 빚으로 생겨나는 경우일세. 빚이 과해져 거품이 생기기도 하고, 과한 빚으로 방만한 경영을 하는 기업이 나타나기도 하지. 그러다 결국 위기가 발생하면, 중앙은행은 다시 새로운 빚을 만들어 돈을 푸네. 이렇게 늘어나는 빚이 좋은 빚으로도 쓰이지만, 나쁜 빚으로도 쓰이면서 다시 위기를 만들지. 그럼 중앙은행은 또 다시 위기를 모면하기 위해 빚을 만들어 돈을 풀고. 이 과정이 반복되는 거야. 미국의 저축대부조합 위기, 인터넷 거품, 부동산 거품, 모두가 이러한 과정을 겪은 걸세. 즉, 이전의 빚 때문에 생긴 문제를 새로운 빚으로 막는다! 이러니 신용카드 돌려막기와 다를 게 없잖아?"

"빚의 문제를 새로운 빚으로 해결하려 한다!"

"하지만 신용카드 돌려막기, 빚을 빚으로 막는 행위는 병을 치료하지 않고 진통제만 투여하는 꼴일세! 근본적인 해결책이 아니라는 거야. 시간이 지나면 병은 더 곪고 곪아, 더 이상 치료가 불가능한 상태가 되는 거지. 우리는 지금, 문제 해결을 계속 미루고 있는 거지."

"그럼, 중앙은행이 손을 놔야 하나요? 위기를 그대로 지켜봐야만 할까요?"

"그렇지! 물론 쉽지는 않을 걸세. 분명 위기는 견디기 힘들고 아프니까. 나쁜 빛이 과해져서 문제를 야기했으니, 다시 나쁜 빛이 사라지면서 고통을 겪겠지. 나쁜 빛을 사용한 은행과 기업은 위험해지거나 파산하고, 그 은행과 기업에 몸담은 사람들은 일자리를 잃을 걸세. 혹독한 경제위기가 찾아올 거야. 하지만 겨울이 없이는 여름도 없네. 지금 겪는 고통이 가장 싼 고통이라는 사실을 알아야 해. 또는 나쁜 빛으로 문제를 만든 은행이나 기업, 투기꾼들이 충분히 매를 맞은 후에, 중앙은행이 영양제를 투입해도 괜찮을 걸세. 그들이 벌을 받고 배우도록 해야 한다는 말이지. 하지만 지금은 위기가 찾아올 기미가 보이면 곧바로 빛을 늘려 막으려고만 하네. 이는 당장 고통을 겪기 싫어 다음 세대에게 더 큰 고통을 전가하는 걸세. 구제금융도 마찬가지고. 이렇게 새로 빛이 늘어나면 다음 세대가 세금으로 갚아야 하는 거야. 그래서 나는 구제금융과 같은 진통제 처방은 절대 안 된다고 생각하고 있다네!"

"빛을 빛으로 막는 행위도, 구제금융도 답은 아니라는 거군요."

"멀리 내다보지 못한 처방이지. 아! 그러고 보니 한국에서 구제금융을 하지 않았던 때가 있었군. 아니 하지 못했다라는 표현이 더 정확할지 모르겠어."

"그게 언제죠?"

"1997년, 동남아시아에서 시작된 외환위기의 경우일세. 이역시 기업과 은행의 과도한 빚, 즉 나쁜 빚으로 생겨난 위기였지."

"혹시?"

"국제통화기금에서 돈을 빌렸다 해서 IMF 구제금융이라 부르기도 하네. 금모으기 운동에 대해 들어봤나?"

"그럼요. 저는 초등학생이었지만, 어머니와 함께 은행에 갔던 기억이 나요. 어머니가 저에게 나라가 위기에 처해서 국민들이 힘을 모아야 한다고 하셨죠. 그리고 당시 학교에는 아껴 쓰고, 나눠 쓰고, 바꿔 쓰고, 다시 쓰자는 표어가 여기저기 붙어 있었죠. 소위 '아나바다' 운동이었죠?"

"기억하는군. 당시의 상황은 정말 암울했네. 자네 부모님 세대가 많은 고통을 겪었지. 어려서 잘 몰랐을 테니 외환위기에 대해 잠시 설명해주겠네."

"좋습니다. 당시에 어떤 일이 있었던 거죠?"

외환위기와 구제금융의 실패

1990년대는 아시아의 4마리 용으로 불린 한국, 대만, 홍콩, 싱가포르뿐 아니라 태국, 인도네시아 등도 급성장 중이었다. 한국은 1990년대 후반까지 약 20~30년에 걸쳐 엄청난 발전을 거듭했다. 하지만 호황이 길어지자, 기업은 과도하게 빚을 지며 문어발처럼 사업을 확장했고, 은행도 의심 없이 기업에게 돈을 빌려주었다. 당시 은행의 전체 대출 중 약 90%가 기업대출이었다. 1990년대 후반 한국 기업의 부채는 600%에 육박했다. 이는 부채가 자본금보다 6배나 많음을 의미했다. 현재의 기업부채가 평균 200%를 넘지 않는 점을 감안하면 당시 기업들이 얼마나 많은 부채를 가지고 있었는지 알 수 있다.

1997년 1월, 자본금이 900억 원에 불과하던 한보철강이 은행에서 5조 원 이상의 돈을 빌려 무리하게 제철소를 지으려다가 자금난에 빠지면서 부도를 냈다. 그 사건을 계기로 은행들은 대출금을 잃을 수 있다는 두려움으로 기업으로부터 자금을 회수하기 시작했다. 그로 인해 과도한 빚으로 방만한 경영을 하던 많은 기업들이 자금난에 빠지면서 연달아 파산하기 시작했다. 1997년 7월까지 한보, 삼미, 진로, 대농, 한신, 기아 등 대기업과 많은 중소기업이 파산하고 말았다.

한국에서만 과도한 빚이 문제를 만들고 있던 것은 아니었다. 태국도 비슷한 문제를 겪고 있었다. 1997년 8월, 태국의 증시가 폭락했다. 외국투자자들은 태국 화폐인 바트를 팔고 빠르게 빠져나갔다. 그로 인해 달러 바트 환율은 폭등했다. 이런 상황에서 태국의 중앙은행은, 환율을 안정시키기 위해 외환보유고의 외화로 바트를 사고자 했다. 하지만 바트를 살 외화가 턱없이 부족했고, 끝내 국제통화기금에게 돈을 빌리기로 했다.

IMF에 구제금융을 요청하는 것은 국가에게 꽤나 수치스러운 일이다. 재무적으로 위기에 처해 있고, 국가경영을 제대로 하지 못해 돈이 없다고 전 세계에 알리는 꼴이기 때문이다. 태국뿐 아니라 인도네시아도 10월 초, IMF에 돈을 빌렸다. 동남아시아의 상황이 점차 악화되자 아시아에 투자하고 있던 외국투자자들의 심리가 심하게 위축되면서 가진 주식을 다 팔기 시작했다. 결국 10월 23일에는 홍콩 증시가 폭락했고, 이를 계기로 전 세계의 주식 시장이 하락세로 접어들었다. 동남아시아에서 시작된 위기는 대만을 거쳐 한국에 도착했다. 과도한 빚으로 방만한 경영을 하던 한국기업들은, 위기가 찾아오기 이전부터 어려움을 겪고 있었기에 상황은 최악으로 치달았다. 외국투자자들은 원화를 팔고 한국에서 빠져나갔고, 달러와 원화의 환율은 가파르게 상승했다. 한국의 중앙은행은 약 300억 달러의 외환보유액 중 100억 달러를 사용해 환율을 방어하기에 바빴다. 하지만 끝없이 악화되는 상황을 막기에는 중앙은행의 외환보유액이 너무 부족했다.

더 심각한 문제는 한국의 은행들에게 있었다. 그동안 은행은 기업에게 대출을 과도하게 해주고 있었다. 특히 미국의 투자은행 등 해외은행들로부터 단기(1년 만기)로 자금을 빌려, 그 돈을 국내기업들에게 1년 이상 장기로 대출해주었다. 호황이 지속되고, 문제가 없을 때는 해외은행이 항상 대출 만기를 연장해주었기 때문에 가능했다. 이처럼 채무 만기를 연장하는 것을 '롤오버(roll over)'라고 부른다. 하지만 한국 상황이 어려워지자, 해외은행들은 더 이상 만기를 연장해주지 않고 한국 은행들에게 돈을 갚으라고 압박했다. 하지만 은행들은 이미 기업에게 장기로 돈을 빌려준 상태였고, 특히 기업의 파산으로 돈을 회수하지 못해 어려움에 처해 있었다.

결국 많은 은행이 부도 직전까지 위기에 몰리자, 정부와 중앙은행은 연쇄부도를 막기 위해 은행들을 도와주어야 했다. 그러나 한국정부도 상당한 외채가 있었고 환율을 방어하기에도 벅찼다. 결국 남은 외환보유액이 절대적으로 부족하다고 판단한 한국정부는 미국에 자금지원을 요청했다.

"이런! 미국이 도와주었나요?"

"아닐세. 미국은 IMF에서 자금을 지원받으라고 못을 박았지. 일본에도 지원을 요청했지만 거절당했네. 미국이 일본에 미리 손을 써둔 거야. 어쩔 수 없이 IMF에 구제금융을 신청해야만 했어. 하지만 구제금융이 발표되면 상황은 더 심각해지고 투자자들의 두려움도 커질 수 있었지. 그래서 1997년 11월 16일 IMF 총재가 비밀리에 한국에 입국했고, 공식적으로는 11월 22일부터 12월 3일까지 협상이 진행되었네. 그런데 1944년 미국 주도로 열린 브레튼우즈회의 때 창설되었고, 약 190개국의 회원을 둔 IMF는 참으로 재미있는 기구일세."

"무슨 말이죠?"

"사람들 사이에 권력에 따라 눈에 보이지 않는 위계질서가 존재하는 것처럼, 국가들 사이에서도 마찬가지지. IMF에는 지분에 따른 주주들이 있어. 최대주주인 미국을 필두로 일본, 중국, 독일, 프랑스, 영국, 이탈리아, 인도 등이지. 그런데 미국은 다른 나라들과는 다르게 15% 이상의 지분을 보유해서 유일하게 거부권을 행사할 수 있네. 즉, IMF에서 정책이 만들어져도 그것을 거부해서 정책을 무효로 만들 수 있는 유일한 국가가 미국인 걸세. IMF에서 미국의 영향력은 이렇게 막강했지. IMF의 본부 역시 미국의 워싱턴에 있고."

"유일하게 정책을 거부할 수 있는 나라다? 정말 힘이 막강하군요!"

"그런데 11월 16일, 한국에 비밀리에 입국한 사람은 IMF 총재만이 아니었네. 한 사람이 더 있었지. 그런데 그 사람의 입국 사실은 한국정부도 몰랐네."

"누구였죠?"

"바로 미국 재무부 차관이었지. 그 사람도 IMF 협상단이 묵고 있던 호텔에 묵었던 거야."

"미국이? 왜요?"

"바로 한국과 IMF의 협상에 개입하기 위해서였지. 지금부터 하는 이야기는 내가 지어낸 이야기가 아니라 당시 협상을 이끈 임창렬 경제부총리가 직접 언론과 방송을 통해 밝힌 내용일세. 자본주의에서 돈을 공짜로 빌려주는 법은 없네. 항상 조건이나 대가가 붙기 마련이지. 한국과 IMF는 이 조건을 두고 협상을 벌였어. 돈이 급해서 빌리는 입장인 한국에게는 당연히 불리한 협상이지. 당시 임창렬 부총리가 말하길, IMF의 협상단 대표는 자신과 협상을 하면서도 중간중간 어딘가로 갔다가 들어왔다는군. 임 부총리의 짐작은 그 대표가 재무부 차관에게 가서 협상내용을 보고하고 의견을 교환한 것으로 보였다고 했네."

"그래서 미국이 IMF와 한국의 협상에 개입했다고 하셨군요?"

"맞아. 우여곡절 끝에 협상은 마무리되었고, 협상의 조건이 크게 다섯 가지로 정해졌다네."

"다섯 가지가 뭐죠?"

"간단하게 설명하면 첫째, 부실금융기관의 부도처리였네. 즉, 부실금융기관을 정부가 구제하지 말고 부도처리를 하라는 것이었지."

"부도처리를 해라? 왜죠?"

"좀 더 들어보게. 두 번째 조건은 고금리정책일세. 당시 한국의 콜금리, 즉 기준금리는 12%였네. 이를 25% 이상으로 올리라고 했던 거지. 이것을 보게."

상순은 태블릿 PC를 열어 무언가를 찾았다.

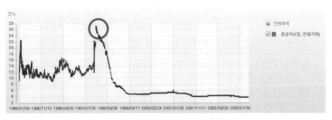

출처: 한국은행경제통계시스템

"당시 한국의 기준금리일세. 1997년과 1998년 사이를 보면, 약 26%로 급격히 치솟았지?"

"정말 그렇군요! 그런데 이해가 안 됩니다. 한국의 기업이나 은행이 과도한 빚으로 생사의 갈림길에 놓여 있는데, 돈의 가격을 올리다니요? 그럼 기업의 이자비용도 두 배로 오른 게 되는 데요?"

"맞네. 이 조치로 많은 기업이 이자부담을 못 이겨 파산하고 사람들이 일자리를 잃었네."

"왜 이런 악조건을 강행했던 거죠?"

"더 들어보면 이해가 될 걸세. 세 번째 조건은 구제금융 금지 일세. 다시 말해서, 방만한 경영과 과도한 빚으로 허덕이는 기업들을 도와주지 말라는 거야."

"구제금융 금지! 그래서 어르신이 구제금융을 못했다고 말씀하신 거로군요?"

"맞네. IMF는 조건들을 실행하면 550억 달러를 지원하겠다고 약속했지. 하지만 협상이 체결될 즈음, 한국의 외환보유고는 약 30억 달러밖에 남아 있지 않았네. 돈이 순식간에 빠져나가버린 걸세. 만기가 연장되지 않은 은행들의 외채 때문이었지. IMF의 지원금이 들어오는 속도보다 외채로 빠져나가는 속도가 더 빨랐다고 하네. 12월 18일, 한국에서는 대선과 함께 새로운 대통령이 선출되었고 새로운 정부는 즉시 미국에 특사를 파견했어. 추가로 미국에 자금지원을 요청하고, 가장 중요한 외채의 만기를 연장시키기 위해서였지. 미국은 여기서 한국에게 다른 두 조건을 내밀었네. 이 조건을 잘 지켜야 한국의 요구조건을 들어주겠다면서 말이야."

"그 두 조건이 무엇이었죠?"

"네 번째 조건인 정리해고라네. 그래서 외환위기 이후 한국에서는 평생직장의 개념이 사라지고 비정규직 개념이 생기기 시작했지. 그리고 노동조합의 힘이 약해지고 기업은 근로자들을 이전보다 쉽게 해고할 수 있게 되었네. 그리고 다섯 번째 조건은 자본시장의 전면개방이었어. 이 이후로 외국인의 1인당 한국기업의 주식보유 한도가 7%에서 50%로 늘어났고, 외국인의 채권보유도 최대 50%로 늘어났네. 또한 외국인 인수, 합병 제한을 완화시키고 단기금융상품투자 제한을 철폐하는 등의 조건도 있었어."

"정말 많은 조건을 내걸었군요! 미국과 IMF는 왜 그런 조건들을 내걸었던 것일까요?"

"한국은 그전까지 자본시장을 외국에 개방하지 않았네. 20~30년 동안 급격히 발전한 한국에 외국인들이 투자하기가 쉽지 않았지. 외국투자자들이 한국에서 돈을 벌 기회가 막혀 있었던 걸세. 미국은 이를 바꾸려고 한 거지. 그리고 무역에서도 이득을 얻고자 했어. 한국의 경제구조를 미국처럼 바꾸면 된다고 판단한 거지. 하지만 보게. 부실금융권을 부도처리하고, 금리를 두 배 이상으로 올려서 많은 기업들이 부도나게 만든 후에 정부의 구제금융까지 막는다? 그리고 기업들이 근로자를 쉽게 해고할 수 있도록 하여 노동조합을 와해시키고, 외국인의 주식투자 한도를 급격히 늘려서 한국기업의 인수, 합병 제한까지 완화시킨다! 이 모든 조건은 한국기업의 지분을 사거나 인수하려는 외국기업들, 그리고 한국에 투자하려는 외국투자자들에게 절대적으로 유리했던 거지! 기다려보게."

달러-원화 환율(위쪽)과 코스피 지수(아래쪽), 출처: 한국은행경제통계시스템

"위쪽 그래프는 외환위기 당시 달러 원화 환율이고, 아래쪽 그래프는 한국 주식시장의 코스피 지수라네. 1995년까지만 하더라도 600원 후반을 기록한 달러의 가격이 외환위기 때는 약 2,000원까지 치솟았고, 반대로 약 1100까지 올랐던 코스피지수는 외환위기 때 200대 후반까지 폭락했지."

"외국투자자들이 한꺼번에 한국에서 빠져나갔기 때문이죠? 주식을 모조리 팔고 달러를 사서! 그래서 주식시장은 붕괴됐고, 달러 가격은 폭등했던 거죠?"

"옳지! 정확히 보았네. 이제 조금 더 생각해보자고. 자네가 미국 5달러를 들고 있는 외국투자자라 하세. 그리고 환율은 1달러에 1,000원이며, 자네는 어느 한국기업의 1,000원짜리 주식 5주를 사려고 하지. 그런데 갑자기 1,000원짜리 주식이 500원으로 반 토막난다면? 자네는 이제 5달러로 같은 주식 10주를 살 수 있네. 이전보다 두 배의 주식을 살 수 있지. 그런데 달러의 가격까지 두 배로 폭등해서 1달러가 2,000원으로 오른다면? 이제 자네는 5달러를 10,000원으로 바꾼 다음, 그 10,000원으로 500원짜리 주식 20주를 살 수 있네! 주가는 절반으로 폭락하고, 환율은 두 배 폭등하는 바람에 자네는 같은 5달러로 4배의 효과를 얻을 수 있는 거야. 20달러를 가지고 있는 것과 같은 거라네. 주식을 4배 더 가질 수 있다는 말은 회사의 지분을 4배 더 가질 수 있다는 뜻이지. 당시 위기를 맞은 한국시장이 외국투자자나 기업들에게는 이렇게 군침이 도는 상황이었던 걸세! 결국 부도가 나서 망하거나 주가가 폭락하여 헐값에 나온 한국기업들을 외국기업들이 싼 값에 인수할 수 있었고, 덩달아 피고용자들을 쉽게 해고해서 구조조정을 할 수 있었던 거야."

"과연! 그래서 미국이 그런 조건을 내걸었던 거군요? 한국에 투자를 더 쉽게 하고, 기업들을 더 쉽게 인수하기 위해서!"

"그렇게 기회를 만들어서 한국의 자본시장을 개방하려 했던 거지. 제일은행, 외환은행과 같은 대형은행이 외국인의 손에 넘어가고, 부도난 기업들이 외국기업이나 국내기업에게 인수, 합병되었지. 이 세상에 공짜 돈은 없어. 남의 돈을 빌리면 그에 합당한 조건을 요구받는 거야. 다른 선택권이 없던 한국이 모든 조건을 승낙하자, 그제서야 미국은 뉴욕의 대형은행들에게 외채 만기를 연장해주라고 지시했네. 실질적으로 우리가 IMF에게 빌린 돈은 약 190억 원이었지만, 그보다는 은행들의 외채 만기가 연장되면서 위기에서 벗어날 수 있었던 거야."

"아! 호황의 끝에서, 그동안 방만한 경영을 하던 기업과 과도한 빚을 남발하던 은행, 그리고 그들을 살피지 못하고 외환보유고를 제대로 관리하지 못한 정부의 책임이군요!"

"맞네! 물론 자본시장 개방은 한국에게도 필요하긴 했지. 경제규모가 커질수록 자본시장을 개방하면 외국자본을 들여오기 더 좋은 환경이 되니까. 하지만 부작용을 최소화하면서 천천히 개방할 수 있던 것을 기업, 은행, 정부의 실수로 짧은 시간에, 타의에 의해서 전 국민에게 고통을 안기면서 하게 된 걸세. 그 결과 실업자 폭증, 수많은 기업과 은행의 부도, 국민 삶의 질 하락과 같은 엄청난 부작용을 겪어야 했던 거고."

"음, 화가 나는군요! 그런데도 국민들은 가지고 있던 금을 전부 정부에 모아주면서까지 위기 극복을 위해 노력했잖아요! 기업, 은행, 정부의 실수로 수많은 국민들이 일자리를 잃었음에도 불구하고!"

"맞아. 금모으기 운동으로 약 350만 명의 국민이 약 20억 달러의 금을 모아 나라와 기업의 빚을 갚았네. 대기업과 은행, 정부는 국민에게 빚을 진 셈이지! 그런데 우리가 이렇게 뼈아픈 아픔을 겪어야만 했던 근본적인 이유는 따로 있었네."

"근본적인 이유요?"

"우리는 외환위기 전까지 20~30년 동안 줄곧 발전만 해왔어. 그것이 가능했던 이유 중 하나는 바로 보호무역과 구제금융 덕분이었지. 그동안 단 하나의 금융기관도 문을 닫지 않았거든. 문제가 생기면 정부가 즉시 나서서 도와주는 식이었지. 기업과 은행이 정부의 보호 아래 온실 속 화초처럼 자라왔던 걸세. 그 결과, 나태함과 방만함이 기업과 은행에 전염병처럼 퍼져나갔고, 결국 외환위기를 불러왔던 거야. 나는 정부의 보호와 구제금융이 외환위기를 일으킨 본질이라 생각하네."

"음, 그렇군요."

"물론 경제의 여름이 지나면 곧 겨울이 찾아오는 것은 당연하네. 유난히 혹독한 겨울을 맞이한 건 구제금융 때문이야. 그동안 구제금융이라는 진통제만 투여한 덕에 병이 악화되었던 거지. 하지만 외환위기 이후, 구제금융을 못하게 되면서 수많은 기업들이 구조조정을 강행했고, 파산하거나 인수되었어. 그리고 약 600여 개의 금융기관이 사라졌네. 뒤늦게나마 미뤄왔던 매를 맞게 된 걸세. 이를 계기로 기업들은 온실에서 나와 야생에서 경쟁할 수 있게 되었지. 야생에서 강해진 몇몇 기업들은 오늘날, 세계적 기업과 경쟁하며 멋지게 해내고 있지 않나?"

"좋은 점도 있었다는 말이군요?"

"그렇지! 겨울이 혹독했던 것만큼 여름을 맞이하는 자세가 달라졌다고 할까? 만약 당시 외환보유고가 충분했고 IMF와의 협상이 없었다면, 정부는 구제금융으로 기업과 은행을 다시 살

렸을 걸세. 더군다나 정치인들은 자신의 임기 동안 경제위기가 닥치는 것을 극히 싫어하네. 국민들은 경제위기를 전부 정부 탓으로 돌리기 때문이야. 그러면 정치인은 표를 잃게 되지. 만약 당시에 구제금융이 가능했다면 당장의 위기는 피했겠지만, 다음에 더 큰 위기를 맞이했을 걸세. 자, 이제 외환위기의 본질을 이해하겠나?"

"네, 머리에 쏙쏙 들어왔어요."

"왠지, 내가 같은 이야기를 계속 되풀이하고 있다는 느낌은 들지 않나?"

"하하, 맞아요. 빚, 경제위기, 구제금융, 모두 그래요."

상순이 고개를 끄덕이며 동의를 표했다.

"그럼 드디어 마지막일세! 우리가 이것을 위해서 이제껏 역사를 살폈다고 해도 과언이 아니지! 자네가 노트에서 우연히 본 그것 말일세!"

"아, 부의 기회!"

상순은 싱긋 웃으며 고개를 끄덕였다.

"실은 가장 기대가 되었죠! 어르신 말씀에 집중하다 보니 잠시 잊었지만요. 이제 드디어 부의 기회를 배울 때가 되었군요!"

"하하, 기대해도 좋네!"

"그럼 그 전에 거품의 역사를 정리해 놓는 것이 좋겠어요."

"훌륭한 자세야. 나도 옆에서 도와주지."

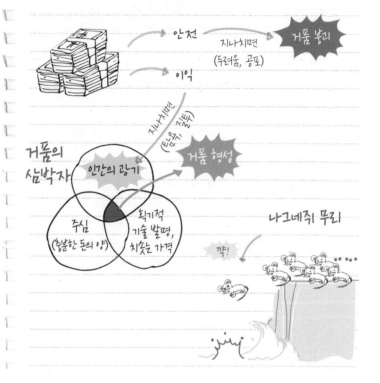

제드의 노트

⑥ 잡초: 거품의 근원지

거품의 심박자

인간의 광기

주심 (충분한 돈의 양)

획기적 기술 발명, 치솟는 가격

안전 ─ 지나치면 (두려움, 공포) ─ 거품 붕괴

이익 ─ 지나치면 (탐욕, 집토?) ─ 거품 형성

나그네쥐 무리

깍!

상순의 말과 주장

❶ 주심의 영양제는 모든 잔디에 골고루 뿌려지지 않는다. 투기꾼들에 의해 영양제가 특정한 부분에 많이 투입될 수 있고, 그곳에 잡초가 자랄 수 있다.

❷ 잡초는 밟을수록 더 강해지고 커진다. 돈의 세계에서 잡초는 거품이다. 투기꾼들이 거품으로 뛰어들수록, 거품은 점점 거대해진다. 하지만 거품의 내구성은 약해진다.

❸ 거품의 존재를 과학적으로 미리 확인할 수는 없다. 하지만 과거의 사례를 통해, 거품을 충분히 짐작할 수는 있다.

❹ 거품을 짐작하는 가장 확실한 방법은, '거품의 삼박자'를 확인하는 것이다.

❺ 거품이 언제 꺼질지는 그 누구도 정확히 알 수 없지만, 언젠가는 '반드시' 꺼진다.

❻ 거품은 주로 세 가지 기폭제에 의해서 터져버린다.

❼ 거품 형성과 파괴의 주체는 바로 '군중심리'다. 거품은 군중의 탐욕과 질투에 의해 들끓다가, 훗날 군중의 두려움에 의해 꺼지고 만다.

❽ 거품의 붕괴와 함께 돈은 사라지지 않는다. 단지, 돈이 다수의 주머니에서 소수의 주머니로 이동할 뿐이다.

❾ 거품경제는 지속적으로 빈부의 격차를 키울 수밖에 없다.

❿ 튤립 거품을 통해 그 어떤 것도 인간의 투기 심리를 자극할 수 있다는 사실을 확인할 수 있다.

⓫ 철도 거품 붕괴를 통해 한 국가의 경제위기가 세계경제위기를 초래할 수 있다는 사실을 확인할 수 있다.

⓬ 철도, 인터넷, 가상화폐 등 대부분의 신기술이나 발명은 군중의 과한 기대와 함께 거품에 휩싸이는 과정을 겪는다. 그 후 거품이 붕괴하고, 사람들에게 새로운 기술에서 점차 익숙한 기술로 변모해간다.

⑬ 2008년 글로벌 금융위기 이후, 전 세계의 중앙은행은 10년에 걸쳐 '고농축 영양제'를 투입해왔다. 그런데 문제는 그동안 고농축 영양제를 머금은 '잡초들'이다.

⑭ 이제 세계의 흐름이 바뀔 조짐이 보이고 있다. 전 세계의 중앙은행이 제초제를 손에 쥐기 시작했다. 이것은 투자자들에게 경고의 메시지를 던지는 셈이다.

⑮ 중앙은행은 항상 독립적이고 외로운 존재여야 하며, 정부와 가까워서는 안 된다.

⑯ 오늘날 돈의 세계에서는, 나쁜 빚으로 생긴 위기를 새로운 빚으로 막는 일이 빈번하게 벌어지고 있다. 빚을 빚으로 돌려막는 행위는 오래 지속될 수 없다.

⑰ 구제금융은 근본적인 치료 없이 진통제 투여로 병을 더 키우는 처방에 불과하다. 결국 다음 세대가 세금으로 갚아야 하는 불공정한 조치다.

⑱ 빚을 빚으로 막는 행위. 세금으로 기업과 은행을 돕는 구제금융은 모두 다음 세대의 허락없이 우리의 책임을 전가하는 것이다. 책임회피는 올바른 문제해결이 될 수 없다. 우리가 만든 문제의 대가는 우리가 치러야 한다.

제드가 알게 된 돈에 관한 용어

거품(버블), 확증편향, 티핑포인트, 편승효과(나그네쥐효과, 양떼효과, 밴드왜건효과), 속물효과(스놉효과), 튤립버블, 철도버블, IT(인터넷, 닷컴)버블, 글로벌 금융위기(서브프라임사태, 리먼브라더스사태), NINJA론, 서브프라임, 기초자산, 파생상품, 선물, 옵션, CDO(부채담보부증권), CDS(신용부도스와프), 3대 신용평가회사(무디스, S&P, 피치), 구제금융, 양적완화(QE: Quantitative Easing), 테이퍼링, 긴축정책, 외환위기, 롤오버(roll over: 채무만기연장)

선수

"선수라면, 공격할 때와 수비할 때를 알아야 하네.
이제 거대한 부의 기회를 잡게!"

역사는 돌고 돈다. 인간의 탐욕, 수요와 공급, 군중심리로 인한 거품의 형성과 붕괴, 경제의 호황과 불황, 나쁜 빚이 만들어내는 돈의 조작, 중앙은행의 시장개입, 구제금융 등은 계속 반복되었다. 이제 제드의 눈에도 이 '순환의 고리'가 보이기 시작했다. 그런데 유독 상순의 한마디가 뇌리에서 계속 맴돌았다. '되풀이되는 역사는 부의 기회와 깊은 관련이 있다네.' 그러고 보니, 군중심리를 이용하는 것도 관련 있다고 했다. 생각할수록 아리송했다.

흥분되는 가슴을 진정시키며 노트정리를 마칠 무렵, 동료들이 환호하며 제드를 불렀다. 팀의 승리를 직감한 제드는 환한 웃음과 함께 두 손을 번쩍 들어 동료들에게 박수를 보냈다. 전광판을 바라보니 1:0, 추진 팀의 승리였다. 제드는 동료들과 승리의 기쁨을 나누기 위해 잠시 벤치로 내려갔다. 제드와 인사를 나눈 동료들은 하나둘 경기장을 떠나기 시작했다. 제드는 이내 상순의 옆자리로 돌아왔다. 마지막으로 남은 중요한 숙제를 풀기 위해서 천천히 노트를 펼쳤다.

아마추어에서 선수로

"추진 팀이 이겼군!"

"이번에는 설욕을 했네요. 친선경기라도 두 번 연속으로 지면 속상하죠."

"축하하네!"

"감사합니다. 그건 그렇고, 새삼스레 지난 번 어르신의 말씀이 떠오르네요. 그때는 무슨 말씀을 하시는지 정말 몰랐는데……."

"지금은 어떤가?"

"돈의 역사를 알아야 돈의 세계가 단순하게 보인다는 말씀, 이제야 알겠어요. 이제껏 맞추지 못했던 퍼즐을 어르신의 도움으로 완성한 느낌이에요."

상순이 방긋 웃으며 말했다.

"은행, 환율, 금리, 지폐, 인플레이션, 중앙은행 등 이 모든 것들이 돈의 역사라는 틀 안에서 서로 연결되어 있어. 이들을 별개로 보니까 이해하기 힘들었던 걸세. 연결고리를 보아야만 비로소 모든 것이 뚜렷하게 보이기 시작하지. 이제 자네는 돈과 진정한 친구가 되었네. 친구의 역사, 성장과정과 배경을 모두 알게 된 걸세. 드디어 선수의 자격을 갖춘 셈이야."

"다 어르신 덕분입니다. 이제 선수로서, 부의 기회가 무엇인지도 알고 싶어요. 아직 감이 잡히지 않거든요."

"자네는 그것을 볼 수 있는 눈을 이미 갖추고 있네."

수요와 공급의 추세에 편승하라

"제가요?"

"자네는 이제 역사가 되풀이되는 이유에 대해 상세히 알고 있어. 그렇지 않나?"

"그야 그렇죠. 정말 많은 것들이 인간의 본성 때문에 되풀이되고 있어요."

"그 진리를 깨달았다면 이제 거대한 부의 기회를 잡게! 선수라면, 공격할 때와 수비할 때를 알아야 하네."

"공격과 수비요?"

"부의 기회는 되풀이되는 추세 안에 있네! 추세를 파악한 후에, 공격할 때가 왔을 때 추세에 올라타면 되는 거야!"

"앗! 노트에 분명 추세의 흐름에 편승이라는 글귀가 적혀 있었어요! 그것이 바로?"

"하하, 맞네. 단, 내가 말하는 부의 기회는 장기적인 안목으로 바라봐야만 잡을 수 있다네."

"좀 더 알아듣기 쉽게 설명해주세요."

"그러니까 오늘 투자해서 내일, 아니면 한두 달, 6개월 안에 이익을 취하는 기회가 아닐세. 3년에서 5년, 아니 그 이상의 시간을 두고 큰 이익을 취하는 거지."

"음, 예를 들어주시면 안 될까요?"

"좋아. 자네는 이제 수요와 공급에 의해 경제가 사계절을 만들어내는 이유를 알고 있네. 그 이유가 무엇이었지?"

"음, 반드시 한 쪽으로만 치우치지 않기 때문이죠! 공급을 늘릴 수 없는 특별한 경우가 아니라면, 수요와 공급이 영원히 한쪽으로 기울 수는 없어요. 인간의 본성 때문에 어느 순간 다시 반대로 치우치게 되죠. 이 말은 가격은 늘 오르락내리락 반복한다는 말이에요. 그래서 경제의 사계절도 순환하는 것이고요. 제 말이 맞죠?"

"칭찬하고 싶군! 가령 자네가 A라는 투자자산의 수요와 공급을 분석했는데, 지금 공급이 수요에 비해서 현저히 부족하다는 것을 알게 되었다고 하세. 그렇다면, 가격은 훗날 어떻게 변하겠나?"

"오르겠죠?"

"그것이 바로 장기적인 안목으로 가격을 바라보는 일이네. 그런데 단기적으로는 가격이 계속해서 하락할 수도 있어. 수요와 공급의 불균형이 실제 가격으로 반영되기까지는 시간이 꽤 걸릴 수 있기 때문일세."

"그래서 장기적으로 봐야 한다? 하지만 막상 가격이 계속 하락하는 걸 보면, A라는 투자자산을 사기가 쉽지 않을 것 같아요. 샀더라도 가격이 계속 하락한다면 조급해질 것 같고요. 내 분석이 틀렸을지도 모른다고 생각할 수도 있고요."

"단기적인 안목으로 투자한다면 충분히 그럴 수 있네. 하지만 자네가 선수라면 규칙을 알고 있고, 가격은 반드시 수요와 공급을 따라간다는 사실도 알고 있겠지. 그로 인해 사계절도 순환하고. 그러니 자네의 분석이 옳다는 확신만 있다면, 장기적으로 가격은 분명히 오를 걸세. 수요와 공급의 지속된 불균형은 다시 균형을 이룰 수밖에 없으니까. 단기적으로 가격이 계속 하락한다면, 오히려 자산 A를 더 사들여야 이득이지 않을까?"

"네? 가격이 하락하면 오히려 더 사라고요?"

"하하, 본능에 반하는 행동이기 때문에 거부감이 들 수 있네. 가격이 하락하고 있는데 누가 투자하고 싶겠나? 하지만 투자할 자금이 더 있다면, 가격이 하락할수록 더 많이 사야 사실은 이득을 더 크게 얻을 수 있는 거라네. 자네의 분석과 판단에 대한 믿음이 확고하다면, 가격은 오를 텐데 뭐가 문제지? 그럴 경우 더 싸게, 더 많이 살수록 더 큰 이익을 얻는 게 당연하지 않은가? 자네가 A의 가격이 미래에 1,000원 정도가 될 것이라 예상한다면, 300원과 100원 중 어느 가격에 사는 것이 더 큰 이득인가?"

"그야 100원에 사는 것이 더 큰 이득이겠죠? 확실히 제 생각대로 1,000원이 되어야 하겠지만요."

"자네는 이제 선수일세! 자네의 안목과 판단을 믿게. 충분히 조사하고 분석했다면 말이지. 그것이 투자자가 반드시 갖춰야 할 자격일세. 옳든 틀리든 자신의 생각과 판단으로 행동하는 것이 바로 투자지. 자기 생각과 판단 없이 군중을 따라다니는 것은 투자가 아니라 그저 투기일 뿐이네."

"그렇군요. 그렇다면 수요와 공급의 추세에 편승하는 것이 어르신이 말씀하신 부의 기회인가요?"

"아닐세. 이것은 추세에 편승하는 한 예에 불과하네. 투자자라면 수요와 공급을 항상 염두에 둬야 하지. 하지만 내가 말하고자 하는 부의 기회는 더 큰 추세에 편승하는 것일세!"

더 큰 부의 기회, 먼저 '인내'한 뒤 때가 오면 '추진'하라

"더 큰 추세요? 대체 어떤 추세죠?"

"앞으로 다가올 전 세계의 거대한 위기를 이용하는 걸세."

"거대한 위기요?"

제드는 무엇인가 생각난 듯, 빠르게 노트의 앞쪽을 펼쳤다.

"분명 어르신이 노트에 메모한 글 중에 거대한 위기가 있어요.

그렇다면 이것이?"

"맞네. 자네도 알다시피 전 세계 곳곳에 지난 10년 동안 고농축 영양제가 투입되어 왔다네. 그리고 서서히 변화의 조짐이 보이고 있지. 굳이 제초제 투입이 아니더라도, 인위적인 빚으로 만든 경기의 호황 끝에는 결국 문제가 생길 걸세. 질이 나쁜 빚 때문에."

"말씀해주신 거품의 역사나 외환위기처럼 말인가요? 잡초들이 문제를 일으켰던 것처럼?"

"맞아. 다시 한 번 경제의 큰 흐름이 바뀔 수 있다는 거지. 그동안 풀린 돈이 만든 거품과 나쁜 빚이 다시 위기를 만들 수 있다는 경고, 두 번째 기폭제의 심지에 불이 붙기 시작한 거야. 금융위기를 극복하기 위해서 장기간 시장에 뿌려진 빚이 문제를 일으키면, 앞으로 거대한 빚의 위기가 찾아올 수 있네. 즉, 저금리 시대에 쉽게 돈을 무리하게 빌려 사용했던 기업, 가계들이 과거의 10년과는 다른 상황에 봉착해서, 자금이 부족해지고 위기에 빠질 수 있다는 말일세! 이전에는 쉽게 돈을 빌렸지만, 상황이 변하면 돈을 빌리기 어려워지는 거야. 이들이 만드는 위기가 이제는 거미줄처럼 긴밀하게 연결된 세계곳곳에 연쇄위기를 가져올 거야. 내가 말해준 IT버블위기, 미국부동산버블위기, 외환위기 모두가 이러한 전철을 밟았지. 호황의 끝에서 발생하는 위기는 한결같이 무분별하게 사용된 빚 때문에 생긴 위기라네. 거의 10년간의 영양제 투입 기간 동안, 나쁜 빚을 과하게 사용한 투기꾼이나 기업, 이들에게 대출해준 은행 등이 가장 큰 위기에 봉착할 걸세. 제초제 투입이 시작된 이상, 영원할 것 같았던 호황은 끝나고 큰 위기의 정수리가 우리 앞에 나타나게 될 걸세. 과거에도 항상 그래왔듯이."

"거대한 위기라! 과도한 빚이 다시 한 번 문제를 야기할 수 있다는 말이군요."

"맞아. 오늘날의 돈의 세계에서는 빚의 위기와 새로운 빚의 투입이 계속 반복되고 있으니까. 오해할 수 있어 미리 말해두는데, 나는 위기를 조장하고 기다리는 사람이 결코 아니네. 다만, 위기는 더 밝은 미래와 경제발전을 위해서, 때때로 꼭 필요하다고 생각하는 사람이기는 하지."

"경제발전에 위기가 필요하다고요?"

"위기는 우리에게 잘못을 인지하도록 도와주고, 그 잘못을 통해 무언가를 배우고 더욱 발전하도록 만들어주기도 하네. 외환위기도 알고 보면 그런 경우였고,《경제순환론》을 저술한 미국의 경제학자 조셉 슘페터는, 자본주의에서 창조적 파괴는 필수라고 말했네. CD플레이어가 이전의 테이프를 대체하고, mp3 플레이어가 이전의 CD플레이어를 대체하고, 스마트폰이 이전의 mp3플레이어뿐 아니라 카메라, 라디오, 사전, 지도 등 수많은 것을 대체한 것은 모두 창조적 파괴의 예일세. 그런데 창조적 파괴는 경제의 호황기보다 주로 위기 직후에 발동하네. 호황 때는 모두가 돈을 잘 벌고 별다른 위험에 맞닥뜨리지 않기 때문에, 기업이든 국가든 개인이든 현재에 만족하며 나태해지고 오만해지기 마련이지. 호황을 즐기느라 개혁과 혁신의 필요성을 느끼지 못하는 거야. 지금이 좋으니까 굳이 변화할 필요가 없는 거지. 하지만 위기가 닥쳐 궁지에 몰리게 되면 초인적인 힘을 발휘하여 새로운 도전을 하고, 무언가를 개혁하고 혁신하려는 자세를 갖게 되네. 궁지에 몰려 도망칠 곳이 없어진 쥐에게 고양이를 향해 달려들 용기가 생기듯이 말이야. 결국 위기는 그동안의 잘못을 수면 위로 드러내고 걸러내는 정화의 과정이자, 더 나은 모습으로 발전하는 도약의 순간인 걸세. 무조건 나쁜 것만은 아니란 말이야."

"창조적 파괴라, 듣고 보니 정말 그런 것 같아요! 그런데 아직 이해가 안 됩니다. 어째서 거대한 위기가, 부의 기회가 될 수 있다는 말이죠? 위기를 어떻게 이용하나요?"

"대부분의 사람들은, 위기가 찾아오면 마치 모든 것이 끝났다는 생각으로 절망에 빠지곤 하지. 거대한 위기가 모든 투자자와 투기꾼에게 공포심과 두려움을 불러일으켜서 결국 군중심리로 많은 투자자산의 가격이 폭락하는 시기가 찾아올 걸세. 특히 이 시기에는 평소엔 결코 볼 수 없는 헐값의 기업주식이나 부동산이 나올 걸세. 군중심리가 과한 가격상승을 만들기도 하지만, 때론 과한 가격폭락을 만들기도 하는 거야. 말하지 않았나? 우리는 군중심리를 이용할 필요가 있다고 말일세. 그러니까 앞으로의 위기를 미리 예측하고 꾸준히 현금을 비축한, 준비된 선수에게는 위기가 오히려 기회가 될 수 있다는 말일세!"

"그러니까 위기일 때 주식이든 부동산이든 싼 가격에 사들일 수 있는 기회가 온다는 말인가요?"

"그렇지! 한국이 외환위기를 겪을 때, 수많은 외국투자자들이 군침을 흘리며 한국시장에 뛰어들었던 상황을 되짚어보게. 미국이 한국의 금융시장개방을 위해 일부러 가혹한 요구를 많이 하지 않았나? 그 후에 외국투자자들은 경제 위기를 극복한 한국에서 많은 이익을 얻을 수 있었지. 노련한 투자자는 오히려 폭락장을 반긴다네. 반드시 기억하게. 영원한 호황도 없고 영원한 불황도 없네. 앞으로 거대한 위기가 찾아오면, 전 세계의 중앙은행들은 위기를 피하기 위해 전보다 더욱 더 농축된 영양제를 잔디에 투입할 걸세. 빚의 위기를 새로운 빚으로 막는 행위지. 정치인들은 표를 잃게 되는 것이 두려워 어떻게 해서든 경제위기를 빠르게 모면하려고 할 걸세. 가장 좋은 방법이 책임을 뒤로 미루는 것이지. 어쨌든 중앙은행의 조치가 이번에도 성공하면, 다시 한 번 벌을 미룰 수 있게 되고 호황은 생각보다 빨리 찾아올 걸세. 하지만 실패하면, 그동안 잘못한 대가를 모두 치러야 하기 때문에 위기는 더 길어지고 호황은 더 늦게 찾아올 거야."

"음, 단지 시간의 문제일 뿐, 위기 후에는 다시 호황이 찾아온다는 말인가요?"

"맞아! 역사를 보면 알 수 있지 않나? 그렇다면 지금 중앙은행이 보내는 경고는 사실, 우리에게 부의 기회가 가까워지고 있다는 신호가 될 수 있네! 나쁜 빚을 과도하게 사용해온 누군가에게는 벌을 받아야 할 순간이지만, 그동안 현금을 비축하며 미리 위기를 대비한 누군가에게는 엄청난 기회가 될 수도 있다는 말일세."

"앗! 좀 전에 어르신께서 말씀하신 300원보다 100원에 사야 더 이득이라는, 혹시 그런 의미? 그래서 큰 추세에 편승해야 한다?"

"바로 그걸세! 싸게 살수록 훗날 얻을 잠재이익은 커지는 거지. 이것이 바로 부의 기회일세. 단, 부의 기회는 단기적인 안목으로는 잡을 수 없네. 반드시 장기적인 안목을 갖춰야 하지. 분명 세계경제 위기를 부르는 기폭제는 언젠가 터질 거고, 그동안 새로운 빚으로 만들어진 잡초가 다시 위기를 만들 거야. 그러면 투자자들의 심리가 위축되면서 지금과는 반대의 상황을 만들 걸세. 수많은 투자자산의 가격이 폭락하는 거지. 이때 단기적인 안목을 가진 사람들은 눈앞의 위기와 악화되는 상황만을 주시할 거야. 이들은 위기와 절망이 영원히 지속될 것처럼 생각하지. 하지만 돈의 역사를 이해하고 장기적인 안목을 갖춘 소수의 사람들은 평소에 쉽게 접할 수 없는 대규모 세일기간을 주시할 걸세! 군중의 과한 두려움 때문에 모든 것이 헐값에 거래되는 세일기간! 매우 좋은 자산조차 말도 안되는 헐값에 나올 수 있어."

제드는 다시 한 번 눈 앞에 펼쳐진 노트를 유심히 바라보며 말했다.

"대규모 세일기간! 바로 그런 의미였군요!"

"하하, 다음에 맞이할 위기는 2008년 글로벌 금융위기 이후로 찾아오는 또 다른 거대한 위기이자 기회가 될 수 있네. 자네도 중앙은행의 경고를 감지했듯이, 지금은 길었던 상승 추세의 끝 언저리로 향하고 있지. 추세가 언제 바뀔지 정확히 맞출 수는 없지만, 그동안 과도하게 사용된 나쁜 빚이 분명 여러 문제들을 만들고, 그 문제들이 결국 수면 위로 떠오르게 될 거야."

"그 위기가, 준비된 선수에게는 오히려 기회다?"

"그렇지! 지금은 우리가 행동에 나서야 할 시기가 아닐세. 때가 올 때까지 준비하고 인내하면서 기다려야 해. 바로 수비를 하라는 말이지."

"인내요? 그러고 보니, 우리 팀과 시합했던 상대 팀의 이름이 인내였는데."

"실은 자네가 두 팀의 이름을 알려준 순간 조금 놀랐었네. 인내와 추진이라는 두 단어는 자네에게 부의 기회를 붙잡게 해줄 열쇠니까! 그래서 자네에게 두 팀의 이름을 반드시 기억하라고 했던 거야. 기억하나?"

"아!"

"지금 우리는 수비를 지향하는 인내 팀이 되어야 하네. 공격의 기회가 올 때, 즉 대규모 세일 기간이 찾아올 때까지 투자할 돈을 모아두면서 기다려야 한다는 말이야. 추세 상승기의 끝자락에 투자할 것이 아니라, 하락기에 접어들고 난 후, 상승기를 앞둔 추세에서 투자해야 한다는 거지!"

"인내하면서 돈을 모아두라고요? 아! 그래서 선수는 공격할 때와 수비할 때를 알아야 한다고 말씀하셨던 거군요? 지금은 수비할 때! 공격할 때는 바로 위기가 닥쳤을 때고요?"

"맞네! 사실, 이는 많은 사람들과 반대로 움직이는 것이라 역발상 투자가 될 수 있네. 그런데 어차피 맞이할 위기라면 기회로 삼는 것이 지혜로운 행동 아닐까? 때가 되면, 우리는 공격을 지향하는 추진 팀이 되어 과감히 움직여야 하네."

"이번에는 우리 팀이 나오는군요! 그러니까 거품에 탑승하는 것이 아니라 거품이 꺼진 후에 탑승하라는 말씀이군요?"

"하하, 그렇지! 거품은 반드시 꺼지네. 세계경제에 위기가 찾아왔을 때, 오늘 나눈 대화를 떠올리게. 추세는 반드시 돌아서게 되어 있어. 경제의 순환을 기억하고, 불황과 위기를 결코 방관하지 않을 중앙은행을 기억하게."

"듣고 보니 대중과는 완전히 다르게 행동하라는 말씀이군요. 남들이 두려움에 떨며 가지고 있는 투자자산을 내던질 때, 바로 그때 투자하라! 정말 쉽지는 않겠어요. 기회라고 생각하고 샀는데 가격이 더 하락할 수도 있으니까요."

본성이 이성을 이기도록 놔두지 마라

"그런 염려가 바로 단기적인 안목이지! 다시 반복하지만, 추세에 편승하기 위해서는 반드시 장기적인 안목이 필요하네. 세계적인 경제위기가 어제 찾아왔다가 두 달 뒤에 그 위기를 탈출하고, 반 년 후에 큰 호황을 누리다가 일 년 후에 다시 큰 위기를 맞이하지는 않는다는 말일세. 우리가 맞이할 큰 추세는 적어도 5년, 10년에 걸쳐 일어나지."

"그렇다면, 위기도 길어질 수 있다는 말씀인가요?"

"물론이네. 다가올 위기가 6개월간 지속될지, 아니면 1년이나 2년, 그 이상이 지속될지는 아무도 알 수 없어. 만일 정확한 기간을 언급하는 사람이 있다면 그 사람을 사기꾼이라고 봐도 무방하네. 하지만 시간이 얼마나 걸리느냐의 문제일 뿐, 풀리는 돈과 빚은 추세가 돌아서면 다시 늘어날 걸세. 그래서 장기적인 안목이 필요한 거야."

"경제의 호황과 불황은 결국 반복되니까요!"

"그렇지! 서로 반대성향인 N극과 S극이 함께 있어야 자석이 완성되듯, 불황과 호황이 함께 있어야 경제가 완성되는 거야. 결코 어느 하나만 존재할 순 없지. 앞서 말했다시피 정부와 중앙은행의 진통제가 다음에는 쉽게 먹히지 않을 수도 있네. 그러면 위기가 더 길어질 수 있지. 봉우리가 높을수록 골짜기도 깊은 법이라고 하지 않았나? 하지만 우리는 위기가 길어질수록 자산을 더 싸게 살 수 있다는 사실을 잊어서는 안 되네. 주식이든 부동산이든 뭐든 말이지."

"위기가 길어질수록 더 싸게 살 수 있다. 핵심은 장기적인 안목으로 바라봐야 한다!"

상순이 고개를 끄덕였다.

"훗날 위기가 찾아와 중앙은행이 영양제를 뿌리기 시작했다는 뉴스를 보았다면, 그때부터 가격이 하락한 자산을 사들이는 것도 하나의 방법이 될 수 있을 거야. 주식을 예로 들자면, 분할매수도 한 방법이 될 수 있네. 위기와 함께 주가가 얼마나 지속적으로 하락할지 아무도 알 수 없으니, 시간을 두고 천천히 매수하는 거야. 더 싸게 매수할수록 잠재이익은 커지니까."

"쉽진 않겠지만, 듣고 있자니 저도 기회를 잡을 수 있을 것 같은 생각이 드는데요?"

"하하하, 맞아. 당연히 쉽지 않을 걸세. 두려움이 자네의 발목을 강하게 잡을 테니까."

"두려움이요?"

"군중의 두려움 말일세. 위기가 찾아와 모든 자산의 가격이 폭락하기 시작하면, 자네 주변 사람들은 온통 두려움에 떨 거야. 뉴스에서도 연일 암울한 소식을 보도하고, 그 뉴스를 본 군중은 투자자산을 팔 걸세. 가격은 더 폭락하겠지. 폭락한 자산은 또 다시 암울한 뉴스와 환경을 만들고. 자네 역시 이러한 분위기에 쉽게 전염될 수 있어."

"그렇군요. 바로 군중심리군요."

"맞네. 하지만 그때야말로 자네의 이성이 본성을 이겨내야 할 때지! 그렇지 않으면 자네에게 온 기회는 그냥 스쳐 지나갈 걸세."

"이성은 기회를 잡아야 한다는 사실을 알지만, 본성은 두려움에 떨면서 군중에 편승하려고 할 것이다? 이 말인가요?"

"그렇지! 이때 자네의 본성이 이성을 이기도록 놔두지 말게. 이성이 본성을 밀어내야 부의 기회를 잡을 수 있다는 사실을 잊으면 안 되네. 나 또한 그렇게 할 걸세."

"두려움을 용기로 이겨내야 하는 거로군요."

"워런 버핏은 남들이 모두 욕심낼 때 두려워하고, 반대로 남들이 모두 두려워할 때 욕심을 내라고 했지. 남들이 모두 탐욕에 눈이 멀어 이성을 잃는 분위기를 조심하고, 반대로 모두가 두려움에 떨면서 자산을 내다팔아 가격이 폭락할 때 과감히 욕심을 내서 싸게 사들이라는 의미일세."

"남들이 두려워할 때가 우리에게는 기회라는 말씀이군요? 추세에 올라탈 수 있는 기회!"

상순은 방긋 웃으며 노트의 끝 페이지를 펴보라고 했다. 거기에는 '투자자가 하강운동의 마지막에서 추세와 반대로 간다는 것. 이는 동료들, 대중매체, 그리고 전문가들이 매도를 권장하는 상황에서 반대로 행하는 것을 뜻하며, 추세에 역행하는 것이다. 이는 어려운 일이다. 왜냐하면 이론을 알고 있으면서 그것을 따르고자 하는 사람조차도 마지막 순간에는 군중심리의 압력에 굴복하고 말기 때문이다'라는 명성 높은 투자자 앙드레 코스톨라니의 격언이 쓰여 있었다.

"이 말처럼 부의 기회가 보이는 사람이라도 막상 잡기는 쉽지 않은 것이 현실이네. 그렇다고 내 말을 오해하지 말게. 남들과 무조건 다르게 행동하는 것이 항상 옳다는 말은 아니니까. 내가 판단하기에 군중이 오판을 하고 있다면 군중과는 다른 길을 택할 수 있는 용기가 필요하다는 뜻이네. 군중이 옳다면 당연히 그들을 따라야겠지. 하지만 대개 군중이 과한 탐욕이나 패닉에 빠졌다면 오판을 하고 있을 가능성이 매우 높네. 아무리 똑똑한 개인이라도 군중에 휩쓸리는 순간 바보가 되기 십상이니까."

"이성이 본성을 이길 수 있도록 평소에 마음을 잘 다스려야겠군요."

"내가 지금까지 관찰한 투자의 대가들은 하나같이 위기나 군중의 패닉을 자신의 기회로 바꿀 줄 아는 사람들이었네."

"위기나 패닉을 자신의 기회로!"

눈덩이는 한순간에 커지지 않는다

제드는 고개를 끄덕이며 말을 이었다.

"말씀을 듣다 보니, 부의 기회가 보이기 시작했어요. 그런데 추세에 편승해서 큰 이익을 얻으려면 그만큼 목돈이 있어야 할 텐데, 저는 그럴 만한 목돈은 없는걸요?"

"누구나 그런 생각을 할 수 있네. 하지만 각자의 수준에서 공격할 때를 위해 꾸준히 준비하면 되는 거야. 수비하는 동안 조금씩이라도 투자금을 모아놓고, 무엇을 사들일지 눈여겨보다가 때가 찾아오면 과감히 움직이면 되는 거지! 목돈이 있어야만 투자할 수 있고 이익을 얻을 수 있다는 생각부터 바꾸게. 투자는 한 방이 아니라 꾸준하고 지속적인 행위일세. 눈밭에서 눈덩이를 굴리면서 크기를 키우듯이 말이야."

"눈덩이요? 그러고 보니, 복리를 눈덩이에 비유하셨죠."

"바로 그거야! 처음에는 아무리 굴려도 쉽게 커지지 않지만, 눈덩이가 커지면 커질수록 눈밭에 닿는 눈덩이의 면적도 넓어지기 때문에 엄청난 속도로 커져나가지."

"물가상승도 복리로 오른다고 하셨잖아요?"

"기억하는군! 자네 말대로 물가는 복리로 상승하네. 그래서 투자자도 복리로, 물가상승률보다 높은 수익을 얻어야만 실제로 이익을 얻는다고 할 수 있지. 알다시피 물가상승은 보이지 않는 세금이니까. 가령 물가상승이 복리로 꾸준히 3%씩 오른다면, 투자자는 아무리 못해도 꾸준히 3% 이상의 복리로 투자수익을 내야 실제로 이익을 보고 있다는 말일세. 즉, 투자로 얻은 수익을 다시 재투자하고, 거기서 얻은 수익을 또 재투자하는 과정을 반복해야 복리의 효과를 누릴 수 있는 거지."

"복리로 꾸준히!"

"재미있는 문제를 하나 내볼까? 우리 앞에 체스 판이 놓여 있다고 하세. 그리고 그 체스 판의 첫 번째 칸에는 쌀 1톨을, 그다음 칸에는 2톨, 다음 칸에는 4톨, 또 다음 칸에는 8톨, 이런 식으로 두 배씩 쌀을 마지막 칸까지 놓아보는 거야. 그럼 체스 판의 마지막 칸에는 몇 톨의 쌀이 놓일까? 참고로 체스 판은 가로 8칸, 세로 8칸으로 총 64칸이네."

"글쎄요."

"약 1,800경 톨이네."

"1,800경? 정말인가요?"

"이게 바로 복리의 힘이지. 쌀 1,800경 톨이면 지구에서 가장 큰 산을 뒤덮고도 남는 양일세. 처음에는 1톨부터 시작했지만, 복리의 힘은 결국 1톨을 1,800경 톨로 바꾼 거지. 그런데 생각해보게. 마지막 칸의 바로 전 칸에는 몇 톨이 놓였을까?"

"바로 전이면, 이전보다 두 배씩 늘어났던 것이니까, 1,800경 톨의 반, 900경 톨이 놓였겠죠?"

"맞아. 마지막에는 한 칸만 늘어났을 뿐인데 900경 톨이라는 어마어마한 양의 쌀이 늘어난 거네. 바로 전칸에는 450경 톨이었을 테고, 그 전 칸에는 225경 톨, 마지막에서 10칸 전에는, 약 3.5경 톨이 놓였겠지. 마지막에는 불과 10칸 만에 1796.5경 톨이라는 어마어마한 양이 늘어난 거야. 하지만 체스판의 처음 칸에서 10칸까지는 고작 1톨에서 512톨로 늘어났을 뿐이네. 시작은 미미하더라도 시간이 지날수록, 쌀의 양은 기하급수적으로 늘어나는 걸세."

"기하급수적? 이것이 바로 복리의 힘이다?"

"그러니 지금 자네의 눈덩이가 작다고 한탄할 필요는 없어. 각자 현재의 조건에서 최선을 다해 만든 눈덩이를 가지고 때가 오면 굴릴 준비를 하면 되는 걸세. 눈덩이는 절대 한 방에 커지지 않네. 한 방 심리가 바로 투기꾼을 만드는 거야. 나는 자네가 투기꾼이 되지 않길 바라네. 나 역시 그러지 않을 거고. 투자는 단거리 경주가 아닌 마라톤이네. 완주해야 할 거리가 40km 남아 있는데, 처음 1km만 전력으로 달리고 경기를 끝낼 수는 없지 않겠나? 심지어 레이스의 끝에 다다를수록 투자수익이 더 커지는데? 자네는 이제 돈의 역사를 알고 추세에 편승할 수 있는 안목을 갖추었어. 추세가 되풀이되는 한, 부의 기회도 역시 되풀이된다는 진리를 믿게."

"부의 기회가 계속 찾아온다?"

"5년이나 10년 안에 맞이하게 될 앞으로의 기회가 아니더라도, 군중심리가 만드는 기회는 계속 찾아올 거야. 군중심리가 때로는 어느 한 자산의 가격을 과도하게 올려놓기도 하고 바닥으로 떨어뜨리기도 하니까. 앙드레 코스톨라니는 주식시장이 단기적으로는 군중심리, 중기적으로는 금리(유동성), 장기적으로는 기업이나 산업의 발전에 따라서 움직인다고 했네. 또한 워런 버핏의 스승이자 친구인 벤저민 그레이엄은 주식시장이 단기적으로는 인기투표기계에 불과하지만, 장기적으로는 기업의 가치를 재는 저울이라고 했고. 즉, 우리는 장기적인 안목을 갖추고 단기적인 안목으로 행동하는 군중의 인기투표에 놀아나지 말아야 하네. 오히려 이용해야 하는 거지! 너도나도 살 때는 멀찌감치 떨어져 경계하고, 너도나도 팔 때는 오히려 적극적으로 사라는 뜻일세. 다시 말하지만, 군중에 휩쓸려 비합리적인 의사결정을 내리는 인간의 행태는 계속될 걸세. 인간의 본성과 군중심리는 결코 바뀌지 않으니까."

"군중심리를 이용하라!"

"결국 투자란, 기회의 연속이라는 도로 위에서 오래 달릴수록 보폭이 복리로 커져가는 매우 괴상한 마라톤이네. 흥미로운 이야기를 하나 더 들려주지. 사실 눈덩이는 워런 버핏이 복리를 비유할 때 자주 인용했던 말이네. 워런 버핏은 수십조 원의 자산을 가지고 있고, 그에 상응하는 큰 금액을 사회단체에 기부하고 있는 투자자이자 사업가이지. 그는 자신의 총 자산 중 99%를 50세가 넘어서 벌어들였다고 말했네. 그런데 워런 버핏은 20대부터 본격적으로 투자에 몸을 담았어. 이게 무얼 의미하겠나? 바로 복리의 힘일세. 나는 복리의 힘을 알고 있으면 투자자이고, 모르고 있으면 투기꾼이라고 생각하네."

"99%의 자산을 50세 이후에 벌었다니, 전혀 몰랐습니다."

숲을 볼 수 있어야 비로소 나무가 보인다

상순은 잠시 무언가를 곰곰이 생각하더니 말을 이어갔다.

"그런데 말이야. 사실 부의 기회를 잡을 때, 그러니까 추세에 편승할 때는 한 가지 확실한 조건이 따라야 하네."

"확실한 조건?"

"나는 추세에 편승하고 장기적으로 인내하면, 누구든 부의 기회를 얻을 수 있다고 말했어. 그렇지?"

"분명 그러셨죠."

"그런데 사실, 모두가 부의 기회를 잡을 수는 없네. 물론 돈의 역사를 잘 알면 확률이 훨씬 높아지지만, 확률을 더 높이고자 한다면 한 가지 조건이 반드시 있어야 하지. 그 조건의 유무는 철저히 자네에게 달려 있고."

"저에게 달린 조건? 그게 뭐죠?"

"주식시장을 예로 들어보지. 우리 예상대로 지금 위기가 닥쳐왔고, 추세에 탑승할 기회도 찾아왔다고 하세. 주식시장에 상장된 기업들의 주가는 대부분 폭락하겠지. 하지만 모든 기업들의 주가가 반등하는 것은 아닐세. 경기가 뜨거울 때 과도한 빚을 늘려 부실경영을 했던 기업들은, 위기를 극복하지 못하고 파산할 수도 있지."

"파산이요?"

"그동안 나쁜 빚으로 무리하게 사업을 확장했거나 적자가 누적된 기업과 은행 등이 위기를 맞아 큰 타격을 입고 그대로 쓰러질 수 있다는 말일세."

"그러니까 추세에 편승해서 어느 한 기업의 주식을 매우 싸게 샀더라도, 그 기업이 파산하면 오히려 돈을 전부 잃을 수도 있다는 말씀인가요?"

"그렇지! 어떤 것을 사느냐에 따라 부의 기회가 될 수도 있고, 부의 위기가 될 수도 있다는 말일세. 잠시 상상해보게. 자네는 지금 숲속에 있어. 그리고 자네는 눈앞에 놓인 나무를 자세히 관찰하려 하고 있지. 가장 먼저 무엇을 봐야 나무를 올바르게 관찰할 수 있겠나?"

"나무를 분석한다고요? 음, 글쎄요. 뿌리? 잎? 아니면 줄기?"

"아닐세. 가장 먼저 나무들이 모여 이룬 숲을 보아야 하네."

"숲이라!"

"숲이 자리한 위치, 기후, 토양 등 숲의 환경을 먼저 잘 살펴야 하지. 그래야 그 숲에 주로 어떤 나무들이 어떻게 자라고 있는지 알 수 있네. 모든 나무는 숲의 영향을 받으니까."

"그렇군요. 그런데 갑자기 숲과 나무는 왜?"

"이제까지 자네가 알게 된 돈의 모든 것, 돈과 은행의 역사, 호황과 불황의 순환, 거품경제, 중앙은행의 역할 등은 사실, 숲에 해당한다고 할 수 있네. 자네는 이제 돈의 역사를 통해 숲을 볼 수 있게 되었다는 말이야."

"숲을 보게 되었다?"

"숲을 보았으니, 이제는 나무를 더 쉽게 관찰할 수 있다네."

"그럼 나무는 무엇이죠?"

"바로 자네가 투자하고자 하는 모든 대상을 의미하지. 주식시장에 상장된 기업, 비상장 기업, 부동산, 원유, 외환, 금과 은, 곡물 등 투자할 수 있는 모든 것일세."

"투자자산이 나무다?"

"숲을 보게 된 자네가 이제부터 할 일은 나무를 분석하고 관찰하는 일일세. 위기이자 기회가 찾아올 때까지 우리는 수비를 해야만 하지. 수비기간에는 투자자금을 비축하는 것뿐 아니라 훗날 싸게 사들일 수 있는 나만의 투자대상도 알아봐야 하는 걸세. 나무를 관찰하고 분석하는 일을 수비기간에 꾸준히 해야 한다는 뜻이지."

"아! 기회가 왔을 때를 대비해 어떤 투자대상을 싸게 사들일지를 미리 분석하라는 말이군요?"

"맞아. 주식을 예로 들자면, 이제부터 자네는 다가올 기회를 대비해 사들일 주식의 기업을 미리 알아봐야 해. 그러려면 기업의 성적표와도 다름없는 재무제표를 읽을 줄 알아야 하고, 그 기업의 사업방식이나 파는 제품, 서비스에도 관심을 가져야 하지. 그리고 그 기업이 장래성이 있는지, 부채비중은 얼마나 되는지, 경영진에게 위기대처 능력이 있는지 등 기업을 판단할 수 있는 눈을 키워야만 하네."

"기업을 볼 수 있는 눈이라……."

"부동산도 마찬가지네. 부동산이 위치한 지역의 환경, 시설,

인프라 등을 꾸준히 확인해야 하네. 나무를 보는 것은 오로지 자네 몫이야. 이는 내가 일일이 돕기 어려운 영역일세. 내 임무는 자네가 나무를 잘 볼 수 있도록 숲을 보여주는 것뿐이지."

"주식이든 아파트든 좋은 자산을 고를 수 있는 눈을 가져라, 이게 핵심이로군요?"

"맞아! 위기는 결국 숲에 거대한 불을 놓을 걸세. 그중 몇몇 나무들은 불길에 타죽고 말겠지만, 다른 몇몇은 불길을 이겨내고 더 강하게 자라날 걸세. 강한 나무를 찾는 일은 단기간에 되지 않을 걸세. 하지만 투자자는 항상 배워야 하고 투자대상에 관심을 가져야 하지. 짧게 덧붙이자면, 자네가 평소에 관심을 가진 분야와 관련된 투자대상을 찾는 것도 매우 좋은 방법이네. 가령 자네가 게임을 좋아한다면, 게임회사나 게임산업에 대해서는 그 누구보다 많이 알고 있지 않겠나? 평소에 관심을 두고 정보를 찾았을 거야. 자네가 관심을 가진 분야이니 만큼 다른 기업보다 분석하는 일이 더 재미있고, 또한 남들보다 더 많이 알고 있을 걸세. 하지만 그 어떤 곳에 투자를 하든, 이익에 비해 과도한 빚이 있는 기업과 은행, 나라는 반드시 피하게. 과도한 나쁜 빚은 그들을 유동성 위기에 빠뜨려 파산하게 만들 테니까. 외환위기 당시, 유동성 위기로 파산한 수많은 기업과 은행을 생각해보게."

"정말 그렇겠군요! 하지만 제가 나무를 잘 관찰할 수 있을까요?"

"할 수 있네! 미국 주식시장의 인터넷 거품이 붕괴하던 2000년 전후, 아마존이라는 기업의 주가가 113달러까지 치솟다가 결국 6달러까지 곤두박질쳤지. 당시 너도나도 주식을 팔아치웠지만, 돈의 역사를 알고 있는 누군가는 아마존이라는 기업의 미래를 밝게 분석하고 부의 기회를 잡고자 했을 거야. 가장 싸게 사는 것이 좋지만, 그렇다고 최저가인 6달러에 주식을 살 수는 없었겠지? 얼마나 하락할지는 그 누구도 알 수 없었을 테니까. 그래서 대략 30달러에 주식을 샀다고 하더라도, 6달러까지 하락하는 주가를 지켜봐야만 했을 걸세. 이때 단기적인 안목을 갖춘 누군가는 더 하락하는 주가의 압박을 인내하지 못해 팔았을 것이고, 장기적인 안목을 갖춘 누군가는 하락하는 주가를 지켜봐도 팔지 않고 끝까지 인내했을 거야. 결국 아마존의 주가는 얼마 전 약 1,900달러를 기록하기도 했지. 여기서 핵심은, 기업을 판단한 자신의 장기적인 안목을 믿고 오래도록 투자하라는 걸세. 하지만 현재 아마존의 주가는 내가 보기엔 과하네. 앞으로 또 다른 위기가 오면 아마존의 주가는 군중의 두려움으로 폭락할 소지가 매우 크지. 만약 이런 일이 일어난다면, 우리는 어떻게 행동해야 할까? 간단하네. 아마존이라는 나무가 이번 불길에도 살아남고 앞으로 더 강하고 튼튼하게 성장할 것이라고 판단하면, 주가가 충분히 싸졌을 때 주식을 매수하고 더 하락해도 인내하면 되네. 시간을 두고 천천히 매수해도 괜찮겠지. 여기서 충분히 싸서 매수하고 싶은 가격은 자신이 정해야 하고. 반대로 아마존이라는 나무가 이번 불길을 극복하지 못하고 서서히 죽어갈 것이라고 판단한다면, 아마존의 주가가 폭락해도 매수하지 않으면 그만이야. 실제로 인터넷 거품붕괴와 함께 수많은 인터넷 회사들이 파산하고 말았으니까. 어떤 나무를 고를지는 전적으로 우리에게 달려 있네. 하지만 좋은 나무를 고를 수 있다면, 부의 기회는 평소에 얻을 수 없는 매우 큰 잠재이익을 우리에게 선사할 걸세."

"아!"

"사실 이것은 벤저민 그레이엄의 안전마진 개념이네. 가령 자네가 한 나무를 잘 고른 덕분에, 먼 미래에 가격이 10으로 올랐다고 하세. 자네가 앞서 그것을 9에서 샀다면 고작 1만 얻을 수 있지만, 2에서 샀다면 8이나 얻을 수 있지. 싸게 살수록 이익이 커지는 걸세. 하지만 튼튼하다고 생각했던 나무가 사실은 썩은 나무일 수도 있지 않겠나? 결국 판단착오로 가격이 예상과는 다르게 1로 곤두박질친다면? 자네가 앞서 그것을 9에서 샀다면 8이나 잃게 되지만, 2에서 샀다면 1만 잃을 뿐이네. 판단이 틀려도 싸게 살수록 손실은 적어지는 거야. 즉, 싸게 살수록 잠재이익은 커지고 잠재손실은 낮아진다네. 이것이 바로 합리적인 투자전략일세. 하지만 대부분의 사람들은 이와 반대로 행동하지. 왜일까? 돈의 역사를 알지 못해 단기적인 안목만 가지고 있는 데다가 쉽게 군중에 휩쓸려 이성을 버리고 본성의 지배를 받기 때문이네. 그래서 충분히 비싼데도 탐욕에 전염되어 군중과 함께 사들이고, 반대로 충분히 싼데도 두려움에 전염되어 군중과 함께 팔아치우는 거야."

"결국 본성에 휩싸인 군중들과 반대로 행동할 수 있는 용기

의 대가로, 잠재이익은 커지고 잠재손실은 작아진다는 말이
군요?"

"그렇지! 그러니 숲을 볼 수 있는 자신의 눈을 믿고 도전하게.
나무를 관찰하고 투자금을 비축하고 있다가 후에 숲의 환경이
바뀌고 기회가 찾아오면 추세에 편승하는 것! 이것이 바로 자네
에게 알려주고 싶었던 부의 기회를 잡는 방법이었다네."

머니스타디움의 탄생

제드는 시선을 천천히 축구장으로 돌렸다. 어느샌가 어린 아
이들이 공을 차며 깔깔거리고 있었다. 공을 쫓다가 넘어지고 구
르고, 또 다시 일어나 공을 쫓아 뛰었다. 이 아이들 중 누군가는
이미 선수가 되어 월드컵 본선에서 뛰고 있는 자신을 상상하고
있을지 모른다. 제드 역시 돈의 선수가 되어 운동장을 누비는
자신의 모습을 그렸다.

"이제야 저도 자격을 갖춘 선수가 된 느낌이 드네요."

"하하, 그렇다면 다행이네! 나는 자네가 부의 기회를 꼭 잡
을 것이라고 믿네. 자신의 안목과 분석, 생각, 판단을 믿고 군중
에 휩쓸리지 않으면서 이성적으로 행동하는 투자자가 되길 바
라네."

앞으로 해야 할 일을 명확히 알게 되었다는 생각 때문일까?
불안과 근심으로 어두웠던 제드의 표정은 어느새 안도감과 자
신감으로 가득 찼다. 제드는 축구장을 바라보며 잠시 생각에 잠
기더니, 이내 무릎을 치며 외쳤다.

"어르신! 재미있는 생각이 하나 떠올랐습니다."

"그게 뭔가?"

"어르신은 잡초가 듬성듬성 자라는 축구장이 자본주의의 축소판이라고 하셨잖아요? 그러면서 돈의 역사와 함께 중요한 요소들을 하나둘 이곳 축구장에 비유해주셨고요."

"하하, 맞네. 어느 날 이곳에서 축구 경기를 보다가 문득, 우리가 살아가는 돈의 세계가 이곳과 비슷하다는 생각을 했지. 의외로 비슷한 점이 정말 많았어! 그래서 이곳에 올 때마다 생각을 정리하면서 하나둘 노트에 적기 시작했다네."

"그러셨군요! 어르신이 그 비유를 해주신 덕에, 제가 훨씬 수월하게 돈의 세계를 이해할 수 있었습니다."

"쓸데없는 생각은 아니었던 모양이라 다행이군. 하하."

"자본주의 세계의 축소판! 어르신, 제가 들었던 이 모든 내용을 많은 사람들에게 알려주고 싶어요. 아내에게도, 친구에게도, 그리고 훗날 제 아들에게도 말이죠. 저같은 금융문맹도 이해할 수 있었으니, 많은 사람들도 저처럼 놀라운 경험을 할 수 있다고 생각하거든요"

"그거 좋은 생각이군! 나는 한 사람이라도 더 이 이야기를 통해 도움받을 수 있다면 그것으로 만족하네."

"그래서 좀 전에 갑자기 생각이 났는데요. 제가 자본주의의 축소판과 다름없는 이곳에 이름을 붙여보았습니다."

"이름을 붙였다고? 그게 뭔가?"

"바로 머니스타디움입니다."

"머니스타디움?"

"돈의 세계가 고스란히 담겨 있는 경기장! 규칙, 부심, 잔디, 계절, 주심, 잡초, 그리고 선수가 모두 존재하는 머니스타디움. 저는 머니스타디움을 통해 돈의 세계를 알게 된 셈이죠! 어떤 가요?"

"재미있는 이름이군! 그러니까 자네는 사람들에게 머니스타디움을 소개해주고 싶다는 거로군?"

"네. 맞습니다!"

"멋진 생각이네. 나도 이번에 자네와 얘기하면서 깨달았어. 그동안 머릿속에만 머물던 생각을 많은 사람들에게 들려줘도 좋겠다고 말이야. 혹시 다음에 만나면 사람들에게 어떻게 들려줬는지 이야기해줄 수 있겠나?"

"네. 그럼요. 노트에 좀 더 간결하고 재밌게 정리해서, 되도록 많은 사람들에게 알려주겠습니다."

어느새 한낮이 되어 햇살이 강하게 내리쬐고 있었다. 제드와 상순 주변에 앉아 있던 사람들이 하나둘씩 자리를 뜨기 시작했다. 상순은 배가 고파졌는지, 배를 문지르며 말했다.

"나는 이곳에서 아내와 점심을 같이 하기로 했네. 조금 늦는 것 같군. 자네는 어찌할 텐가?"

"저는 집으로 가야겠습니다. 아내에게 가장 먼저 머니스타디움을 소개해주고 싶거든요!"

"하하, 좋은 생각이군! 응원하겠네. 그럼 우리의 대화는 여기까지군."

"아쉽네요."

"앞으로 이곳에서 자주 보세. 만날 때마다 투자를 화제로 얘기를 나눈다면 더욱 좋겠지!"

"네. 덕분에 정말 많은 것을 배웠습니다."

제드는 상순에게 허리를 굽혀 공손하게 인사하고는 발걸음을 옮겼다.

"아차! 이보게!"

"네?"

상순은 제드가 앉았던 자리에 놓인 노트를 흔들며 말했다.

"노트를 챙겨야지. 이제 이 노트는 자네 것이 아닌가?"

"이런, 제가 너무 흥분했나봅니다. 소중한 노트를 두고 갈 뻔했군요!"

"이번에는 자네가? 하하!"

"하하, 이만 가보겠습니다. 다음에 뵐게요!"

노트를 가방에 넣은 제드는, 머니스타디움의 출구를 향해 한결 가벼워진 발걸음을 옮겼다.

❶ 선수는 돈의 역사를 이해하고, 역사와 추세가 되풀이되는 이유를 이해하고 있는 사람을 말한다.

❷ 선수는 공격할 때와 수비할 때를 알아야 한다. 공격해야 할 때 수비하고, 수비해야 할 때 공격해서는 안 된다.

❸ 부의 기회란, 되풀이되는 역사를 이해하고 추세에 편승하는 것이다.

❹ 수요와 공급을 통해 추세를 판단해야 한다.

❺ 추세에는 거대한 세계경제의 추세, 그리고 각각의 투자시장에 존재하는 작은 추세가 존재한다. 각각 두 추세의 하락기는 현명한 투자자에게 기회가 될 수 있다.

❻ 우리가 앞으로 맞이할 거대한 위기는 큰 추세이다. 큰 추세에 편승하는 것이 곧 큰 부의 기회를 잡는 것이다.

❼ 위기는 장기적인 안목을 갖춘 투자자에게 자산을 가장 싸게 살 수 있는 '대규모 세일기간'이 될 수 있다.

❽ 추세에 편승하기 전까지, 선수는 수비를 하며 인내해야 한다.

❾ 수비하는 동안, 자신의 수준에서 투자자금을 비축해두고, 세일기간에 사들일 투자자산을 꾸준히 탐색해놓아야 한다.

❿ 자신이 준비한 투자자금이 적게 느껴진다고 한탄할 필요는 없다. 복리의 힘을 믿고, 자신의 눈덩이를 굴릴 준비를 해야 한다. 돈의 역사를 알고 있는 우리에게 부의 기회는 계속 찾아올 것이다. 눈덩이를 거대하게 키울 눈밭은 충분하다.

⓫ 나무를 제대로 관찰하기 위해서는, 무엇보다 먼저 숲을 보아야 한다. 돈의 세계에서 숲이란 돈의 역사, 호황과 불황의 순환, 거품경제, 중앙은행의 역할 등이다. 나무는 주식(기업), 부동산, 원자재, 금과 은 등 투자할 수 있는 자산이다. 숲의 환경과 특성을 제대로 알고 있다면 '장기적인 안목'을

갖출 수 있다.

⑫ 예상했던 거대한 위기가 찾아오면, 그동안 거품에 탑승했던 군중이 두려움에 휩싸일 것이다. 이 두려움은 결국 거품의 붕괴, 가격의 폭락을 불러올 것이다. 호황의 끝자락에서는 모두 탐욕에 눈이 멀지만, 불황의 끝자락에서는 모두 공포에 눈이 멀기 때문이다. 불황의 끝자락에서 자신이 평소 탐색한 투자자산이 충분히 낮은 가격이라고 판단되면 용감하게 달려들어야 한다.

⑬ 부의 기회를 보는 것은 쉬울 수 있어도 잡는 것은 어려울 수 있다. 왜냐하면 위기와 함께 만들어지는 군중의 두려움이 이성을 밀어내려 할 것이기 때문이다. 이때 본성이 이성을 이기도록 놔두어서는 안 된다. 이성은 돈의 역사를 알고, 되풀이되는 역사와 추세를 이해하고 있다. 좀 더 장기적인 안목으로 바라봐야 한다.

⑭ 나무를 관찰하고 배우는 일을 꾸준히 지속적으로 해야 한다. 이는 투자자가 당연히 해야 할 일이다. 투자자는 실수를 통해 배우고 한 단계 도약하면 그만이다. 투자의 대가들은 많은 경험과 실수를 통해 지금의 자리에 올랐다. 그들을 통해 배우자.

⑮ 남의 생각과 판단, 군중에 휩쓸려 행동하는 자는 투기꾼이며, 스스로의 안목과 분석, 생각, 판단을 믿고 독자적으로 행동하는 사람은 투자자이다. 한방 심리는 투기꾼을 만들고, 복리의 힘은 투자자를 만든다. 투기꾼이 아닌 투자자가 되자.

⑯ 자본주의의 축소판, 머니스타디움은 언제나 당신 곁에 있다.

10년 전의 나에게 하고 싶은 말

《머니스타디움》을 마치고 나니 속이 후련하면서 섭섭하기도 합니다. 여러분과 함께 공유할 지식을 책 속에 더 넣지 못한 것은 아닌지 걱정이 먼저 앞섭니다. 그러나 한편으로는, 이 책을 통해 여러분이 돈을 새로운 시각으로 바라보고, 돈에 대해 알지 못했던 것들을 알게 되고, 재무적으로 좀 더 현명한 결정을 내릴 수 있을 거라고 생각하니 마음이 뿌듯해집니다.

이 책을 쓴 저 역시 돈에 대해서 무지했고, 경제, 투자 지식이 형편없었습니다. 주인공 제드처럼 말이죠. 또한 투기의 아픔도 겪었습니다. 그런 제가 본격적으로 돈의 세계, 투자와 사업에 관심을 가지면서, 경제지식의 힘을 깨닫고 공부를 하기 시작했습니다. 하지만 그 과정은 결코 만만치 않았습니다. 애초에 기초지식이 부족했고, 복잡한 경제용어와 개념은 제가 돈과 가까워지는 것을 결코 허락하지 않았기 때문입니다. 배움은 의문이 또다른 의문을 낳는, 목적지를 잃어버린 여정과 같이 느껴졌습니다. 마치 러시아 인형 '마트료시카'를 다루는 것처럼, 어렵사리 의문을 풀면 또 다른 의문이 금세 눈앞에 나타났습니다. 하지만 포기하지 않고 배움을 지속한 덕분에, 그동안 답답함을 느꼈던 이유를 마침내 깨달았습니다. 제게는 바로 '연결고리'가 없었던 것입니다.

가령 제가 환율을 알고자 할 때, 제게는 전쟁의 역사와 지폐, 동전에 관한 사전지식이 없었습니다. 환율을 배우며 '왜?'라는 말만 계속 되뇌었고, 그에 대한 답은 찾지 못하거나 찾아도 시간이 많이 걸렸습니다. 중요한 것은 오늘이 아니라 바로 오늘까지의 과정, 즉 연결고리로 이어진 '돈의 역사'였던 것입니다. 이를 깨닫고 난 이후로 배움은 속도를 내기 시작했습니다. 되풀이되는 돈의 역사를 이해하고 나니, 돈의 세계가 뚜렷하게 보이기 시작했습니다. 그러던 어느 날 문득 두 가지 생각이 제 머릿속을 스쳤습니다. '누군가는 내가 겪었던 무지의 고통을 지금도 겪고 있지 않을까?', '처음부터 돈의 역사를 배운다면 나처럼 많은 시간 동안 헤매지 않아도 될 텐데⋯⋯.'

제게 이제껏 중요한 가르침을 준 스승은 다름 아닌 책입니다. 훌륭한 저자들이 소중한 시간을 할애하여 글을 써준 덕분에, 저는 소중한 지식과 지혜를 배울 수 있었습니다. 제가 선배들의 책에서 도움을 받은 것처럼, 언젠가 저도 책으로 보답해야겠다는 생각을 줄곧 품어왔습니다. 지금까지 밝힌 저의 생각들이 서로 조화를 이뤄, 마침내 《머니스타디움》이 조금씩 모습을 갖추기 시작했습니다. 그리고 단순히 돈의 역사를 전달하는 것보다는, 독자들이 더 편하게 받아들일 수 있도록 대화체를 택했고, 기억에 더 오래 남길 바라는 마음에서 머니스타디움이라는 발상을 더했습니다. 또한 현명한 투자를 지향하는 분들과 함께 부의 기회를 잡고픈 마음까지 담아, 2년에 걸쳐 《머니스타디움》을 완성했습니다.

이 책의 주인공 상순과 제드는 '지금의 나'와 '10년 전의 나'를 대변합니다. '만약 지금의 내가 금융문맹인 10년 전의 나를 만난다면, 무엇을 말해주고 싶을까?' 책을 쓰는 동안 단 한 번도 잊은 적이 없었습니다. 책이 완성될 수 있었던 이유는, 10년 전의 제가 배움의 과정에서 무엇을 고민했고 어떤 고초를 겪었는지 지금의 제가 너무 잘 알기 때문입니다. 그런 의미에서 이 책은 10년 전의 나를 만날 수만 있다면 가장 먼저 주고 싶은 선물이기도 합니다.

저를 비롯해 많은 사람들이 학교 정규 교육에 재무지식, 금융지식, 경제지식이 없는 것을 아쉬워하고 있습니다. 저는 자본주의 세계에서 학교가 돈, 경제와 투자를 학생에게 가르치지 않는 것은 알 권리를 박탈하는 것이라고 생각합니다. 자본주의 세계에서 우리는 돈과 결코 뗄 수 없는 관계를 맺고 살아갑니다. 그럼에도 많은 사람들이 금융지식의 결핍을 느낍니다. 마치 오래도록 특정 비타민이 부족하면 그에 따른 병이 생기는 것처럼, 금융교육의 결핍 역시 언젠가 특정한 문제를 야기할 것입니다.

저는 경제적 자유, 재무적 자유를 위해 지금도 배우고 있습니다. 저는 성공한 사람이 결코 아니며 지금도 제 꿈을 위해 열심히 달리고 있는 평범한 사람일 뿐입니다. 하지만 혼자가 아니라 여러분과 함께 달려가고 싶습니다. 사업과 투자에 관심이 많은 저는 워런 버핏과 그의 동료 찰리 멍거, 필립 피셔, 로버트 기요사키, 짐 로저스, 앙드레 코스톨라니, 하워드 막스 등 탁월한 식견과

혜안뿐 아니라 훌륭한 인성까지 갖춘 투자자들을 선망합니다. 그리고 뛰어난 인성과 능력, 기업가 정신을 갖춘 사업가들을 존경합니다. 이 두 분야에서만큼은 죽을 때까지 배운다는 자세로 살아가려고 합니다.

여러분의 꿈은 무엇입니까? 그 꿈이 무엇이든 제가 감히 확신할 수 있는 것이 한 가지 있습니다. 그것은 바로, 꿈과 직업에 상관없이 모두가 돈을 알아야 한다는 사실입니다. 그 누구도 예외일 수 없습니다. 우리는 모두 자본주의 세계, 즉 머니스타디움 안에서 살아가고 있기 때문입니다. 이 세상에는 돈 때문에 꿈을 포기한 사람도 있고, 돈 때문에 꿈을 바꾼 사람도 있습니다. 이것은 엄연한 현실입니다. 우리는 돈의 세계를 살아가면서 돈과 관련된 의사결정을 수없이 내려야 합니다. 하지만 돈에 대한 지식이 부족한 사람은, 매번 자신에게 불리한 결정을 내릴 수밖에 없습니다. 심지어 그 결정이 자신에게 불리했다는 사실조차 끝까지 모를 수도 있습니다. 여러분이 학생, 직장인, 전업주부, 취업준비생, 의사, 연예인 등 그 어떤 신분으로 살아가든, 돈의 역사와 경제지식을 인생의 지혜로 여기고 꼭 습득하시길 바랍니다.

이제 긴 여정을 마칠 때가 온 것 같습니다. 우리 모두가 돈을 바라보는 눈이 좀 더 밝아지고 험난한 돈의 세계에서 현명하게 살아갈 수 있기를 바랍니다. 또한 공격할 때와 수비할 때를 구별하는 현명한 투자자이자, 훌륭한 선수가 되기를 진심으로 바랍니다. 여러분을 응원합니다.

이재득 드림